GUIA PRÁTICO DE RECUPERAÇÃO TRIBUTÁRIA

PIS, COFINS, ICMS, IPI, IRPJ E CSLL

CB008790

ARLINDO LUIZ ROCHA JUNIOR, ELAINE CRISTINA DE ARAUJO
E MÁRCIA APARECIDA RODRIGUES

GUIA PRÁTICO DE RECUPERAÇÃO TRIBUTÁRIA

PIS, COFINS, ICMS, IPI, IRPJ E CSLL

Freitas Bastos Editora

Direção Editorial: Isaac D. Abulafia
Gerência Editorial: Marisol Soto
Copidesque e revisão: Doralice Daiana da Silva
Diagramação e Capa: Madalena Araújo

Dados Internacionais de Catalogação na Publicação (CIP) de acordo com ISBD

R672g	Rocha Junior, Arlindo Luiz
	Guia Prático de Recuperação Tributária: PIS, COFINS, ICMS, IPI, IRPJ e CSLL / Arlindo Luiz Rocha Junior, Elaine Cristina de Araujo, Márcia Aparecida Rodrigues. - Rio de Janeiro, RJ: Freitas Bastos, 2024.
	376 p. ; 15,5cm x 23cm.
	ISBN: 978-65-5675-415-4
	1. Direito. 2. Tributação. 3. PIS. 4. COFINS. 5. ICMS. 6. IPI. 7. IRPJ. 8. CSLL. 9. Recuperação Tributária. I. Araujo, Elaine Cristina de. II. Rodrigues, Márcia Aparecida III. Título.
2023-1952	CDD 341.39
	CDU 34:336.2

Elaborado por Odilio Hilario Moreira Junior - CRB-8/9949

Índice para catálogo sistemático:
1. Direito tributário 341.39
2. Direito tributário 34:336.2

Freitas Bastos Editora
atendimento@freitasbastos.com
www.freitasbastos.com

DEDICATÓRIA

Dedico esta obra à minha família, em especial à minha linda esposa Juliana e meu amado filho Davi que são a minha fonte de inspiração e felicidade.

Muita gratidão à minha mãe Cida, uma mulher guerreira que sacrificou muitas coisas em prol dos seus filhos, obrigado pelo amor incondicional e por todo sacrifício.

Obrigado a Deus pela oportunidade de fazer parte desta obra e pela parceria com a Elaine e a Márcia.

ARLINDO LUIZ ROCHA JUNIOR

Dedico este livro à minha saudosa mãe, sem a sua sabedoria eu não seria quem sou.

Não poderia de deixar de lado minha família tão linda, em especial, meu amado marido Ricardo e minha princesa Juliana que sempre estão do meu lado nos momentos bons ou ruins.

Agradeço a todos os amigos, em especial, Elaine e Arlindo, que me convidaram para fazer parte deste incrível projeto.

Também a todos os meus alunos que sempre me motivam a continuar me dedicando à área tributária, fiscal e contábil.

Por fim, a Deus que sempre me abençoa nesta minha jornada profissional.

MÁRCIA APARECIDA RODRIGUES

AGRADECIMENTOS

Gratidão eterna à minha família, que me ensinou sempre a dar passos constantes pelo caminho da ética e do respeito, em especial ao meu pai e minha mãe que estão em outro plano.

Agradeço imensamente aos excelentes profissionais – Arlindo e Márcia – que estão ao meu lado, trilhando comigo o árduo, mas deslumbrante caminho tributário, e em especial aos leitores que acompanham o nosso trabalho.

Acreditando no exemplo de Nelson Mandela, que dentre os muitos ensinamentos proferiu uma das frases mais verdadeiras que levo comigo: "A educação é a arma mais poderosa que você pode usar para mudar o mundo", deixo aqui, registrado o meu lema, que não sei quem proferiu, mas que me dá a inspiração para criar: DIVIDIR PARA MULTIPLICAR.

ELAINE CRISTINA DE ARAUJO

FINALIDADE

Criamos o *Guia Prático de Recuperação Tributária – PIS, Cofins, ICMS, IPI, IRPJ e CSLL*, com base no mapeamento e pesquisas de mercado, unificando os dados para facilitar a compreensão teórica e prática dos profissionais que atuam nas áreas fiscal, tributária e contábil, que pretendem atuar no processo de recuperação.

Conhecer o processo de recuperação de créditos tributários é essencial para esse período em que a reforma tributária sobre o consumo foi aprovada, mas que ainda depende de Leis Complementares que ditem os termos da tributação.

Esse tempo de espera do detalhamento das regras traz benefícios às empresas, especialmente na revisão da tributação e para a recuperação de tributos pagos indevidamente ou em valor maior que o devido.

Neste Guia, os autores trataram as principais regras da legislação, aplicando a vivência de cada um deles em consultoria tributária, área de ensino e na prática fiscal.

Entretanto, é importante frisar que o objetivo aqui não é "mergulhar de cabeça" no estudo teórico do regime não cumulativo, mas sim trazer os pontos cruciais da legislação e demonstrá-los na prática da recuperação tributária, de forma objetiva e com a linguagem simples e acessível.

Recuperar créditos não é apenas assegurar que seu cliente ou empresa receba os valores devidos, mas também fazê-lo com responsabilidade, acompanhamento e com a certeza de que foi realizado da maneira correta.

Aqui, você verá especialmente:

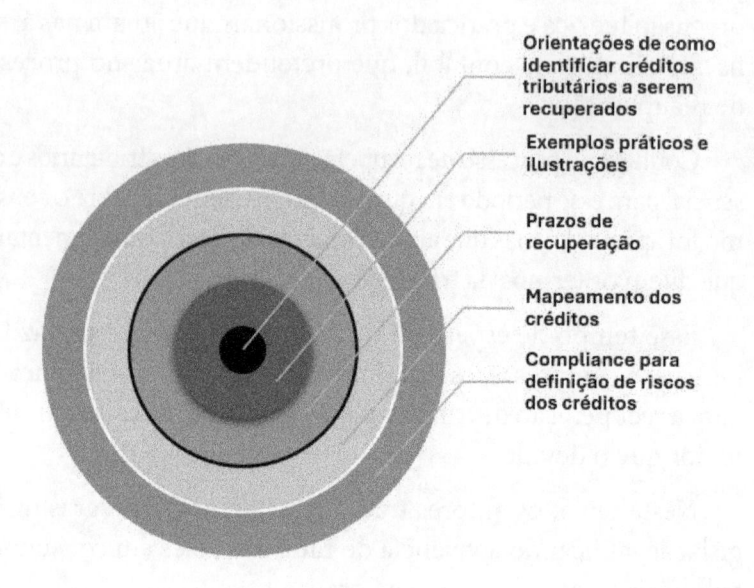

Orientações de como identificar créditos tributários a serem recuperados

Exemplos práticos e ilustrações

Prazos de recuperação

Mapeamento dos créditos

Compliance para definição de riscos dos créditos

Fonte: Elaboração autores.

Tenha em mente que a possibilidade de créditos é ampla, porém, na maioria dos casos, o processo seguirá procedimentos semelhantes. A essência permanecerá a mesma.

Desejamos bons estudos e que você tenha sucesso nos processos de recuperação em que fizer parte.

SUMÁRIO

CAPÍTULO 5
EXCLUSÃO DO ICMS NA BASE DE CÁLCULO DO PIS E COFINS

CAPÍTULO 6
PRINCIPAIS CONTABILIZAÇÕES DOS CRÉDITOS DE PIS E COFINS

CAPÍTULO 7
MAPEAMENTO DE DADOS: RISCOS E CRÉDITOS DE PIS E COFINS

CAPÍTULO 8

CAPÍTULO 9

SIGLAS E TERMOS UTILIZADOS

Art.	Artigo
CARF	Conselho Administrativo de Recursos Fiscais
CBS	Contribuição sobre Bens e Serviços
CC	Código Civil
CTN	Código Tributário Nacional
Cofins	Contribuição para o Financiamento da Seguridade Social
CRT	Código de Regime Tributário
CSLL	Contribuição Social sobre o Lucro Líquido
CST	Código da Situação Tributária
DCTF	Dispõe sobre a Declaração de Débitos e Créditos Tributários Federais
DCTFWeb	Declaração de Débitos e Créditos Tributários Federais Previdenciários e de Outras Entidades e Fundos
DIRF	Declaração do Imposto sobre a Renda Retido na Fonte
DOU	Diário Oficial da União
EC	Emenda Constitucional
ECD	Escrituração Contábil Digital
ECF	Escrituração Contábil Fiscal
ICMS	Imposto sobre Circulação de Mercadorias e Prestação de Serviços de Transporte Interestadual e Intermunicipal e de Comunicação
IBS	Imposto sobre Bens e Serviços
IN	Instrução Normativa
IPI	Imposto sobre Produtos Industrializados
IRPJ	Imposto de Renda das Pessoas Jurídicas
IS	Imposto Seletivo
Lalur	Livro de Apuração do Lucro Real
PER/DComp	Pedido de Restituição, Ressarcimento ou Reembolso e Declaração de Compensação
PIS	Contribuição para o PIS/Pasep
Receita Federal	Secretaria Especial da Receita Federal do Brasil – RFB
RIPI	Regulamento do Imposto sobre Produtos Industrializados
RIR/2018	Regulamento do Imposto de Renda/2018

CAPÍTULO 1
RECUPERAÇÃO DE CRÉDITOS: VALE A PENA?

É comum que algumas (ou muitas) empresas tenham o direito de recuperar créditos tributários, o que permite a redução da sua carga fiscal/tributária, mas que, por desconhecimento de uma série de fatores, não o fazem.

Com base nessa situação, existe um intenso movimento em que os profissionais, por perceberem a oportunidade de mercado, estão se especializando na identificação e recuperação desses créditos, relacionados aos mais diversos tributos, em especial: PIS, Cofins, ICMS, IPI, IRPJ e CSLL.

Neste capítulo, você vai ter um panorama geral sobre a recuperação.

1.1 Mapa da recuperação

Neste ponto, fazemos um alerta no sentido de que essa recuperação precisa ser realizada de forma legal e segura, tendo por base os critérios essenciais destacados no mapa a seguir:

Figura 1.1

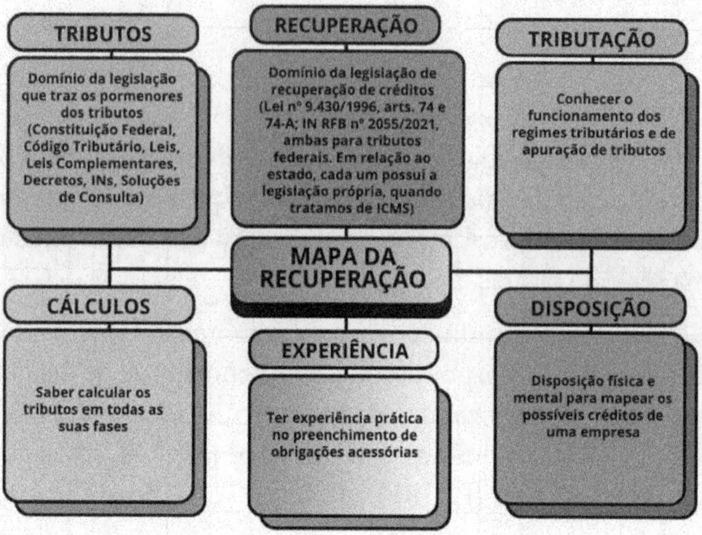

TRIBUTOS

Domínio da legislação que traz os pormenores dos tributos (Constituição Federal, Código Tributário, Leis, Leis Complementares, Decretos, INs, Soluções de Consulta)

RECUPERAÇÃO

Domínio da legislação de recuperação de créditos (Lei nº 9.430/1996, arts. 74 e 74-A; IN RFB nº 2055/2021, ambas para tributos federais. Em relação ao estado, cada um possui a legislação própria, quando tratamos de ICMS)

TRIBUTAÇÃO

Conhecer o funcionamento dos regimes tributários e de apuração de tributos

MAPA DA RECUPERAÇÃO

CÁLCULOS

Saber calcular os tributos em todas as suas fases

EXPERIÊNCIA

Ter experiência prática no preenchimento de obrigações acessórias

DISPOSIÇÃO

Disposição física e mental para mapear os possíveis créditos de uma empresa

Fonte: Elaborada pelos autores.

1.2   Afinal, o que são créditos tributários?

Créditos tributários são valores pagos a mais ou indevidamente ao governo, que podem ser recuperados ou compensados com outros tributos, geralmente, do mesmo âmbito de administração (federal, estadual, municipal).

Exemplos que podem gerar créditos tributários:

Figura 1.2

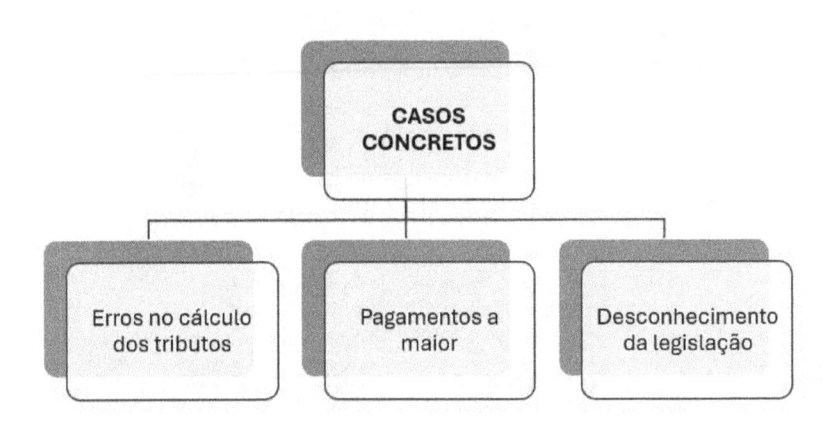

Fonte: Elaborada pelos autores.

1.3 Processo de recuperação de créditos tributários

Para a recuperação dos créditos, não importando o tipo de tributo, o processo a ser seguido seguirá basicamente os mesmos critérios, mudando apenas algumas nuances de procedimentos.

Observe a seguir o funcionamento básico para recuperação de créditos:

Figura 1.3

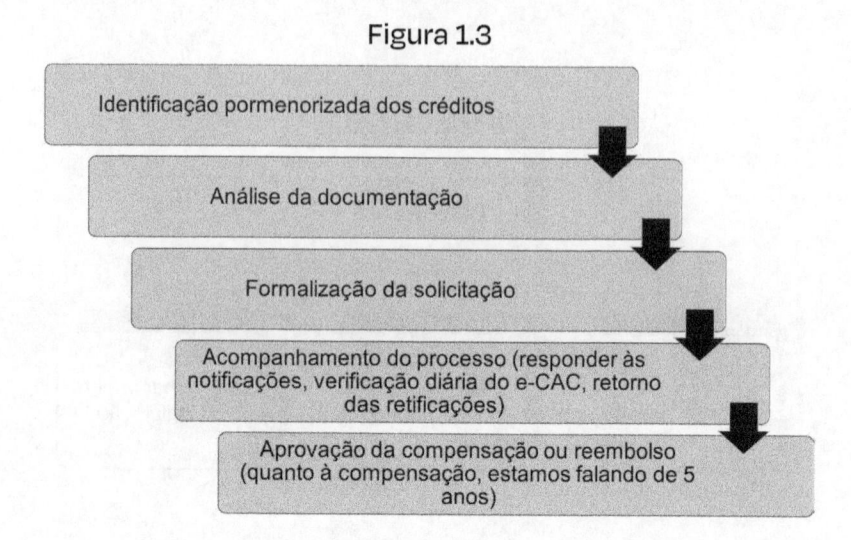

Fonte: Elaborada pelos autores.

Esses são os requisitos essenciais para efetivar a recuperação tributária.

1.4   Prazo para recuperação x reforma tributária

Como sabemos, a Emenda Constitucional nº 132/2023 promoveu a reforma tributária para simplificar os impostos sobre o consumo, que prevê a criação de fundos para o desenvolvimento regional e para bancar créditos do ICMS até 2032, unificando também a legislação de novos tributos.

No momento propício traremos um panorama geral sobre a EC, mas agora queremos nos ater ao prazo para recuperação tributária, relacionado a essa reforma, destacando o art. 135 do Ato das Disposições Constitucionais Transitórias – ADCT:

Figura 1.4

"**Art. 135.** Lei complementar disciplinará a forma de utilização dos créditos, inclusive presumidos, do imposto de que trata o art. 153, IV, e das contribuições de que tratam o art. 195, I, "b", e IV, e da contribuição para o Programa de Integração Social a que se refere o art. 239, todos da Constituição Federal, não apropriados ou não utilizados até a extinção, mantendo-se, apenas para os créditos que cumpram os requisitos estabelecidos na legislação vigente na data da extinção de tais tributos, a permissão para compensação com outros tributos federais, inclusive com a contribuição prevista no inciso V do **caput** do art. 195 da Constituição Federal, ou ressarcimento em dinheiro."

Fonte: Brasil, 2023.

Ou seja, precisamos da publicação de Lei Complementar para tratar dos créditos existentes relativos ao IPI, PIS/Pasep e Cofins (mercado interno e importação), quanto a:

- Apropriação;
- Desconto;
- Forma de utilização;
- Prazo.

Até o presente momento da edição deste livro ainda não temos a LC. E esse é mais um motivo para que as empresas continuem na corrida para recuperação de créditos, pois em 2027 já estarão em vigor a CBS e o IBS.

Preparados? Vamos ao que interessa!

CAPÍTULO 2
PRINCÍPIOS CONSTITUCIONAIS DOS TRIBUTOS

2.1 Constituição Federal e o Sistema Tributário Nacional

Considerando que a administração pública necessita de recursos financeiros para promover sua atuação, e que a principal fonte de recursos é por meio da tributação, a Constituição Federal foi extremamente minuciosa ao dispor a respeito do Sistema Tributário Nacional no Capítulo I, do Título VI.

Para compreender e aplicar as regras tributárias devemos entender as disposições da Constituição Federal, em subsídio, o Código Tributário Nacional, Leis Complementares e outras normas correlatas.

Assim, o ponto inicial é entender o conceito de tributos. Para isso, vamos consultar o Código Tributário Nacional que será abordado nas seções subsequentes.

2.1.1 Definição de Tributo

Sempre que estudamos os tributos, devemos recorrer aos conceitos e regras do Sistema Tributário Nacional e do Código Tributário Nacional, segue:

> CTN – Lei n° 5172/66 – Art. 3° Tributo é toda prestação pecuniária compulsória, em moeda ou cujo valor nela se possa exprimir, que não constitua sanção de ato ilícito,

> instituída em lei e cobrada mediante atividade administrativa plenamente vinculada.

Pela leitura do artigo acima, é possível concluir que trata-se de uma relação jurídica mediante a qual o sujeito ativo, no caso o Fisco, pode exigir do sujeito passivo, o contribuinte, uma prestação em dinheiro ou algo que represente o valor em dinheiro.

É uma obrigação que nasce pela simples realização do fato descrito na hipótese de incidência prevista na Lei, sendo, portanto, compulsória. A relação jurídica é marcada pela obrigatoriedade, sendo irrelevante a vontade do contribuinte. Não se trata de uma multa, ou seja, não tem caráter de punir.

Por fim, esta cobrança será feita por ato da Administração Pública nos ditames da legislação.

2.1.2 Espécies de Tributos

Com base no artigo 145 da Constituição Federal, encontra-se a divisão dos tributos, segue:

> **CF/88** – Art. 145. A União, os Estados, o Distrito Federal e os Municípios poderão instituir os seguintes tributos:
>
> I – impostos;
>
> II – taxas, em razão do exercício do poder de polícia ou pela utilização, efetiva ou potencial, de serviços públicos específicos e divisíveis, prestados ao contribuinte ou postos à sua disposição;
>
> III – contribuição de melhoria, decorrente de obras públicas.

Adicionalmente, encontramos na própria Constituição Federal, em seus artigos 148 e 149, disposições que abordam os empréstimos compulsórios e as contribuições sociais, respectivamente, de intervenção no domínio econômico e de interesse das categorias profissionais ou econômicas, conforme segue:

> **CF/88 – Art. 148. A União, mediante lei complementar, poderá instituir empréstimos compulsórios:**
>
> I – para atender a despesas extraordinárias, decorrentes de calamidade pública, de guerra externa ou sua iminência;
>
> II – no caso de investimento público de caráter urgente e de relevante interesse **nacional**, observado o disposto no art. 150, III, b.
>
> **Parágrafo único** A aplicação dos recursos provenientes de empréstimo compulsório será vinculada à despesa que fundamentou sua instituição.
>
> **CF/88 – Art. 149.** Compete exclusivamente à União instituir contribuições sociais, de intervenção no domínio econômico e de interesse das categorias profissionais ou econômicas, como instrumento de sua atuação nas respectivas áreas, observado o disposto nos arts. 146, III, e 150, I e III, e sem prejuízo do previsto no art. 195, § 6º, relativamente às contribuições a que alude o dispositivo.
>
> [...]

Apesar das divergências doutrinárias, são encontradas diversas decisões jurisprudenciais que consideram os empréstimos compulsórios e as contribuições de fins específicos como verdadeiras espécies de tributos. Com efeito:

> A Constituição Federal distinguiu o Sistema Tributário Nacional e o Sistema de Seguridade Social, atribuindo às contribuições sociais, natureza e finalidade específicas, não sendo por isso, imposto ou taxa, ou contribuição de melhoria, **mas espécie diferenciada de imposição de caráter próprio e fim social"** grifo nosso.

Portanto, os empréstimos compulsórios e as contribuições mencionadas no artigo 149 são espécies próprias de tributos ao lado dos impostos, taxas e contribuições de melhoria, conforme gráfico a seguir:

Figura 2.1

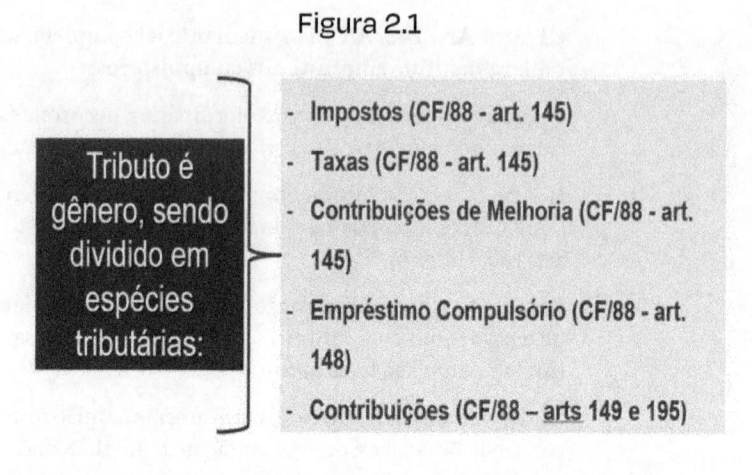

Fonte: Elaborada pelos autores

Já as definições de impostos, taxas, contribuições são encontradas no Código Tributário Nacional. Em linhas gerais, os impostos são exigidos sem contraprestação e sem indicação prévia sobre a sua destinação, em outras palavras, o contribuinte recolhe o imposto e é a Administração Pública, nos trâmites da Lei, que irá decidir a destinação do valor arrecadado.

As taxas, como tributo, estão relacionadas com a prestação de algum serviço público. Tem uma destinação específica. A contribuição de melhoria é instituída quando ocorre um aumento do valor do imóvel do contribuinte em decorrência de uma obra pública.

Os empréstimos compulsórios poderão ser instituídos no caso de despesas extraordinárias, investimento público de caráter urgente e de relevante interesse nacional, de guerra externa ou sua iminência. É um tributo que consiste na tomada compulsória de certa quantidade em dinheiro do contribuinte a título de empréstimo, para que este o resgate em certo prazo, conforme ditames da Lei.

Por fim, as contribuições sociais, de intervenção no domínio econômico e de interesse das categorias profissionais ou econômicas, sempre terão uma finalidade arrecadatória específica.

Além da disciplina da matéria tributária, a Constituição Federal trata da divisão das competências tributárias e das limitações no poder de tributar pelos Entes da Federação, segue quadro exemplificativo das competências:

Figura 2.2

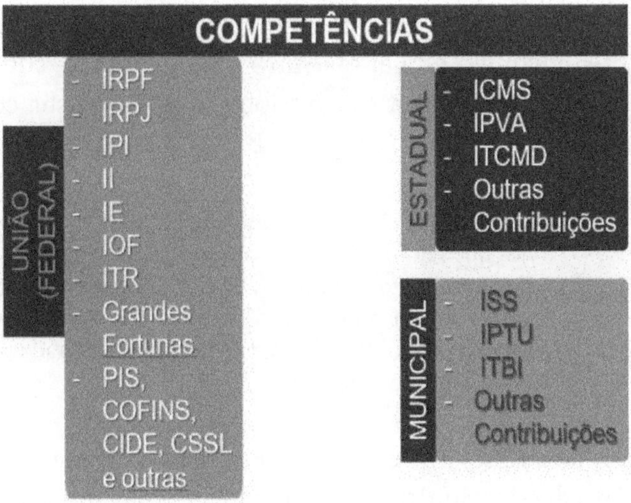

COMPETÊNCIAS

UNIÃO (FEDERAL)
- IRPF
- IRPJ
- IPI
- II
- IE
- IOF
- ITR
- Grandes Fortunas
- PIS, COFINS, CIDE, CSSL e outras

ESTADUAL
- ICMS
- IPVA
- ITCMD
- Outras Contribuições

MUNICIPAL
- ISS
- IPTU
- ITBI
- Outras Contribuições

Fonte: Elaborada pelos autores

2.3   Competência tributária para instituir os tributos

A Constituição Federal não instituiu tributos, apenas atribuiu competências tributárias para que os Entes da Federação instituíssem os tributos, quais sejam:

Figura 2.3

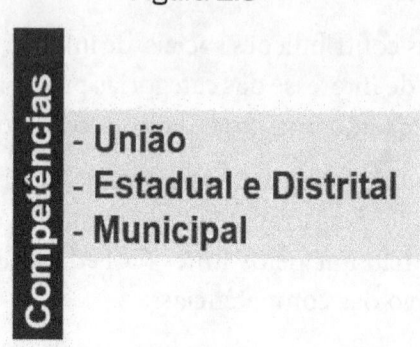

Fonte: Elaborada pelos autores.

A competência para tributar é indelegável, ou seja, não pode um Ente, por meio de Lei ou outro ato normativo, conferir a outro a faculdade de instituir o tributo que era de sua competência, vejamos o que diz Hugo de Brito Machado:

> É indelegável a competência tributária. A pessoa jurídica que tenha a Constituição atribuído competência para instituir certo tributo não pode transferir essa competência. Admitir a delegação de competência para instituir tributo é admitir seja a Constituição ser alterada por norma infraconstitucional.

Assim, os Entes da Federação, quais sejam: União, Estados, Distrito Federal e Municípios receberam da Constituição Federal o "poder" de instituir, majorar, gerenciar e extinguir os seus próprios tributos, cada um dentro do seu campo de atuação.

Entretanto, para garantir a segurança jurídica dos contribuintes, o exercício desse "poder de tributar" conferida pela própria Constituição Federal, tem regras que devem ser observadas pelos Entes ao instituírem os tributos. Chamamos de "limitação do poder de tributar", conforme disciplinado nos artigos 150 a 152 da CF/88.

Caso a Constituição Federal seja desrespeitada, caberá ao Supremo Tribunal Federal (STF), nos trâmites trazidos pelos artigos 102 e 103 da CF/88, julgar a inconstitucionalidade da norma.

Vejamos um posicionamento do Ministro do STF Celso de Mello a este respeito:

> A Constituição Federal não pode submeter-se à vontade dos poderes constituídos e nem ao império dos fatos e das circunstâncias. A supremacia de que ela se reveste – enquanto for respeitada – constituirá a garantia mais efetiva de que os direitos e as liberdades não serão jamais ofendidos. Ao Supremo Tribunal Federal incumbe a tarefa, magna e eminente, de velar porque essa realidade não seja desfigurada.

Como se vê, a Constituição Federal se preocupou em estabelecer uma série de garantias aos contribuintes, impondo aos Entes da Federação princípios constitucionais que sempre devem ser observados, sob pena de ser declarada inconstitucional a norma que foi publicada para criar ou majorar o tributo.

2.4   Hierarquia das Normas

As normas que norteiam o Sistema Tributário Nacional estão harmonizadas por uma hierarquia. Para exemplificar, considere uma pirâmide, no topo encontra-se a Constituição Federal, em seguida, as Leis Complementares, as Leis ordinárias, os Decretos e outras normas reguladoras, seguindo nessa ordem, conforme a figura a seguir:

Figura 2.4

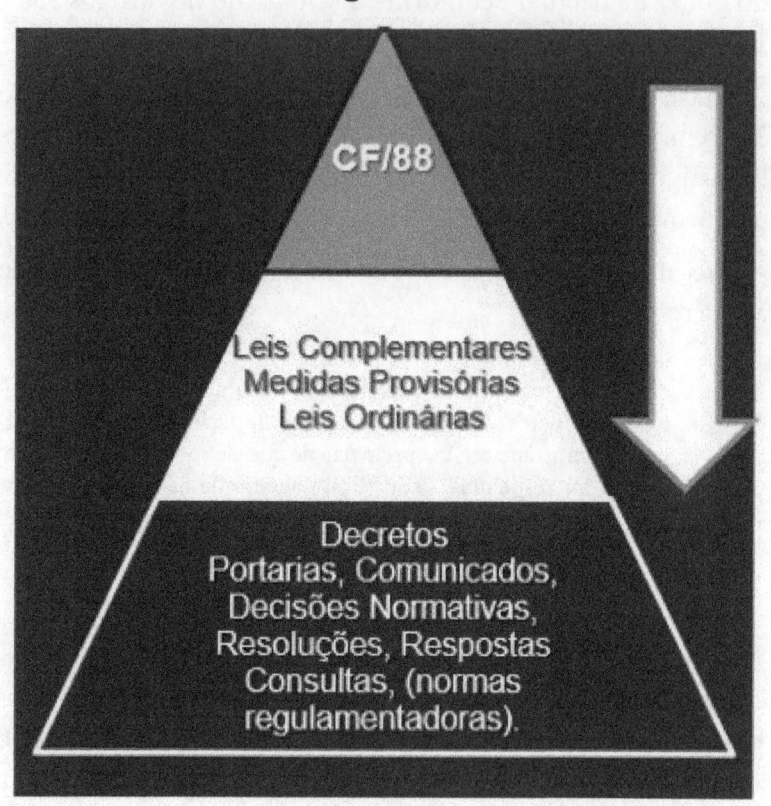

Fonte: Elaborada pelos autores.

Dessa forma, podemos notar que as normas que integram o sistema estão amparadas nas que lhe são superiores, nestas encontramos o seu fundamento de validade.

Tomamos como exemplo a publicação de um Decreto. Este deverá cumprir o que foi estabelecido na Lei, e esta o que está definido na Constituição Federal. Se eventualmente o Decreto contrariar a Lei, não terá validade no ordenamento jurídico, como bem observa Roque Antonio Carraza:

> As normas constitucionais, além de ocuparem a cúspide da pirâmide jurídica, caracterizam-se pela imperatividade de seus comandos, que obrigam não só as pessoas físicas ou jurídicas de direito público ou de direito privado, como o próprio Estado. O que estamos procurando ressaltar é que a Constituição não é um mero repositório de recomendações a serem ou não atendidas, mas um conjunto de normas supremas que devem ser incondicionalmente observadas, inclusive pelo legislador infraconstitucional.

Nessa perspectiva, a Constituição Federal apresenta sua própria hierarquia, como leciona Tercio Sampaio Ferraz Junior:

> Partimos do princípio hermenêutico da unidade da Constituição. Este princípio nos obriga a vê-la como um articulado de sentido. Tal articulado, na sua dimensão analítica, é dominado por uma lógica interna que se projeta na forma de organização hierárquica. Ou seja, uma Constituição, da mesma forma que o ordenamento jurídico de modo geral, também conhece a estrutura da ordem escalonada, não estando todas as suas normas postas horizontalmente uma ao lado da outra, mas, verticalmente, uma sobre a outra. Concebê-la sem escalonamento é implodir aquele articulado, tornando-a destituída de unidade. Perdendo-se a unidade, perde-se a dimensão da segurança e da certeza, o que faria da Constituição um instrumento de arbítrio.

Desta ordem escalonada mencionada pelo ilustre doutrinador, encontramos internamente na Constituição Federal a segurança jurídica para os contribuintes, por meio dos princípios constitucionais que trataremos a seguir.

2.5   Princípios Constitucionais

O poder que os Entes da Federação recebem da Constituição para instituírem os tributos não é desenfreado e ilimitado. Ao publicar as normas tributárias, os Entes competentes (União, Estados ou Municípios) devem se atentar às regras e aos princípios que compõem o sistema jurídico. Estes princípios encontram-se elencados na Constituição Federal e tem a função de conter a ação desenfreada dos Entes públicos na esfera tributária. Nesse sentido, Hugo de Brito Machado nos ensina:

> Tais princípios existem para proteger o cidadão contra os abusos do Poder. Em face do elemento teleológico, portanto, o intérprete, que tem consciência dessa finalidade, busca nestes princípios a efetiva proteção do contribuinte.

Os princípios constitucionais prevalecem sobre as demais normas. Eles têm maior hierarquia, pois são os indicadores das diretrizes que deverão ser adotadas. Sem sua observância, a regra tributária não prospera, sob pena de incorrer em sua inconstitucionalidade. Trata-se da limitação do poder de tributar, que encontramos claramente nos artigos 150 a 152 da CF/88.

O saudoso mestre Geraldo Ataliba nos explica que os princípios constitucionais são as linhas mestras, os grandes nortes, as diretrizes mais importantes do sistema jurídico. Eles apontam os rumos a serem seguidos pelos entes da Federação competentes para instituírem e aumentarem os tributos.

Corrobora com este entendimento Celso Antônio Bandeira de Mello, vejamos:

> Podemos dizer que o sistema jurídico ergue-se como um vasto edifício, onde tudo está disposto em sábia arquitetura, contemplando, o jurista, não só encontra ordem na aparente complicação, como identifica, imediatamente, seus alicerces e suas vigas mestras, ora, no edifício tudo tem sua importância, suas portas, suas janelas, as luminárias,

> as paredes, os alicerces, no entanto não é preciso ter conhecimentos aprofundados de engenharia para saber-se que muito mais importante que as portas e janelas, facilmente substituíveis, são os alicerces e vigas mestras, tanto que, se de um edifício retirarmos ou destruirmos uma porta, uma janela, ou até mesmo uma parede ele não sofrerá nenhum abalo mais sério em sua estrutura, podendo ser reparado ou até embelezá-lo, mas se dele subtrairmos os alicerces fatalmente cairá por terra, de nada valerá se suas portas, janelas, luminárias, paredes estejam intactas e em seus devidos lugares, quando é inevitável o desabamento não ficará pedra sobre pedra, pois bem, tomadas as cautelas que as comparações impõe, estes alicerces e essas vigas mestras são os princípios jurídicos.

Portanto, os princípios são de fundamental importância ao estudo jurídico, conforme expôs o autor supracitado, importância esta que necessita, posteriormente, de um estudo específico de cada princípio e de sua aplicabilidade.

2.5.1 Princípio Constitucional da Legalidade

O princípio da legalidade, fundamentado no artigo 150, inciso I, da Constituição Federal, é sem dúvida nenhuma o principal limite constitucional ao poder de tributar. Pois, estabelece que a instituição ou majoração dos tributos somente poderão ser realizados por meio Lei.

> **Art. 150.** Sem prejuízo de outras garantias asseguradas ao contribuinte, é vedado à União, aos Estados, ao Distrito Federal e aos Municípios:
>
> I – exigir ou aumentar tributo sem lei que o estabeleça;
>
> [...]

O referido princípio é aplicável a todos os Entes da Federação. Não é possível, portanto, a criação ou até mesmo o aumento de qualquer tributo sem a publicação de uma Lei. No entanto, há exceções. O artigo 153, § 1º da CF/88, estabelece que por meio de um Decreto, desde que atendidas as regras e limites acordados na Lei, é possível majorar alíquotas do II, IE, IPI e IOF, conforme segue:

> **CF/88 – Artigo 153 § 1º** – É facultado ao Poder Executivo, atendidas as condições e os limites estabelecidos em lei, alterar as alíquotas dos impostos enumerados nos incisos I, II, IV e V.

Figura 2.5

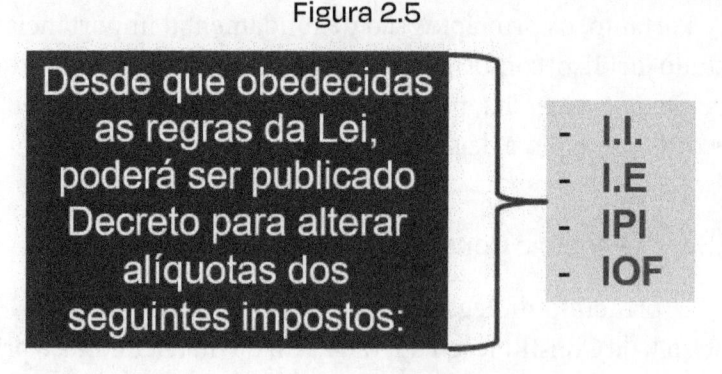

Fonte: Brasil, 1988. Elaborada pelos autores.

2.5.2   Princípio Constitucional da Irretroatividade

O princípio da irretroatividade, fundamentado no artigo 150, inciso III, alínea "a", da Constituição Federal, estabelece que a Lei terá sua vigência a partir da sua publicação.

> **Art. 150.** Sem prejuízo de outras garantias asseguradas ao contribuinte, é vedado à União, aos Estados, ao Distrito Federal e aos Municípios:

III – cobrar tributos:

a) em relação a fatos geradores ocorridos antes do início da vigência da lei que os houver instituído ou aumentado;

[...]

Dessa forma, não se pode exigir um tributo enquanto, por expressa previsão legal, o mesmo não se qualifica como tributável. Nesse sentido, Maria Helena Diniz, nos ensina:

> A nova Lei só deverá incidir sobre fatos que ocorrerem durante sua vigência, pois não haverá como compreender que possa atingir efeitos já produzidos por relações jurídicas resultantes de fatos anteriores à sua entrada em vigor.

2.5.3   Princípios da Anterioridade e Nonagesimal

O princípio da anterioridade é uma garantia constitucional e uma segurança jurídica permitindo que o contribuinte possa se preparar para pagamento de um novo tributo ou mesmo algum tipo de majoração.

Está fundamentado no artigo 150, inciso III, alínea "b", da Constituição Federal, o qual estabelece que a Lei que instituir ou aumentar o tributo terá sua validade iniciada no exercício financeiro seguinte (ano seguinte) ao da sua publicação. Em 2003, com a publicação da Emenda Constitucional 42, o artigo 150, inciso III, sofre um acréscimo com a alínea "c", estipulando que além do término do exercício financeiro, é necessário aguardar mais 90 dias, conforme segue:

> **CF/88, Artigo 150** – Sem prejuízo de outras garantias asseguradas ao contribuinte, é vedado à União, aos Estados, ao Distrito Federal e aos Municípios:

III – cobrar tributos:

[...]

a) no mesmo exercício financeiro em que haja sido publicada a lei que os instituiu ou aumentou;

b) antes de decorridos noventa dias da data em que haja sido publicada a lei que os instituiu ou aumentou, observado o disposto na alínea b; (Incluída pela EC 42/2003).

Vale ressaltar que os princípios da Anterioridade e Nonagesimal tem suas exceções de aplicabilidade para alguns tributos conforme § 1º, do artigo 150 da CF/88, conforme segue:

CF/88, artigo 150, § 1º A vedação do inciso III, b, não se aplica aos tributos previstos nos arts. 148, I; 153, I, II, IV e V; e 154, II; e a vedação do inciso III, c, não se aplica aos tributos previstos nos arts. 148, I; 153, I, II, III e V; e 154, II, nem à fixação da base de cálculo dos impostos previstos nos arts. 155, III, e 156, I (Redação da EC 42/2003).

Figura 2.6

Exceção à Anterioridade	Exceção à Nonagesimal
- Empréstimo Compulsório	- Empréstimo Compulsório
- I.I.	- I.I.
- I.E	- I.E
- IPI	- IR
- IOF	- IOF
- Guerra	- Guerra

Fonte: Elaborada pelos autores.

2.5.4 Outros Princípios Tributários

Sem a finalidade de exaurir a lista dos princípios constitucionais tributários, segue lista com outros previstos na CF/88:

Figura 2.7

- Capacidade contributiva (art. 145, § 1º, CF/88);
- Igualdade ou Isonomia (art. 150, inciso II, CF/88);
- Proibição de utilização do tributo, com efeito confiscatório (art. 150, inciso IV, CF/88);
- Imunidade (art. 150, inciso VI, a, CF/88);
- Uniformidade de Tributação (art. 151, inciso I, CF/88);
- Transparência dos Impostos Fiscal (art. 150, § 5º, CF/88);
- *Não diferenciação tributária (art. 152, CF/88);*
- *Seletividade (encontrado no ICMS e no IPI);*
- *Não Cumulatividade (encontrado no ICMS, IPI, PIS, COFINS);*
- Simplicidade, da transparência, da justiça tributária, da cooperação e da defesa do meio ambiente. (artigo 145, § 3º, da CF/88).

Fonte: Brasil, 1988. Elaborada pelos autores.

2.5.5 Conclusão

Os princípios constitucionais encontram-se abrangidos pela irrevogabilidade. Com efeito, segue entendimento do STF – Supremo Tribunal Federal sobre o tema:

> Os princípios constitucionais tributários, assim, sobre representarem importante conquista político-jurídica dos contribuintes, constituem expressão fundamental dos direitos individuais outorgados aos particulares pelo ordenamento estatal. Desde que existem para impor limitações ao poder de tributar do Estado, esses postulados têm por destinatário exclusivo o poder estatal, que se submete à imperatividade de suas restrições.

Por fim, as limitações ao poder de tributar é na realidade a segurança jurídica dos contribuintes. Dentro desses limites encontramos os princípios constitucionais, sendo que a doutrina os considera como verdadeiras cláusulas pétreas, ou seja, que não podem ser alterados.

CAPÍTULO 3
FATO GERADOR DOS CRÉDITOS DE PIS E COFINS

Conhecer o fato gerador – momento em que os créditos devem ser reconhecidos – é essencial para que seja mantido o seu controle e utilização, interferindo diretamente na recuperação desses créditos.

Dessa maneira, o crédito pode ser apropriado (reconhecido) para posterior desconto (utilização para abater o valor do débito), sobre o valor:

- Dos bens ou serviços adquiridos no mês: para revenda ou utilizados como insumos;
- Dos custos de despesas incorridos no mês: energia elétrica e térmica; aluguéis de prédios, máquinas e equipamentos; valor das contraprestações de operações de arrendamento mercantil de pessoa jurídica; e armazenagem de mercadoria e frete na operação de venda;
- Dos encargos de depreciação e amortização incorridos no mês: máquinas, equipamentos e outros bens incorporados ao ativo imobilizado; edificações e benfeitorias em imóveis; bens incorporados ao ativo intangível;
- Dos bens devolvidos no mês.

Observe a tabela que trata da "Relação de créditos básicos", abordada no capítulo seguinte.

 Aqui, chamamos a sua atenção para o fato gerador!

Você deve ter percebido que o fato gerador está intimamente relacionado com o REGIME DE COMPETÊNCIA. Ou seja, a data em que o fato ocorreu, assim como funciona na ESCRITURAÇÃO CONTÁBIL.

Figura 3.1

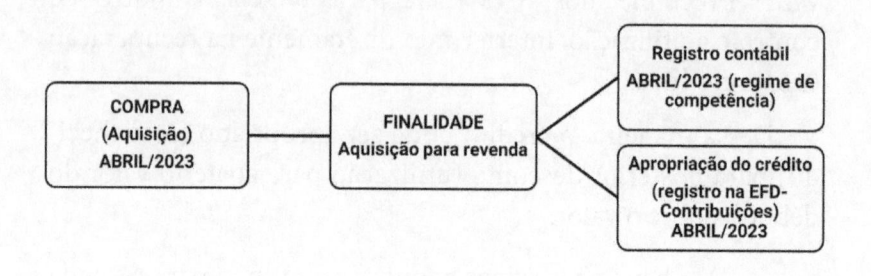

Fonte: Elaborada pelos autores.

Aqui cabe um alerta de que essa é a regra geral, mas podem ocorrer situações em que o regime de competência precisa ser esmiuçado, e nem sempre está relacionado com a emissão do documento fiscal como é o caso do faturamento antecipado.

 Vale a análise: Solução de Consulta COSIT nº 295/2023, Solução de Consulta COSIT nº 48/2023 e Solução de Consulta COSIT nº 507/2017.

CAPÍTULO 4
PIS/PASEP E COFINS:
PANORAMA E PRINCIPAIS PONTOS

Neste capítulo, apresentaremos um panorama com as informações mais importantes sobre o PIS e a Cofins, com foco principal nos créditos básicos possíveis.

4.1   O que é PIS e Cofins?

O PIS/Pasep e a Cofins são tributos da categoria das contribuições, destinadas a custear o seguro-desemprego e regulamentar a economia, os interesses de categorias profissionais e o custeio da seguridade social e educacional.

Figura 4.1

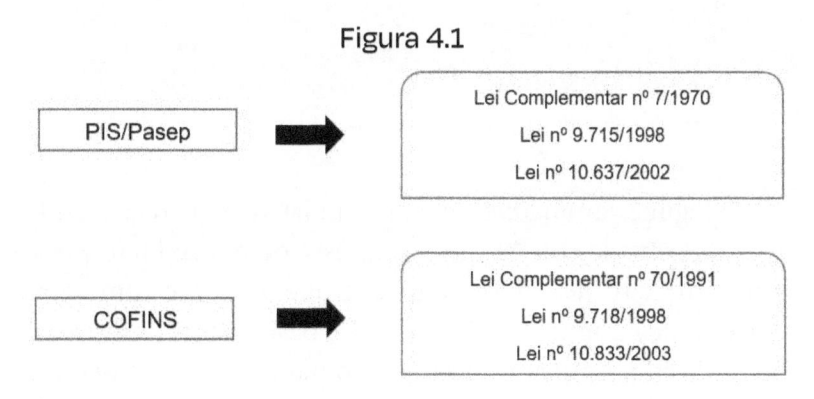

Fonte: Elaborada pelos autores.

4.2   Regime cumulativo *versus* regime não cumulativo

As contribuições para o PIS/Pasep e da Cofins incidem sobre a receita ou faturamento, e podem ser apuradas de três formas:

- Regime cumulativo: não gera créditos dessas contribuições, com exceção das bebidas frias estabelecidas pela Lei nº 13.097/2015;
- Regime não cumulativo: gera créditos dos PIS e da Cofins sobre custos e despesas;
- Regime especiais ou diferenciados: tributação com alíquotas diferenciadas para determinadas atividades ou produtos/mercadorias.

Figura 4.2

Alíquotas para o regimes
Cumulativo: 0,65% para o PIS/Pasep e 3,0% para COFINS
Não Cumulativo: 1,65% para o PIS/Pasep e 7,6% para a COFINS

Fonte: Elaborada pelos autores.

O regime cumulativo e o não cumulativo estão relacionados com a forma de tributação do imposto de renda: lucro presumido ou lucro real. A regra geral é que o regime cumulativo corresponde à apuração do IRPJ com base no lucro presumido ou arbitrado. Enquanto no não cumulativo, relaciona-se com o lucro real.

Como toda norma brasileira, nesse caso, também temos exceção! Portanto, algumas pessoas jurídicas que tributam o imposto de renda com base no regime do lucro real estariam sujeitas ao regime não cumulativo. Entretanto, dependendo da atividade ou da receita auferida, de acordo com o art. 10, VII a XXV da Lei nº 10.833/2003, podem submeter-se ao regime misto (não cumulativo + cumulativo).

Quanto aos regimes especiais, estes abrangem:

- Base de cálculo e alíquotas diferenciadas;
- Substituição tributária;
- Alíquotas diferenciadas: alíquotas concentradas (regime monofásico) e alíquotas reduzidas (exemplo: zero para Zona Franca de Manaus).

 Sugestão de estudo – Instrução Normativa RFB nº 2121/2022 – consolida as normas (Leis, Decretos, Instruções Normativas, Medidas Provisórias e principais Soluções de Consulta e Divergência), que tratam sobre a apuração, a cobrança, a fiscalização, a arrecadação e a administração do PIS/Pasep, da Cofins, bem como do PIS/Pasep-Importação e da Cofins-Importação.

4.3   Princípio da Não cumulatividade aplicado ao PIS e a Cofins

A Constituição Federal de 1988 não estabeleceu a metodologia da não cumulatividade para o PIS/Pasep e a Cofins, deixando a fixação de seu mecanismo e demais requisitos para a "Lei", de acordo com seu art. 195, § 12. Lembrando que o regime cumulativo foi o primeiro a ser instituído para essas contribuições.

Desse modo, foi uma novidade da legislação ordinária (Leis nº 10.637/2002, 10.833/2003 e 10.865/2004) dar início a um novo método para aplicação do benefício da não cumulatividade, diferenciando-se da técnica usada no IPI e no ICMS, de tomadas de créditos de operações anteriores para compensação com os débitos das operações futuras, pagando exclusivamente a diferença verificada entre ambos.

No caso do PIS/Pasep e da Cofins, o modelo do regime não cumulativo, determina:

- Quais são as pessoas jurídicas sujeitas a essa modalidade de cálculo;
- Os critérios para a quantificação do crédito;
- A forma de sua compensação;
- As limitações e vedações de creditamento.

Por este motivo, o princípio da não cumulatividade adotado na legislação do PIS e da Cofins se difere daquele utilizado no ICMS e no IPI, pois possui hipóteses de incidência completamente diferenciadas. Portanto, para tomar créditos do PIS/Pasep e da Cofins, não é suficiente apenas ter arcado com custos e despesas na aquisição, sendo necessário avaliar outras condições estabelecidas pelo legislador.

4.4   Contribuintes do regime não cumulativo

Os contribuintes sujeitos ao regime não cumulativo do PIS/Pasep e da Cofins são pessoas jurídicas tributadas pelo regime do **lucro real**. Contudo, temos algumas exceções, estabelecidas no art. 8º da Lei nº 10.637/2002 c/c arts. 10 e 15, V, da Lei nº 10.833/2003, que listam as empresas e receitas excluídas do regime não cumulativo. Diante dessas exceções, pode-se afirmar que as pessoas jurídicas podem sofrer a incidência das contribuições pelo regime misto (não cumulativo e cumulativo de forma concomitante), no regime de tributação do Lucro Real.

4.5   O que são créditos de PIS e Cofins?

Créditos de PIS e Cofins são valores que podem ser usados pelas empresas do regime não cumulativo para **redução dos valores a pagar** dessas contribuições. Esses créditos referem-se aos custos e despesas que a empresa teve, com a aquisição de bens e serviços conectados à sua atividade. Porém, como veremos posteriormente, algumas regras precisam ser seguidas, pois nem todos os gastos geram créditos.

4.6   Espécies de créditos

Os créditos são divididos em espécies relacionadas ao tipo de operação realizada pela empresa ou conforme o produto. Assim, para fins de conhecimento, relacionamos abaixo as espécies de créditos de PIS e Cofins cujos critérios podem ser verificados na **Instrução Normativa RFB nº 2121/2022**.

Lembrando que o nosso foco são os créditos básicos.

Figura 4.3

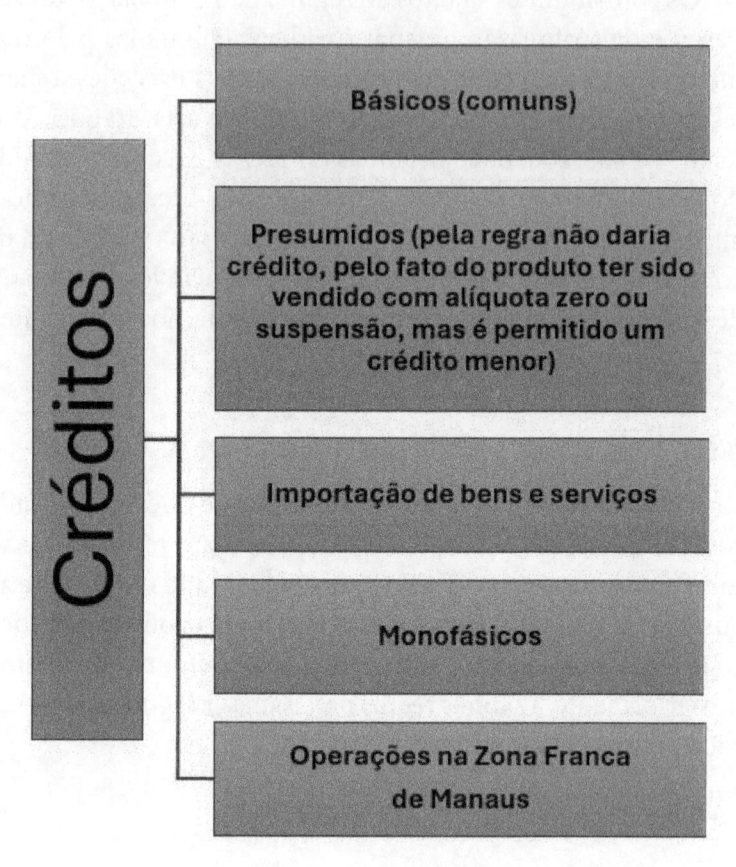

Fonte: Elaborada pelos autores.

4.7   Relação de créditos básicos

Os créditos básicos estão relacionados no quadro abaixo, de forma mais didática, conforme o tipo e a finalidade:

Quadro 4.1

Tipo de crédito	Finalidade	Observações e notas importantes
Bens	Adquiridos para revenda.	Exceto em relação às mercadorias e produtos sujeitos à tributação concentrada (alíquotas diferenciadas/monofásicas) e à substituição tributária.
Bens e serviços	Utilizados como insumo na prestação de serviços e na produção ou fabricação de bens ou produtos destinados à venda, inclusive combustíveis e lubrificantes. (Veja mais detalhes no tópico específico).	
Energia elétrica e energia térmica, inclusive sob a forma de vapor	Consumidas nos estabelecimentos da pessoa jurídica.	O crédito é apurado, independentemente dos valores de PIS e Cofins destacados no documento fiscal da conta de energia. Assim, o crédito não é apurado pelo total do documento fiscal, mas sim sobre a energia efetivamente consumida. A expressão "estabelecimentos", traz um ponto importante. Ou seja, o crédito pode ser descontado da empresa, como um todo e não só da área fabril.
Aluguéis de prédios, máquinas e equipamentos pagos à pessoa jurídica	Utilizados nas atividades da empresa.	
Valor das contraprestações de operações de arrendamento mercantil de pessoa jurídica		Exceto de optante pelo Simples Nacional.
Máquinas, equipamentos e outros bens incorporados ao ativo imobilizado	Adquiridos ou fabricados para locação a terceiros, ou para utilização na produção de bens destinados à venda ou na prestação de serviços.	O crédito é apropriado sobre os encargos de depreciação ou amortização, conforme o caso. Observe vedações no art. 180 da Instrução Normativa RFB nº 2121/2022. Quanto aos encargos de depreciação, existe a opção de desconto dos créditos sobre o custo de aquisição (arts. 184 e 185 da IN RFB nº 2121/2022).

Edificações e benfeitorias em imóveis próprios ou de terceiros	Utilizados nas atividades da empresa.	O crédito é apropriado sobre os encargos de depreciação ou amortização, conforme o caso. Observe vedações no art. 180 da Instrução Normativa RFB nº 2121/2022. O contribuinte pode optar pelo crédito de 1/24 (art. 187 da IN RFB nº 2121/2022).
Bens recebidos em devolução, cuja receita de venda tenha integrado faturamento do mês ou de mês anterior, e tenha sido tributada		
Armazenagem de mercadoria		
Frete na operação de venda de bens ou serviços	Quando o ônus for suportado pelo vendedor, nos casos de: bens adquiridos para revenda; aquisição de insumos.	**Exemplo 1:** uma empresa de comércio, adquire o bem para revenda e paga pelo frete. Essa empresa possui o direito ao crédito, quando vender essa mercadoria e arcar com o frete. **Exemplo 2:** uma indústria adquire insumos para fabricar o bem destinado à venda. Se arcar com o frete nessa operação de venda do produto (acabado), tem direito ao crédito. Sugerimos, para mais detalhes, analisar a **Solução de Consulta DISIT/SRRF08 nº 276/2010**.
Vale-transporte, vale-refeição ou vale-alimentação, fardamento ou uniforme	Fornecidos aos empregados, por **pessoa jurídica que explore as atividades de prestação de serviços de limpeza, conservação e manutenção.**	
Bens incorporados ao ativo intangível	Adquiridos para utilização na produção de bens destinados a venda ou na prestação de serviços.	O crédito é apropriado sobre os encargos de depreciação ou amortização.

Fonte: Elaborada pelos autores.

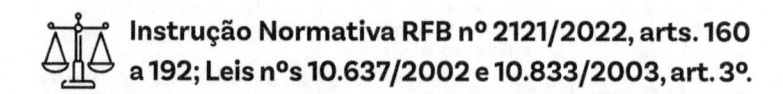 **Instrução Normativa RFB nº 2121/2022, arts. 160 a 192; Leis nºs 10.637/2002 e 10.833/2003, art. 3º.**

4.7.1   Créditos sobre insumos

De acordo com a Instrução Normativa RFB nº 2121/2022, arts. 176 a 178, **são tratados como insumos** os bens ou serviços considerados essenciais ou relevantes para o processo de produção ou fabricação de bens destinados à venda ou de prestação de serviços.

Também **estão incluídos nesse conceito**:

- Bens ou serviços necessários à elaboração de insumo em qualquer etapa anterior de produção de bem destinado à venda ou na prestação de serviço a terceiros (insumo do insumo);
- Bens ou serviços que, mesmo utilizados após a finalização do processo de produção, de fabricação ou de prestação de serviços, tenham sua utilização decorrente de imposição legal;
- Combustíveis e lubrificantes consumidos em máquinas, equipamentos ou veículos responsáveis por qualquer etapa do processo de produção ou fabricação de bens ou de prestação de serviços;
- Bens ou serviços aplicados no desenvolvimento interno de ativos imobilizados sujeitos à exaustão e utilizados no processo de produção, de fabricação ou de prestação de serviços;
- Bens e serviços aplicados na fase de desenvolvimento de ativo intangível que resulte em:

  a. Insumo utilizado no processo de produção ou fabricação de bens destinados à venda ou de prestação de serviços; ou

  b. Bem destinado à venda ou em serviço prestado a terceiros.

- Embalagens de apresentação utilizadas nos bens destinados à venda;

- Bens de reposição e serviços empregue na manutenção de bens do ativo imobilizado utilizados em qualquer etapa do processo de produção de bens destinados à venda ou de prestação de serviços cuja utilização implique no aumento de vida útil do bem do ativo imobilizado em até um ano;
- Serviços de transporte de insumos e de produtos em elaboração realizados em ou entre estabelecimentos da pessoa jurídica;
- Equipamentos de proteção individual (EPI);
- Moldes ou modelos utilizados para dar forma desejada ao produto fabricado, desde que não contabilizados no ativo imobilizado;
- Materiais e serviços de limpeza, desinfecção e dedetização de ativos aplicado em qualquer etapa da produção de bens ou da prestação de serviços;
- Contratação de pessoa jurídica fornecedora de mão de obra para atuar diretamente nas atividades de produção de bens destinados à venda ou de prestação de serviços;
- Testes de qualidade aplicados sobre matéria-prima, produto intermediário e produto em elaboração e sobre produto acabado, desde que anteriormente à comercialização do produto;
- A subcontratação de serviços para a realização de parcela da prestação de serviços;
- Frete e seguro no território nacional quando da importação de bens para serem utilizados como insumos na produção de bem destinado à venda ou na prestação de serviço a terceiros;
- Frete e seguro no território nacional quando da importação de máquinas, equipamentos e outros bens

incorporados ao ativo imobilizado utilizados na produção de bem destinado à venda ou na prestação de serviço a terceiros;

- Parcela custeada pelo empregador relativa ao vale-transporte pago para a mão de obra empregada no processo de produção ou de prestação de serviços;

- Dispêndios com contratação de pessoa jurídica para transporte da mão de obra empregada no processo de produção de bens ou de prestação de serviços, que será determinado por meio da proporcionalização entre o número de trabalhadores empregados na produção ou na prestação de serviços e o número total de trabalhadores transportados, em relação ao total dispendido com o transporte;

- Bens ou os serviços especificamente exigidos por norma legal ou infralegal para viabilizar as atividades de produção de bens ou de prestação de serviços por parte da mão de obra empregada nessas atividades, observando que **essa disposição não se aplica nas hipóteses em que a exigência dos bens ou dos serviços decorrem de celebração de acordos ou convenções coletivas de trabalho.**

De outro modo, **não são considerados insumos**, entre outros:

- Bens incluídos no ativo imobilizado;
- Embalagens utilizadas no transporte de produto acabado;
- Bens e serviços aplicados na pesquisa e prospecção de minas, jazidas e poços de recursos minerais e energéticos que não cheguem a produzir bens destinados à venda ou insumos para fabricação;

- Bens e serviços aplicados na fase de desenvolvimento de ativo intangível que não chegue a ser concluído ou que seja concluído e explorado em áreas diversas da produção ou fabricação de bens e da prestação de serviços;
- Serviços de transporte de produtos acabados realizados em ou entre estabelecimentos da pessoa jurídica;
- Despesas destinadas a viabilizar a atividade da mão de obra empregada no processo de produção ou fabricação de bens ou de prestação de serviços, tais como alimentação, vestimenta, transporte, cursos, plano de saúde e seguro de vida;
- Dispêndios com inspeções regulares de bens incorporados ao ativo imobilizado;
- Dispêndios com veículos, inclusive combustíveis e lubrificantes, utilizados no setor administrativo, vendas, transporte de funcionários, entrega de mercadorias a clientes, cobrança etc.;
- Dispêndios com auditoria e certificação por entidades especializadas;
- Testes de qualidade não associados ao processo produtivo, como os testes na entrega de mercadorias, no serviço de atendimento ao consumidor etc.;
- Bens e serviços utilizados, aplicados ou consumidos em operações comerciais; e
- Bens e serviços utilizados, aplicados ou consumidos nas atividades administrativas, contábeis e jurídicas da pessoa jurídica.

> Para fins de insumos, considera-se bem não só produtos e mercadorias, mas também os intangíveis.

4.7.1.1 Parecer Normativo COSIT n° 5/2018

Os créditos sobre insumos foram objeto de diversas ações judiciais, sendo "resolvido" com a publicação do Parecer Normativo COSIT n° 5/2018, baseado na decisão da Primeira Seção do Superior Tribunal de Justiça no julgamento do Recurso Especial 1.221.170/PR.

Dessa forma, o conceito de insumo para fins de apuração de créditos da não cumulatividade de PIS/Pasep e Cofins deve ser aferido à luz dos critérios da essencialidade ou da relevância do bem ou serviço para a produção de bens destinados à venda ou para a prestação de serviços pela pessoa jurídica.

O **critério da essencialidade** está relacionado ao item do qual dependa, intrínseca e fundamentalmente, o produto ou o serviço:

- Constituindo elemento estrutural e inseparável do processo produtivo ou da execução do serviço; ou
- Quando menos, a sua falta lhes prive de qualidade, quantidade e/ou suficiência.

De outro modo, o **critério da relevância** é identificável no item cuja finalidade, embora não indispensável à elaboração do próprio produto ou à prestação do serviço, integre o processo de produção, seja:

- Pelas singularidades de cada cadeia produtiva;
- Por imposição legal.

Não podemos esquecer do **teste de subtração**, que segundo o qual seriam insumos, bens e serviços, cuja subtração importa na impossibilidade da prestação do serviço ou da produção, isto é, cuja subtração obsta a atividade da empresa, ou implica em substancial perda de qualidade do produto ou serviço daí resultantes.

Vejamos a seguir alguns tópicos extraídos do Parecer que elucidam pontos importantes.

4.7.2 Insumo do insumo

É admissível a apuração de créditos de PIS e Cofins, na modalidade aquisição de insumos em relação a dispêndios necessários à produção de um bem-insumo utilizado na produção de bem destinado à venda ou na prestação de serviço a terceiros, o chamado insumo do insumo.

Neste caso, observa-se o processo de produção como um todo, em que é inevitável que a permissão de creditamento retroage no processo produtivo de cada pessoa jurídica para alcançar os insumos necessários à confecção do bem-insumo utilizado na produção de bem destinado à venda ou na prestação de serviço a terceiros, beneficiando especialmente aquelas que produzem os próprios insumos (verticalização econômica).

Isso porque o insumo do insumo constitui "elemento estrutural e inseparável do processo produtivo ou da execução do serviço", cumprindo o **critério da essencialidade** para enquadramento no conceito de insumo. Baseada nessa explicação, apresentamos decisão do CARF em favor do contribuinte, que pleiteava créditos sobre os gastos incorridos na produção de cana-de-açúcar, utilizada como insumo para obtenção de açúcar e álcool.

Figura 4.4

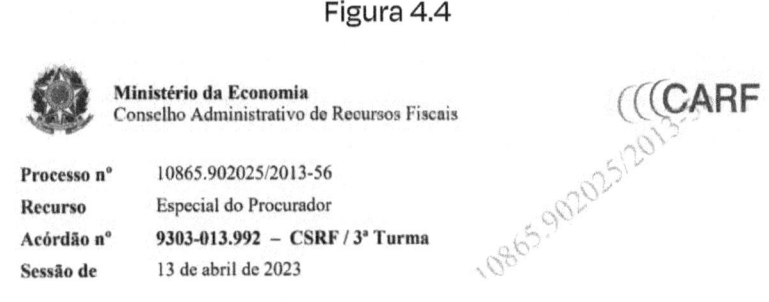

Ministério da Economia
Conselho Administrativo de Recursos Fiscais

(((CARF

Processo n°	10865.902025/2013-56
Recurso	Especial do Procurador
Acórdão n°	**9303-013.992 – CSRF / 3ª Turma**
Sessão de	13 de abril de 2023

Fonte: Ministério da Fazenda, CARF, 2023.

[...]

O contribuinte xxxxx é uma agroindústria, tendo como objeto social a comercialização de cana-de-açúcar, energia elétrica, álcool, entre outros derivados da indústria sucroalcooleira. Conforme explicita em suas contrarrazões, todos os insumos relativos à fase agrícola são consumidos na planta, pois a boa qualidade da lavoura depende do adequado tratamento do solo, da aplicação de defensivos, adubos, inseticidas, o corte e respectivos transportes da cana-de-açúcar. Todo o processo desenvolvido na fase agrícola é imprescindível e determinante para a qualidade do produto em sua fase de industrialização.

(...)

Conforme descrito nos autos pelo Contribuinte, em suas contrarrazões, o processo produtivo da fase agrícola abrange as seguintes etapas:

(i) adequação e preparação do solo;

(ii) plantio de cana-de-açúcar;

(iii) cultivo e tratos culturais na cana-de-açúcar;

(iv) corte e carregamento; e

(v) transporte.

Destaca ainda que todos os insumos são imprescindíveis para garantir a qualidade do produto final, com adequado tratamento do solo, aplicação de defensivos, adubo, corte e transporte da cana-de-açúcar.

No inteiro teor do acórdão são abordados todos os critérios mencionados, baseados no Parecer Normativo COSIT nº 5/2018: essencialidade, relevância e teste de subtração, resultando na seguinte decisão:

> **POSSIBILIDADE DE CRÉDITO. "INSUMO DO INSUMO".**
>
> Considerando-se o processo de produção como um todo, o creditamento dos itens utilizados no processo produtivo alcança também os insumos necessários à confecção do bem-insumo utilizado na produção de bem destinado à venda ou na prestação de serviço a terceiros, beneficiando especialmente aquelas que produzem os próprios insumos. O "insumo do insumo" por se tratar de elemento imprescindível do processo produtivo, preenche o critério da essencialidade e relevância, devendo ser enquadrado como insumo.

4.7.2.1 Insumos x Comércio

Conforme descrito na norma, créditos de PIS e Cofins sobre insumos podem ser apropriados por empresas produtoras, fabricantes e prestadoras de serviços, ficando de fora as empresas do setor de comércio. A justificativa para essa vedação é que não há insumos na atividade de revenda de bens, já que para esta atividade foi reservada a apuração de créditos em relação aos bens adquiridos para revenda.

Veja a seguir trechos de normas sobre o assunto:

Figura 4.5

Receita Federal
Coordenação-Geral de Tributação

PROCESSO	00000.000000/0000-00
SOLUÇÃO DE CONSULTA	46 – COSIT
DATA	3 de fevereiro de 2023
INTERESSADO	CLICAR PARA INSERIR O NOME
CNPJ/CPF	00.000-00000/0000-00

Assunto: Contribuição para o Financiamento da Seguridade Social - Cofins

NÃO CUMULATIVIDADE. CRÉDITOS. INSUMOS. COMÉRCIO VAREJISTA.

Somente há insumos geradores de créditos da não cumulatividade da Cofins nas atividades de produção de bens destinados à venda e de prestação de serviços a terceiros. Para fins de apuração de créditos da contribuição, não há insumos na atividade de revenda de bens, notadamente porque a esta atividade foi reservada a apuração de créditos em relação aos bens adquiridos para revenda.

A modalidade de creditamento pela aquisição de insumos é a regra geral aplicável às atividades de produção de bens e de prestação de serviços no âmbito da não cumulatividade da contribuição, sem prejuízo das demais modalidades de creditamento estabelecidas pela legislação, que naturalmente afastam a aplicação da regra geral nas hipóteses por elas alcançadas.

SOLUÇÃO DE CONSULTA PARCIALMENTE VINCULADA À SOLUÇÃO DE CONSULTA COSIT Nº 248, DE 2019, E À SOLUÇÃO DE CONSULTA COSIT Nº 84, DE 2020.

Fonte: Receita Federal, COSIT Nº 46/2023.

Acesse a íntegra pelo QR Code:

O Parecer Normativo COSIT nº 5/2018 esclarece da seguinte forma:

Figura 4.6

2. INEXISTÊNCIA DE INSUMOS NA ATIVIDADE COMERCIAL

40.   Nos termos demonstrados acima sobre o conceito definido pela Primeira Seção do Superior Tribunal de Justiça, somente há insumos geradores de créditos da não cumulatividade da Contribuição para o PIS/Pasep e da Cofins nas atividades de produção de bens destinados à venda e de prestação de serviços a terceiros.

41.   Destarte, para fins de apuração de créditos das contribuições, não há insumos na atividade de revenda de bens, notadamente porque a esta atividade foi reservada a apuração de créditos em relação aos bens adquiridos para revenda (inciso I do *caput* do art. 3º da Lei nº 10.637, de 2002, e da Lei nº 10.833, de 2003).

42.   Em razão disso, exemplificativamente, não constituem insumos geradores de créditos para pessoas jurídicas dedicadas à atividade de revenda de bens: a) combustíveis e lubrificantes utilizados em veículos próprios de entrega de mercadorias[2]; b) transporte de mercadorias entre centros de distribuição próprios; c) embalagens para transporte das mercadorias; etc.

43.   Sem embargo, cumpre frisar que, na esteira das disposições do inciso II do caput do art. 3º da Lei nº 10.637, de 2002, e da Lei nº 10.833, de 2003, as considerações anteriores versam sobre as "atividades" de "produção de bens ou prestação de serviços" e de "revenda de bens", e não sobre as "pessoas jurídicas" que desempenham uma ou outra atividade.

44.   Assim, nada impede que uma mesma pessoa jurídica desempenhe atividades distintas concomitante, como por exemplo "revenda de bens" e "produção de bens", e possa apurar créditos da não cumulatividade das contribuições na modalidade aquisição de insumos em relação a esta atividade, conquanto lhe seja vedada a apuração de tais créditos em relação àquela atividade[3].

Fonte: Receita Federal. Parecer Normativo COSIT nº 5/2018.

De acordo com o exposto no Parecer, a vedação é por exceção, pois possuindo créditos sobre bens para revenda, não é permitido apropriar créditos sobre insumos. Nesse sentido, o CARF segue a mesma linha, conforme **Acórdão nº 3201-011.541 – 3ª Seção de Julgamento / 2ª Câmara / 1ª Turma Ordinária**, extenso, mas que traz pontos bem interessantes:

> **NÃO CUMULATIVIDADE. CRÉDITO ART. 3°, II, DA LEI N° 10.833/2003. INSUMOS. ATIVIDADE COMERCIAL/VAREJISTA. IMPOSSIBILIDADE.**
>
> Na atividade de comércio/varejista, não é possível a apuração de créditos da não cumulatividade da Cofins, com base

no inciso II do art. 3º da Lei nº 10.637/2003, porquanto a hipótese normativa desse dispositivo é voltada especificamente às pessoas jurídicas industriais ou prestadoras de serviços. Por não produzir bens, tampouco prestar serviços, devem ser mantidas as glosas de todos os dispêndios sobre os quais a empresa comercial/varejista tenha tomado créditos do regime não-cumulativo como insumos.

INSUMO. INEXISTÊNCIA. ATIVIDADE COMERCIAL.

O conceito de insumo, definido pelo STJ no julgamento do RE 1.221.170/PR está vinculado à atividade de prestação de serviço e à fabricação ou produção de bens. Inexiste insumo na atividade comercial.

CRÉDITO. DESPESAS COM PUBLICIDADE E PROPAGANDA. ATIVIDADE COMERCIAL. INEXISTÊNCIA. Inexiste direito a desconto de créditos do PIS/Pasep e da Cofins, na modalidade insumo, em relação à atividade comercial.

CRÉDITO. ATIVIDADE COMERCIAL.

Os gastos com combustíveis e lubrificantes, manutenção de equipamentos, material de limpeza, seguros e materiais de consumo não geram créditos nas atividades comerciais.

NÃO CUMULATIVIDADE. CRÉDITO ATIVO IMOBILIZADO. BENS UTILIZADOS NA ATIVIDADE COMERCIAL. ART. 3º, VI, DA LEI Nº 10.833/2003. IMPOSSIBILIDADE.

A hipótese normativa do art. 3º, VI da Lei n.º 10.833/2003 não atinge os bens utilizados na atividade comercial, se referindo às máquinas, equipamentos e outros bens incorporados ao ativo imobilizado para utilização na produção de bens destinados à venda ou na prestação de serviços.

CRÉDITOS. CONSTRUÇÃO E BENFEITORIAS EM IMÓVEIS PRÓPRIOS OU DE TERCEIROS.

Os dispêndios com construção e benfeitorias em imóveis próprios ou de terceiros devem ser levados ao ativo imobilizado somente gerando créditos não cumulativos calculados sobre os valores de depreciação mensal dos bens utilizados nas atividades da empresa.

INCIDÊNCIA NÃO CUMULATIVA. CRÉDITOS. TA-
XAS PAGAS A ADMINISTRADORAS DE CARTÕES.
IMPOSSIBILIDADE.

As despesas relativas a serviços prestados por administradoras ou operadoras de cartões de crédito e/ou débito, incorridas por pessoa jurídica no exercício de atividade comercial,
não geram direito a crédito, no regime não-cumulativo do
PIS e da Cofins, por falta de previsão legal.

CRÉDITO. REVENDA DE MERCADORIAS. FRETE
ENTRE ESTABELECIMENTOS DA PESSOA JURÍDICA.
POSSIBILIDADE.

Tratando-se de pessoa jurídica que tem como atividade
principal a revenda de mercadorias, valendo-se de uma
estrutura ampla e diversificada de estabelecimentos, as despesas incorridas nas operações de transferência de mercadorias entre eles se inserem no contexto mais amplo de
operações de venda, uma vez se destinarem exatamente à
viabilização da comercialização final, devendo os fretes se
encontrarem devidamente comprovados, observados os
demais requisitos da lei.

NÃO CUMULATIVIDADE. "ENCARGOS FINAN-
CEIROS" SUPORTADOS PELO LOCATÁRIO.
IMPOSSIBILIDADE

As despesas periféricas relacionadas aos contratos de aluguel, tal como o IPTU, TAXA DE CONDOMÍNIO, FUN-
DO DE RESERVA contratualmente estabelecidas, NÃO
integram o custo de locação nos termos do art. 22 da Lei
nº 8.245/1991, portanto NÃO devem ser consideradas para
fins de apropriação de créditos da sistemática da não-cumulatividade das Contribuições para o PIS e da Cofins.

**TRIBUTOS E CONTRIBUIÇÕES NÃO DECLARADOS.
MULTA APLICÁVEL**

Tributo não declarado e não pago é constituído de ofício,
com o acréscimo da multa de 75% do valor da contribuição não recolhida. Vistos, relatados e discutidos os presentes autos.

4.7.2.2 Insumos para supermercados

A Solução de Consulta COSIT nº 46/2023, mencionada anteriormente, também trata da possibilidade de créditos sobre insumos para **supermercado que mantém, entre outras atividades, padaria, açougue e restaurante**:

- ☑ **é permitida a apuração na modalidade aquisição de insumos em relação aos uniformes e itens de higiene utilizados na padaria e no restaurante, quando integrarem por imposição legal o processo de produção de bens a serem vendidos nesses setores do supermercado.**

- ☒ **é vedada a apuração de créditos em relação aos uniformes e aos itens de higiene utilizados no açougue, por não haver produção de bens nesse setor e por não enquadrarem essas despesas em qualquer outra hipótese prevista em lei que permita o respectivo creditamento.**

4.7.3 Mapeamento de créditos sobre frete

Nesses tópicos traremos alguns dados relativos aos créditos de PIS e Cofins sobre o frete.

Instrução Normativa RFB nº 2121/2022	Receita Federal	CARF
• **Art. 171, II** – Compõe o valor do bem adquirido • **Art. 176, XVI e XVII** - Importação de bens, máquinas e equipamentos • **Art. 191, V** – Operação de venda quando o ônus for do vendedor • **Art. 210** – Crédito presumido na contratação de transportador autônomo • **Art. 211** – Crédito na contratação de transportadoras optantes pelo Simples Nacional • **Art. 323, III, "d"** – Créditos para sociedades cooperativas de produção agropecuária e de consumo	• **Solução de Divergência COSIT nº 8/2017** – Armazenagem e frete na operação de venda – Transporte internacional de cargas • **Solução de Consulta COSIT nº 46/2023** – Frete na operação de venda, quando o ônus for suportado pelo vendedor • **Solução de Divergência COSIT nº 2/2017** – Frete suportado pelo vendedor na operação de venda de produtos sujeitos a cobrança concentrada ou monofásica	• **Acórdãos nºs 9303-013.926 e 9303-013.927** – Revenda de produtos monofásicos - Desconto de créditos sobre despesas com fretes na operação de venda – Vedações legais • **Acórdão nº 3401-012.624** –Insumos – Créditos da não cumulatividade – Fretes – Transporte de produtos acabados entre estabelecimento – Impossibilidade • **Acórdão nº 3201-011.560** - Fretes em operações venda e depreciação de edificações • **Acórdão nº 3201-011.468** - Frete de remessa de produtos acabados para armazenagem – Identidade com frete de produtos acabados entre estabelecimentos da mesma empresa e/ou seus distribuidores, nas operações de venda - Direito ao crédito

Fonte: Elaborada pelos autores

4.7.4 Decisão CARF sobre insumos: documento comprobatório, fretes de transportadora inapta

No Acórdão nº 3401-012.624 do CARF (3ª Seção de Julgamento/ 4ª Câmara/ 1ª Turma Ordinária – Sessão de 27/02/2024) podemos verificar detalhes importantes que ajudam na análise da recuperação de créditos, abaixo relacionados:

> **Insumos – Combustíveis e lubrificantes – Emprego no processo produtivo – Ausência de prova.**
>
> Não há que se falar em aproveitamento de créditos de insumos na sistemática da não-cumulatividade das contribuições para o PIS e da Cofins quando ausente a demonstração da utilização dos combustíveis e lubrificantes no processo produtivo da empresa.
>
> **Insumos – Aditivo alimentar (datem panodan) – Pallets – Emprego no processo produtivo – Comprovado.**
>
> Deve-se aproveitar os créditos de insumos na sistemática da não cumulatividade das contribuições para o PIS e da Cofins quando demonstrada a sua utilização no processo produtivo da empresa.

Aquisição. Notas fiscais – CNPJ baixada ou suspensa – Pagamento do preço – Serviço prestado.

Nos termos do artigo 82 da Lei n° 9.430/96 a priori o simples fato de existirem documentos fiscais emitidos por pessoas jurídicas em situação diferente da regular é suficiente para afastar o direito ao crédito. A presunção legal é afastada quando há a demonstração da efetiva compra e venda através da comprovação dos pagamentos e recebimentos das mercadorias.

Insumos – Créditos da não cumulatividade – Fretes – Transporte de produtos acabados entre estabelecimentos – Impossibilidade.

O conceito de insumo, para fins de tomada de créditos das contribuições sociais, está inarredavelmente vinculado ao processo produtivo executado pelo contribuinte. Os fretes para transferência de produtos acabados entre estabelecimentos da mesma firma, por se tratar de serviço tomado depois de encerrado o processo produtivo, não se subsume no conceito de insumo, e, portanto, os gastos respectivos não ensejam creditamento.

4.8 Atenção! Esses itens não geram créditos de PIS e Cofins

É importante atentar-se que nem todas as aquisições geram créditos de PIS/Pasep e Cofins. No quadro a seguir, relacionamos essas situações que não permitem a apuração de créditos:

Quadro 4.2

Tipo	Explicação	Exceção
Bens ou serviços não sujeitos ao pagamento da Contribuição para o PIS/Pasep e da Cofins.	Definição de não sujeitos ao pagamento: aquisição com alíquota zero, suspensão, isenção, não incidência.	Bens e serviços que foram vendidos ao seu adquirente com isenção do PIS/Pasep e da Cofins, mas que posteriormente, foram revendidos ou utilizados como insumo na elaboração de produtos vendidos em operações cuja receita de venda esteja sujeita ao pagamento das referidas contribuições.
Aquisições para revenda: a) de bens sujeitos à substituição tributária do PIS e da Cofins; b) de bens sujeitos à tributação concentrada (monofásicos); c) de álcool por distribuidores, e comerciantes varejistas e transportadores-revendedores-retalhistas.	Substituição tributária: ver artigos 15 e 16 da Instrução Normativa RFB nº 2121/2022. Tributação concentrada: artigo 60 da IN mencionada acima. Tributação do álcool: Lei nº 9718/1998, arts. 5º a 6º.	Aquisições pelas pessoas jurídicas produtoras ou fabricantes de produtos sujeitos à tributação concentrada realizadas de outra pessoa jurídica importadora, produtora ou fabricante desses produtos, no caso de aquisição de bens sujeitos tributação à concentrada (Lei nº 11.727/2008, art. 24, § 2º).
Mão de obra pagos à pessoa física.	-	-
Instrução Normativa RFB nº 2121/2022, art. 160		

Fonte: Elaborada pelos autores.

A seguir elaboramos um quadro que resume os institutos de tributação:

Quadro 4.3

Instituto	Conceito	Incidência/Tributação
Não incidência	O fato não pode ser contemplado legalmente como gerador de determinado tributo	Não ocorre a incidência. A norma tributária não alcança a situação abrigada pela não incidência
Alíquota zero	Existe o fato gerador. Entretanto, a alíquota aplicada sobre a base de cálculo é zero	Ocorre a incidência, as por ter alíquota zero não teremos tributação
Suspensão	A exigibilidade do tributo é paralisada temporariamente, por meio de norma tributária	Acontece a incidência do tributo, mas a sua exigibilidade é suspensa desde que atenda condições. Geralmente, a suspensão converte-se em alíquota zero
Isenção É a dispensa prevista em lei específica, do tributo devido Ocorre a incidência do tributo, mas o pagamento é dispensado		

Fonte: Elaborada pelos autores.

4.8.1   Demonstração dos institutos relacionados ao crédito

É bem importante conhecer os institutos que mencionamos anteriormente, pois eles interferem diretamente no desconto dos créditos. Por este motivo, criamos o infográfico para fixação do conteúdo:

Fonte: Elaborado pelos autores.

Sobre a relação aquisição sem pagamento das contribuições x crédito de PIS e Cofins veja a Solução de Consulta COSIT nº 188/2023 – Solução de Consulta DISIT/SRRF01 nº 1006/2022 – Pesquise ↓:

4.9 Vendas sem tributação de PIS e Cofins permitem créditos

A Lei nº 11.033/2004, em seu art. 17, elucida que as vendas efetuadas com suspensão, isenção, alíquota zero ou não incidência do PIS/PASEP e da Cofins não impedem a manutenção, pelo vendedor, dos créditos vinculados a essas operações.

4.10 Conceito de aquisição

Para fins de apuração dos créditos de PIS e Cofins, considera-se aquisição a versão de bens e direitos referidos no art. 3º das Leis nº 10.637/2002 e 10.833/2003, em decorrência de fusão, incorporação e cisão de pessoa jurídica domiciliada no país. (Lei nº 10.865/2004, art. 30).

Figura 4.7

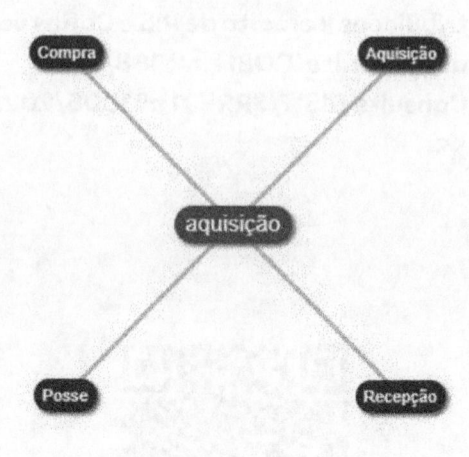

Fonte: Elaborada pelos autores

Adquirir: passar a ter algo por compra, troca, doação etc.

Figura 4.8

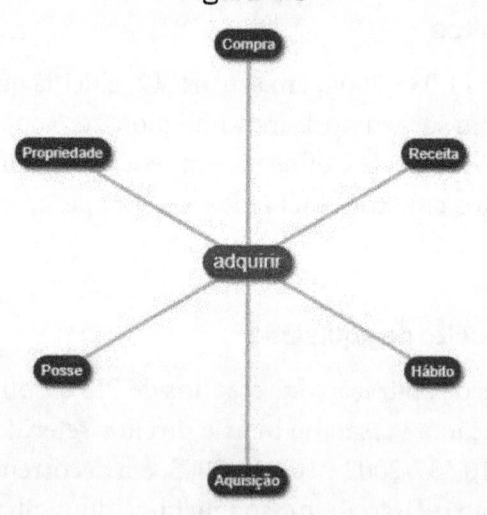

Fonte: Elaborada pelos autores.

Perceba que a definição é ampla, assim como no Direito Civil, cuja aquisição pode acontecer de várias formas. Porém, nem sempre uma aquisição envolve o pagamento de valores, pois um bem pode ser adquirido por doação. Então cuidado quando ao tratar dos créditos de PIS e Cofins, cuja expressão aquisição é uma constante na legislação e em nosso livro. Para o PIS e a Cofins, aquisição envolve custo ou despesa, ou seja, há um dispêndio, um gasto. Por este motivo criamos o tópico "Atenção! Esses itens não geram créditos de PIS e Cofins". Assim, se não houve pagamento das contribuições não existe crédito, atentando-se para as exceções que evidenciamos.

4.11 Conceito de aquisição para fins dos créditos: fusão, incorporação e cisão

De acordo com o Dicionário Online Caudas Aulete, uma das definições para a palavra AQUISIÇÃO é ação ou resultado de adquirir, de tomar posse de algo, por exemplo: aquisição de novos livros.

4.12 Natureza escritural dos créditos: Receita?

A não cumulatividade do PIS/Pasep e da Cofins parte do ponto em que o montante do crédito não se afere com base no tributo incidente na etapa anterior do ciclo econômico, mas sim a partir de alíquota previamente estabelecida aplicada sobre o valor da operação. Nesse sentido, refere-se a um mecanismo pelo qual se admitem abatimentos ou compensações, intitulados de "créditos", apurados em relação aos bens e serviços adquiridos (custos, despesas e encargos), reconhecidos na contabilidade e, posteriormente, lançados contra os débitos, os quais são nomeados de escriturais por serem utilizados apenas para apurar o valor devido.

Logo, o montante dos créditos dessas contribuições **não constitui receita bruta da pessoa jurídica, servindo somente para dedução do valor devido do PIS/Pasep e da Cofins** (Lei nº 10.833/2003, art. 3º, § 10 e art. 15, II). Dessa forma, **a não cumulatividade implica tão somente na possibilidade de deduzir,** do valor a pagar, créditos calculados sobre as operações de entrada (aquisições, compra) de bens, encargos, custos e despesas incorridas no período apuração.

4.13   Forma de determinação dos créditos

A determinação dos créditos é feita mediante a aplicação da alíquota de **7,6% para a Cofins** e de **1,65% para o PIS/Pasep** sobre o valor:

a. Dos bens ou serviços **adquiridos no mês;**

b. Dos custos de despesas **incorridos no mês;**

c. Dos encargos de depreciação e amortização **incorridos no mês;**

d. Dos bens **devolvidos no mês.**

4.14   Abrangência dos créditos

O direito ao crédito é aplicado exclusivamente em relação:

- Aos bens e serviços adquiridos de pessoa jurídica domiciliada no país; e
- Aos custos e despesas incorridos, pagos ou creditados a pessoa jurídica domiciliada no país.

> Importação de bens e serviços também permitem o direito ao crédito, com base em regras específicas estabelecidas pela Lei n° 10.865/2004, arts. 15 a 18.

4.15 Aquisições de empresas do Simples Nacional

As aquisições de bens e serviços, de pessoa jurídica optante pelo Simples Nacional, observados os critérios para apropriação dos créditos, também geram direito ao crédito do PIS e da Cofins, conforme esclarecimento feito pelo **Ato Declaratório Interpretativo SRF n° 15/2007**. Esses créditos serão calculados com a aplicação das alíquotas de 1,65% para o PIS/Pasep e de 7,6% para a Cofins.

4.15.1 Microempreendedor Individual – MEI

Em relação às aquisições e bens e serviços do Microempreendedor Individual – MEI, por pessoa jurídica do regime não cumulativo, é possível tomar crédito das contribuições, em certas situações.

 O crédito é vedado nas situações em que os bens e os serviços adquiridos de pessoa jurídica enquadrada como MEI são revendidos (com incidência ou não da contribuição nessa operação), ou utilizados como insumo na elaboração de produtos ou na prestação de serviços que sejam vendidos ou prestados em operações não sujeitas ao pagamento da contribuição.

Por outro lado, o crédito é permitido nas hipóteses em que os bens e os serviços adquiridos de pessoa jurídica enquadrada como MEI sejam utilizados como insumo na elaboração de produtos ou na prestação de serviços que sejam vendidos ou prestados em operações sujeitas ao pagamento da contribuição.

(Solução de Consulta COSIT nº 303/2019)

4.16 Matriz e filial

A Lei nº 9.779/1999, art. 15, caput e inciso III, estabelece que a apuração e o pagamento do PIS/Pasep e da Cofins devem ser efetuados de forma centralizada pelo estabelecimento matriz da pessoa jurídica. Logo, os créditos também serão apurados e utilizados de forma centralizada pela pessoa jurídica, e não por cada um de seus estabelecimentos.

Para fins gerenciais e contábeis, sim, é possível manter um sistema de controle e utilização por cada estabelecimento, considerando que é comum que as empresas de grande porte mantenham a contabilidade descentralizada, mas que ao final do processo de envio das obrigações acessórias, acaba sendo centralizada (consolidada).

Observando o Guia Prático da EFD-Contribuições, temos a informação de que apesar das contribuições sociais serem apuradas de forma centralizada pelo estabelecimento matriz, as informações dos Blocos A, C, D e F são escrituradas por estabelecimento, justo por este motivo, para o caso em que a pessoa jurídica tenha mais de um contabilista responsável pela escrituração fiscal de suas operações, estes devem ser relacionados no registro 0100 – Dados do Contabilista.

Nesse ponto, vale lembrar sobre o Registro 0140: Tabela de Cadastro de Estabelecimentos, da mesma obrigação acessória, que esclarece:

- Preenchimento obrigatório pelo estabelecimento matriz da pessoa jurídica;

- Quanto aos demais estabelecimentos da pessoa jurídica, **este registro deve ser preenchido apenas** para os que tenham auferido receitas, sujeitas ou não à incidência do PIS/Pasep e da Cofins, que tenha realizado operações geradoras de créditos ou que tenha sofrido retenções na fonte no período;

- Caso não tenha o estabelecimento incorrido em quaisquer das operações passíveis de registro nos Blocos A, C, D ou F no período da escrituração, ou referentes às operações extemporâneas passíveis de registro no Bloco 1, não precisa ser informado registro referente ao mesmo.

- Deve ser escriturado um registro "0140" para cada estabelecimento que se enquadre nas condições de obrigatoriedade acima referida.

Portanto, dentro da própria EFD-Contribuições já temos o processo de cruzamento de dados.

4.17 Mudança de regime tributário

A mudança de regime tributário afeta a apropriação dos créditos de PIS e Cofins, ocasionando créditos presumidos (estoque de abertura). Quando a pessoa jurídica tributada com base no lucro presumido ou optante pelo Simples Nacional passar a ser tributada com base no lucro real, em relação à parte do regime de apuração não cumulativa dessas contribuições, terá direito ao desconto de créditos presumidos calculados sobre o estoque de abertura dos bens para revenda e utilizados como insumos.

O cálculo do crédito será feito conforme orientações contidas nos arts. 202 e 205 da IN RFB nº 2121/2022. E no caso em que a empresa mude do lucro real para o presumido ou arbitrado ou Simples Nacional?

Antes da publicação das INs RFB nº 1911/2019 e 2121/2022, havia uma vedação expressa na IN SRF 594/2005, art. 41, § 2º, relativa a essa situação:

Figura 4.9

"DA ALTERAÇÃO DO REGIME DE INCIDÊNCIA DAS CONTRIBUIÇÕES

Art. 41. A pessoa jurídica sujeita à incidência da Contribuição para o PIS/Pasep e da Cofins no regime de cumulatividade, que passar a apurar essas contribuições no regime de não-cumulatividade, tem direito ao aproveitamento do crédito presumido na forma prevista no art. 48, calculado sobre o estoque de abertura devidamente comprovado na data da mudança do regime de incidência.

§ 1º A pessoa jurídica que passar da apuração do imposto de renda com base do lucro arbitrado para a apuração com base no lucro real não faz jus ao aproveitamento do crédito presumido na forma do art. 48.

§ 2º A pessoa jurídica que, tributada pelo imposto de renda com base no lucro real, passar a ser tributada com base no lucro presumido ou arbitrado, ou fizer a opção pelo Simples, perde o direito de utilização dos créditos relativos ao regime de

Fonte: IN SRF 594/2005.

Tendo em vista tal situação, caso a pessoa jurídica que, tributada pelo imposto de renda com base no lucro real, passasse a ser tributada com base no lucro presumido ou arbitrado, ou fizesse a opção pelo Simples, esta **perderia o direito de utilização dos créditos** relativos ao regime não cumulativo, eventualmente ainda não utilizados, até a data de alteração do regime de apuração do imposto de renda.

Porém, a IN SRF nº 594/2005 foi revogada pela IN RFB nº 1911/2019, que não trouxe esse ponto:

Figura 4.10

Seção II
Dos Créditos Presumidos e Diferenciados

Subseção I
Dos Créditos Decorrentes de Estoque de Abertura

Art. 183. A pessoa jurídica que, tributada com base no lucro presumido ou optante pelo Simples Nacional, de que trata a Lei Complementar nº 123, de 2006, passar a ser tributada com base no lucro real, na hipótese de sujeitar-se ao regime de apuração não cumulativa da Contribuição para o PIS/Pasep e da Cofins, terá direito a desconto de créditos calculados sobre o estoque de abertura dos bens de que tratam os arts. 169 e 171 (Lei nº 10.637, de 2002, art. 11, § 3º; e Lei nº 10.833, de 2003, art. 12, § 5º).

§ 1º O disposto no caput aplica-se somente quanto ao estoque (Lei nº 10.637, de 2002, art. 11, § 3º; e Lei nº 10.833, de 2003, art. 12, § 5º):

I - existente na data da mudança do regime de tributação adotado para fins do IRPJ; e

II - de bens adquiridos de pessoa jurídica domiciliada no País.

§ 2º Os bens recebidos em devolução, tributados antes do início da aplicação do regime de apuração não cumulativa da Contribuição para o PIS/Pasep e da Cofins, ou da mudança do regime de tributação de que trata o caput serão considerados como integrantes do estoque de abertura referido no caput, devendo o crédito ser utilizado na forma do § 3º do art. 184 a partir da data da devolução (Lei nº 10.833, de 2003, art. 12, § 6º, e art. 16, parágrafo único).

§ 3º O direito ao crédito de que trata o caput aplica-se também aos estoques de produtos acabados e em elaboração (Lei nº 10.637, de 2002, art. 11, § 4º, com redação dada pela Lei nº 10.684, de 2003, art. 25; e Lei nº 10.833, de 2003, art. 12, § 3º).

Art. 184. O montante do crédito relativo ao estoque de abertura de que trata o art. 183 é igual ao resultado da aplicação do percentual de 0,65% (sessenta e cinco centésimos por cento) em relação à Contribuição para o PIS/Pasep, e de 3% (três por cento) em relação à Cofins, sobre o valor do estoque (Lei nº 10.637, de 2002, art. 11, § 1º; e Lei nº 10.833, de 2003, art. 12, § 1º).

§ 1º Para efeitos deste artigo, a pessoa jurídica deverá realizar o inventário e valorar o estoque segundo os critérios adotados para fins do imposto de renda, fazendo os devidos lançamentos contábeis, na data em que adotar o regime de tributação com base no lucro real.

§ 2º Os valores do ICMS e do IPI, quando recuperáveis, não integram o valor do

Fonte: IN RFB nº 1911/2019.

Permanecendo a mesma redação na então vigente IN 2121/2022:

Figura 4.11

Seção IV
Dos Créditos Presumidos

Subseção   I
Dos Créditos Presumidos Decorrentes de Estoque de Abertura Art. 204. A pessoa jurídica tributada com base no lucro presumido ou optante pelo Simples Nacional que passar a ser tributada com base no lucro real, na hipótese de sujeitar-se ao regime de apuração não cumulativa da Contribuição para o PIS/Pasep e da Cofins, terá direito a desconto de créditos presumidos calculados sobre o estoque de abertura dos bens de que tratam os arts. 173 e 175 (Lei nº 10.637, de 2002, art. 11, § 3º; e Lei nº 10.833, de 2003, art. 12, § 5º). § 1º O disposto no caput aplica-se somente quanto ao estoque (Lei nº 10.637, de 2002, art. 11, § 3º; e Lei nº 10.833, de 2003, art. 12, § 5º): I - existente na data da mudança do regime de tributação adotado para fins de cálculo do IRPJ; e II - de bens adquiridos de pessoa jurídica domiciliada no País. § 2º Os bens recebidos em devolução, tributados antes da mudança do regime de tributação a que se refere o caput, serão considerados como integrantes do estoque de abertura referido no caput, hipótese em que o crédito deve ser utilizado na forma prevista no § 3º do art. 205 a partir da data da devolução (Lei nº 10.833, de 2003, art. 12, § 6º, e art. 16, parágrafo único). § 3º O direito ao crédito presumido previsto no caput aplica-se também aos estoques de produtos acabados e em elaboração (Lei nº 10.637, de 2002, art. 11, § 4º, com redação dada pela Lei nº 10.684, de 2003, art. 25; e Lei nº 10.833, de 2003, art. 12, § 3º). Art. 205. O montante do crédito presumido relativo ao estoque de abertura de que trata o art. 204 é igual ao resultado da aplicação do percentual de 0,65% (sessenta e cinco centésimos por cento) em relação à Contribuição para o PIS/Pasep, e de 3% (três por cento) em relação à Cofins, sobre o valor do estoque (Lei nº 10.637, de 2002, art. 11, § 1º; e Lei nº 10.833, de 2003, art. 12, § 1º). § 1º Para efeito do disposto no caput, a pessoa jurídica deverá realizar o inventário e valorar o estoque na data em que adotar o regime de tributação com base no lucro real com base nos critérios adotados para fins de cálculo do IRPJ, e efetuar os lançamentos contábeis correspondentes. § 2º Os valores do ICMS e do IPI não integram o valor do estoque a ser utilizado como base de cálculo do crédito a que se refere o caput (Lei nº 10.637, de 2002, art. 11, § 1º; e Lei nº 10.833, de 2003, art. 12, § 1º). § 3º O crédito calculado nos termos deste artigo deve ser utilizado em 12 (doze) parcelas mensais iguais e sucessivas a partir do mês em que a pessoa jurídica ingressar no regime de apuração não cumulativa da Contribuição para o PIS/Pasep e da Cofins (Lei nº 10.637, de 2002, art. 11, § 2º, com redação dada pela Lei nº 10.865, de 2004, art. 37; e Lei nº 10.833, de 2003, art. 12, § 2º).

Fonte: IN 2121/2022.

Consequentemente, tal vedação não consta expressamente nas normas vigentes.

Temos uma controvérsia, no caso de haver saldos de créditos, quando da mudança do lucro real para o presumido ou Simples Nacional, que gera alguns questionamentos:

1. O crédito ficaria suspenso, mas não perdido, aguardando o retorno para o regime não cumulativo?

2. Caberia ressarcimento ou restituição?

3. Seria mais prudente que a empresa realizasse uma planejamento antes da mudança?

Nossa orientação é de que esta situação precisa ser avaliada internamente pelo Departamento Jurídico da empresa.

4.17.1 Tratamento do crédito presumido (estoque de abertura) na EDF-Contribuições

O crédito presumido, decorrente do estoque de abertura resultante da mudança de regime tributário, precisa ser demonstrado e controlado na EFD-Contribuições, no Registro F150: Crédito Presumido sobre Estoque de Abertura.

Observe as orientações extraídas do Guia Prático da EFD-Contribuições:

> Deve ser objeto de escrituração neste registro o crédito sobre o estoque de abertura de bens adquiridos para revenda (exceto os tributados no regime de substituição tributária e no regime monofásico) ou de bens a serem utilizados como insumo na prestação de serviços e na produção ou fabricação de bens ou produtos destinados à venda, adquiridos de pessoa jurídica domiciliada no País, existentes na data de início da incidência no regime não-cumulativo das contribuições sociais.

Os bens recebidos em devolução, tributados antes da mudança do regime de tributação para o lucro real, são considerados como integrantes do estoque de abertura, devendo ser os respectivos valores informados neste registro.

Nº	Campo	Descrição	Tipo	Tam	Dec	Obrig
01	REG	Texto fixo contendo "F150"	C	004*	–	S
02	NAT_BC_CRED	Texto fixo contendo "18" Código da Base de Cálculo do Crédito sobre Estoque de Abertura, conforme a Tabela indicada no item 4.3.7.	C	002*	–	S
03	VL_TOT_EST	Valor Total do Estoque de Abertura	N	–	002	S
04	EST_IMP	Parcela do estoque de abertura referente a bens, produtos e mercadorias importados, ou adquiridas no mercado interno sem direito ao crédito	N	–	002	N
05	VL_BC_EST	Valor da Base de Cálculo do Crédito sobre o Estoque de Abertura (03 – 04)	N	–	002	S
06	VL_BC_MEN_EST	Valor da Base de Cálculo Mensal do Crédito sobre o Estoque de Abertura (1/12 avos do campo 05)	N	–	2	S
07	CST_PIS	Código da Situação Tributária referente ao PIS/PASEP, conforme a Tabela indicada no item 4.3.3.	N	002*	–	S
08	ALIQ_PIS	Alíquota do PIS/PASEP (em percentual)	N	008	04	S
09	VL_CRED_PIS	Valor Mensal do Crédito Presumido Apurado para o Período - PIS/PASEP (06 x 08)	N	–	02	S
10	CST_COFINS	Código da Situação Tributária referente ao Cofins, conforme a Tabela indicada no item 4.3.4	N	002*	–	S
11	ALIQ_COFINS	Alíquota do Cofins (em percentual)	N	008	04	S
12	VL_CRED_COFINS	Valor Mensal do Crédito Presumido Apurado para o Período - Cofins (06 x 11)	N	–	02	S
13	DESC_EST	Descrição do estoque	C	100	–	N
14	COD_CTA	Código da conta analítica contábil debitada/creditada	C	255	–	N

Fonte: Elaborada pelos autores

Observações:

1. Este registro só deve ser preenchido se o ingresso no regime não-cumulativo ocorreu em até 12 (doze) meses anteriores ao do período de apuração da escrituração.

2. O crédito presumido calculado neste registro será utilizado em doze parcelas mensais, iguais e sucessivas, a partir da data em que ocorrer o ingresso no regime não-cumulativo. Desta forma, será informada nos Campos 09 (VL_CRED_PIS) e 12 (VL_CRED_COFINS) a parcela mensal do crédito apurado, que será demonstrado nos Registros M100 (Créditos de PIS/Pasep) e M500 (Créditos de Cofins), bem como utilizado para desconto da contribuição em M200 (Contribuição de PIS/Pasep do Período) e M600 (Cofins do Período).

3. O campo 13 é de preenchimento optativo, caso a pessoa jurídica queira discriminar o seu estoque pela sua composição, tais como: por matéria prima, material de embalagem, produtos intermediários, produtos em processamento, produto acabado; por centro de custo; etc.

Nível hierárquico – 3

Ocorrência – 1:N

Campo 01 – Valor Válido: [F150]

Campo 02 – Valor Válido: [18]

Campo 03 – Preenchimento: preencha com o valor total do estoque de abertura, conforme constantes nos livros fiscais da empresa.

Campo 04 – Preenchimento: informe o valor da parcela do estoque de abertura referente a bens, produtos e mercadorias importados, ou adquiridas no mercado interno sem direito ao crédito (como, por exemplo, aquisições de pessoas físicas, aquisições de produtos sujeitos à alíquota zero etc.)

Campo 05 – Preenchimento: informe a base de cálculo do crédito sobre o estoque de abertura, correspondendo ao campo 03 – campo 04.

Campo 06 – Validação: informe a base de cálculo mensal do crédito sobre o estoque de abertura, correspondendo a 1/12 avos do campo 05.

Campo 07 – Valores Válidos: [50, 51, 52, 53, 54, 55, 56]

Preenchimento: Informar neste campo o Código de Situação Tributária referente ao PIS/PASEP (CST), conforme a Tabela II constante no Anexo Único da Instrução Normativa RFB nº 1.009, de 2010, referenciada no Manual do Leiaute da EFD-Contribuições.

Campo 08 – Valor Válido: [0,65]

Campo 09 – Preenchimento: informar o valor do crédito de PIS/Pasep, resultante da multiplicação do campo 06 pelo campo 08, dividido pelo valor "100". O valor deste campo não será recuperado no Bloco M, para a demonstração do valor do crédito apurado. O cálculo do valor do crédito no bloco M é efetuado mediante a multiplicação dos campos de base de cálculo totalizados no bloco M e as respectivas alíquotas. Para maiores informações verifique as orientações de preenchimento do campo VL_CRED em M100/M500.

Campo 10 – Valores Válidos: [50, 51, 52, 53, 54, 55, 56]

Preenchimento: Informar neste campo o Código de Situação Tributária referente a Cofins (CST), conforme a Tabela III constante no Anexo Único da Instrução Normativa RFB nº 1.009, de 2010, referenciada no Manual do Leiaute da EFD-Contribuições.

Campo 11 – Valor Válido: [3,0]

Campo 12 – Preenchimento: informar o valor do crédito da Cofins, resultante da multiplicação do campo 06 pelo campo 11, dividido pelo valor "100". O valor deste campo não será recuperado no Bloco M, para a demonstração do valor do crédito apurado. O cálculo do valor do crédito no bloco M é efetuado mediante a multiplicação dos campos de base de cálculo totalizados no bloco M e as respectivas alíquotas. Para maiores informações verifique as orientações de preenchimento do campo VL_CRED em M100/M500.

Campo 13 – Preenchimento: utilize este campo para discriminar o estoque pela sua composição, tais como: por matéria prima, material de embalagem, produtos intermediários, produtos em processamento, produto acabado; por centro de custo; etc.

Campo 14 – Preenchimento: informar o Código da Conta Analítica. Exemplos: matéria prima, material de embalagem etc. Deve ser a conta credora ou devedora principal, podendo ser informada a conta sintética (nível acima da conta analítica).

Campo de preenchimento opcional para os fatos geradores até outubro de 2017. Para os fatos geradores a partir de novembro de 2017 o campo "COD_CTA" é de preenchimento obrigatório, exceto se a pessoa jurídica estiver dispensada de escrituração contábil (ECD), como no caso da pessoa jurídica tributada pelo lucro presumido e que escritura o livro caixa (art. 45 da Lei nº 8.981/95). Vide Registro 0500: Plano de Contas Contábeis"

4.18 Base de cálculo dos créditos

Para calcular os créditos de PIS e Cofins, ou seja, chegar na base de cálculo, é essencial saber o que integra ou não para calcular os créditos de forma assertiva.

Deste modo, **integram** a base de cálculo:

- As parcelas redutoras decorrentes do ajuste a valor presente (art. 184, III da Lei nº 6.404/1976)
- O valor do seguro e do frete relativos ao produto adquirido, quando suportados pelo comprador

Por outro lado, **não integram** a base de cálculo:

- O valor da mão de obra paga a pessoa física;
- O valor do ICMS que tenha incidido sobre a operação de aquisição;
- O valor do ICMS-ST;
- O IPI incidente na venda pelo fornecedor.

4.18.1 Breves informações sobre o IPI no custo da mercadoria

A regra de recuperação ou não do IPI, para fins de créditos do PIS e da Cofins, acompanhava o contribuinte desde a IN SRF nº 404/2004, art. 8º, § 3º, I, e permaneceu quando da primeira consolidação das regras dessas contribuições pela IN nº 1911/2019, art. 167, II.

Logo, o IPI incidente na venda pelo fornecedor (incidente na aquisição), se fosse recuperável na escrita fiscal (gerasse crédito), não fazia parte da base de cálculo dos créditos de PIS e Cofins. No entanto, se não pudesse ser recuperado, poderia compor a base dos créditos dessas contribuições. Porém, desde a publicação da IN RFB nº 2121/2022, essa situação foi modificada, impossibilitando o crédito sobre o IPI, mesmo que não tenha sido recuperado na escrita fiscal.

A solução para minimizar o prejuízo é a propositura de ação judicial, assim como fez um contribuinte perante o TRF3, que obteve êxito, como segue:

Figura 4.12

PODER JUDICIÁRIO
Tribunal Regional Federal da 3ª Região
3ª Turma

AGRAVO DE INSTRUMENTO (2021) Nº 5001847-87.2024.4.03.0000
RELATOR Gab. 08 - DES. FED CARLOS DELGADO
AGRAVANTE: PR FACILITIES SERVICE EIRELI
Advogado do(a) AGRAVANTE: THIAGO GLUCKSMANN DE LIMA - SP317391-A
AGRAVADO: UNIAO FEDERAL - FAZENDA NACIONAL

OUTROS PARTICIPANTES:

D E C I S Ã O

Trata-se de agravo de instrumento, com pedido de antecipação da tutela recursal, interposto por PR FACILITIES SERVICE LTDA. contra decisão proferida em sede de mandado de segurança impetrado contra ato do DELEGADO DA DELEGACIA DE ADMINISTRAÇÃO TRIBUTÁRIA DA RECEITA FEDERAL DO BRASIL EM SOROCABA/SP, que indeferiu pleito de liminar requerida para:

> *assegurar o direito da IMPETRANTE de apropriar créditos de PIS e COFINS sobre os bens e mercadorias adquiridos para revenda considerando os valores de IPI não recuperável, suspendendo sua exigibilidade, nos termos do artigo 151, inciso V, do Código Tributário Nacional; e "subsidiariamente, seja concedida a liminar para assegurar à IMPETRANTE o direito de apropriar créditos de PIS e COFINS sobre os bens e mercadorias adquiridos para revenda considerando os valores de IPI não recuperável até 20.03.2023, em razão da aplicação do princípio da anterioridade nonagesimal, suspendendo sua exigibilidade, nos termos do artigo 151, inciso V, do Código Tributário Nacional"*

Em suas razões recursais, sustentou, em suma, que o IPI não recuperável na sua escrita fiscal constitui custo de aquisição de bens para revenda, o que lhe autorizaria a tomada dos respectivos créditos para fins da tributação de PIS e COFINS.

Fonte: Justiça Federal – Tribunal Regional da 3ª Região.

Acesse a íntegra:

4.19 Escrituração por processamento de dados

As pessoas jurídicas que utilizarem sistemas de processamento de dados para registrar negócios e atividades econômicas ou financeiras, escriturar livros ou elaborar documentos de natureza contábil ou fiscal devem manter à disposição da Receita Federal os respectivos arquivos digitais e sistemas pelo prazo decadencial. Todavia, essa disposição não se aplica às empresas optantes pelo Simples Nacional.

> Resumidamente, o prazo decadencial refere-se ao direito que a Fazenda Pública possui para constituir o crédito tributário (débito, na visão do contribuinte), tornando-o líquido, certo e exigível.
>
> Esse prazo é de **5 anos**, observando a contagem definida pela Lei nº 5.172/1966, art. 150, § 4º, e art. 173.

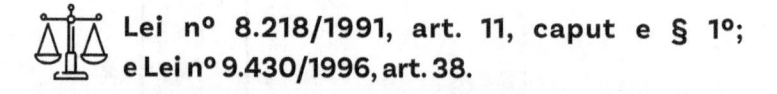 **Lei nº 8.218/1991, art. 11, caput e § 1º; e Lei nº 9.430/1996, art. 38.**

4.20 SPED e guarda de documentos

As obrigações acessórias em meios digitais, bem como os arquivos digitais e sistemas de processamento de dados, deverão ser apresentadas por meio do Sistema Público de Escrituração Digital – Sped.

Ademais, o sujeito passivo usuário de sistema de processamento de dados deverá manter documentação técnica completa e atualizada do sistema, suficiente para possibilitar a sua auditoria, facultada a manutenção em meio magnético, sem prejuízo da sua emissão gráfica, quando solicitada (Lei nº 9.430/1996, art. 38).

4.20.1 Obrigações acessórias para PIS e Cofins

A EFD-Contribuições é a Escrituração Fiscal Digital da Contribuição para o PIS/Pasep, a Cofins e a Contribuição Previdenciária sobre a Receita Bruta (CPRB). É um arquivo digital que faz parte do grupo de obrigações do Sistema Público de Escrituração Digital – Sped a ser utilizado pelas pessoas jurídicas de direito privado na escrituração do PIS/Pasep e da Cofins, nos regimes de apuração não cumulativo e/ou cumulativo, com base no conjunto de documentos e operações representativos das receitas auferidas, bem como dos custos, despesas, encargos e aquisições geradores de créditos da não cumulatividade.

Os documentos e operações da escrituração representativos de receitas auferidas e de aquisições, custos, despesas e encargos incorridos, deverão ser relacionados no arquivo da EFD-Contribuições, em relação a cada estabelecimento da pessoa jurídica, observando que a escrituração das contribuições sociais e dos créditos, bem como da Contribuição Previdenciária sobre a Receita Bruta, será realizada forma centralizada pelo estabelecimento matriz da pessoa jurídica.

A Instrução Normativa RFB nº 1252/2012 traz as regras para apresentação do arquivo da EFD-Contribuições, que deverá ser validado, assinado digitalmente e transmitido, via Internet, ao ambiente do Sped.

4.20.2 Cruzamento de dados

Assim como as demais obrigações acessórias administradas pela Receita Federal, a EFD-Contribuições é utilizada para cruzamento de dados. Os principais serão mencionados a seguir, lembrando que aquele feito pela Receita Federal é muito mais minucioso, considerando os registros de cada obrigação, assim como o cruzamento entre os registros da própria obrigação. As obrigações acessórias devem estar corretamente preenchidas para que o processo de recuperação tributária siga o curso positivo.

Aqui segue uma demonstração:

Figura 4.13

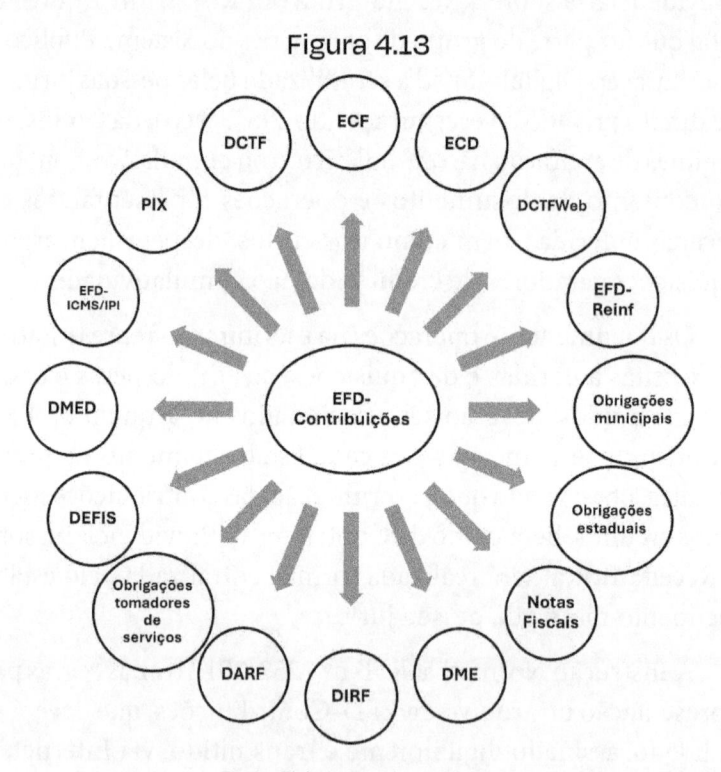

Fonte: Elaborada pelos autores.

4.21   Retificação da EFD-Contribuições

A retificação da EFD-Contribuições encerra-se em 5 anos contados do primeiro dia do exercício seguinte àquele a que se refere à escrituração substituída, com a utilização da versão vigente do programa gerador da escrituração.

4.22   Métodos de apropriação dos créditos

Quando a pessoa jurídica está sujeita ao regime não cumulativo do PIS e da Cofins, em relação a apenas parte de suas receitas, o crédito deve ser calculado em relação aos custos, despesas e encargos vinculados a essas receitas (Lei nº 10.637/2002, art. 3º, § 7º; Lei nº 10.833/2003, art. 3º, § 7º; e Lei nº 10.865/2004, art. 15, § 5º). Nessa situação, a pessoa jurídica deve registrar, a cada mês, destacadamente para o regime não cumulativo e para a parte submetida ao regime cumulativo, as parcelas:

- Dos custos, das despesas e dos encargos relativos a insumos, imobilizado, intangível e demais créditos básico; e
- Do custo de aquisição dos bens e serviços adquiridos de pessoas físicas, em relação aos produtos agropecuários e oriundos de atividade rural.

Para tanto, o valor a ser registrado deve ser determinado, a critério da pessoa jurídica, pelo método de:

- Apropriação direta, inclusive em relação aos custos, por meio de sistema de contabilidade de custos integrada e coordenada com a escrituração; ou
- Rateio proporcional, aplicando-se aos custos, despesas e encargos comuns a relação percentual existente entre a receita bruta sujeita ao regime de apuração não cumulativa e a receita bruta total, auferidas em cada mês.

Para apuração do crédito decorrente de encargos comuns, devem ser aplicados sobre o valor de aquisição de insumos, dos custos e das despesas referentes ao mês de apuração, critérios de apropriação por rateio que confiram adequada distribuição entre os encargos vinculados às receitas submetidas ao regime de apuração não cumulativa e os encargos vinculados às receitas submetidas ao regime de apuração cumulativa.

No caso da receita bruta total, o rateio proporcional corresponderá à soma das receitas de que trata o § 2º do art. 25 da IN RFB nº 2121/2022, com os seus respectivos valores decorrentes do ajuste a valor presente. O método eleito pela pessoa jurídica deve ser aplicado consistentemente por todo o ano-calendário e igualmente adotado para o PIS/Pasep e para a Cofins.

4.23   Créditos extemporâneos

Crédito extemporâneo corresponde a um fato gerador de crédito que está sendo escriturado em período posterior ao de referência do crédito (regime de competência que corresponde ao fato gerador, como esclareceremos em capítulo próprio).

Definir ou classificar como fora do período tem correlação com a data de competência do crédito e não com a data da aquisição ou da emissão de nota fiscal. Por exemplo: se uma empresa que segue o método de apropriação direta dos créditos, adquire um insumo em janeiro e o produto adquirido só venha configurar o direito a crédito – pelo método da apropriação direta – em abril, deve ser regularmente informada a aquisição na escrituração de abril, no Bloco C, com o CST representativo de crédito do período (50 a 56).

No entanto, se o crédito da aquisição de janeiro é de competência abril, mas a empresa deixou de escriturar neste mês, estaria então configurada a situação de extemporaneidade. O crédito extemporâneo deverá ser informado mediante a retificação da escrituração cujo período se refere o crédito, observando os seguintes procedimentos:

- Retificação da EFD-Contribuições correspondente ao período de apuração, para constituir os créditos decorrentes de documentos não considerados na apuração inicial. Os saldos de créditos das EFD-Contribuições dos meses posteriores à constituição do crédito devem ser retificados para evidenciar o novo, nos registros 1100 (PIS/Pasep) e 1500 (Cofins);
- Retificação da DIPJ/ECF, para ajustar o custo/despesa considerado na apuração do lucro líquido, caso os documentos fiscais não considerados na apuração de crédito na EFD-Contribuições original tenham sido computados pelo seu valor bruto;
- Retificação da DCTF, caso seja apurado valor suplementar de PIS, Cofins, IRPJ e de CSLL a recolher, decorrente do ajuste referido nos itens acima.

Um procedimento semelhante deverá ser adotado em relação aos períodos anteriores à obrigatoriedade da EFD-Contribuições, qual seja a retificação do DACON, DIPJ e DCTF, quando for o caso. Atentar para o fato que a correção do DACON pode também ensejar ainda a retificação da EFD-Contribuições de períodos posteriores.

O Demonstrativo de Apuração de Contribuições Sociais – DACON foi extinto para os fatos geradores ocorridos desde 1/01/2014, pela Instrução Normativa RFB nº 1441/2014.

CAPÍTULO 5
EXCLUSÃO DO ICMS NA BASE DE CÁLCULO DO PIS E COFINS

5.1 Introdução

O tema Exclusão do ICMS da base de cálculo do PIS e Cofins foi conhecido como a "tese do século", além de ser uma discussão antiga e complexa ela teve muitas reviravoltas e impactos nas empresas e nos cofres da União.

Como o fato gerador do PIS e Cofins é a Receita Bruta e o ICMS está dentro desta, muitas empresas alegaram que o ICMS não é receita e não poderia integrar na base de cálculo da tributação, ou seja, é uma operação que não pertence à empresa e por isso não poderia servir de base para a tributação de PIS e Cofins.

Em 2017 o direito de o contribuinte excluir o ICMS da Base de cálculo do Pis e Cofins foi julgado procedente pelo STF. Entretanto, de lá para cá, muitas discussões e questionamentos surgiram sobre este tema, para sermos objetivos e facilitar o entendimento, separamos os principais questionamentos e pontos sobre este assunto.

5.2 Qual ICMS não compõe a Base de Cálculo do PIS e Cofins (Destacado ou Recolhido)?

O ICMS a ser excluído da Base de Cálculo do PIS e Cofins é o destacado em Nota Fiscal. Salienta-se que esta exclusão deve ser vinculada as receitas Tributadas e por isso o contribuinte deve segregar as receitas por CST (Receita Tributada e não Tributada).

No caso de a pessoa jurídica ter auferido receitas tributadas (CST 01, 02 e 05) e não tributadas (CST 04, 06, 07, 08 e 09), **a exclusão do ICMS deve estar vinculada às receitas tributadas**.

Figura 5.1

CST	Descrição	Natureza	Tratamento
1	Operação Tributável com Alíquota Básica	Tributado	Com Exclusão do ICMS
2	Operação Tributável com Alíquota Diferenciada	Tributado	Com Exclusão do ICMS
3	Operação Tributável com Alíquota por Unidade de Medida de Produto	Tributado	Com Exclusão do ICMS
4	Operação Tributável Monofásica - Revenda a Alíquota Zero	Não Tributado	Sem Exclusão do ICMS
5	Operação Tributável por Substituição Tributária	Tributado	Com Exclusão do ICMS
6	Operação Tributável a Alíquota Zero	Não Tributado	Sem Exclusão do ICMS
7	Operação Isenta da Contribuição	Não Tributado	Sem Exclusão do ICMS
8	Operação sem Incidência da Contribuição	Não Tributado	Sem Exclusão do ICMS
9	Operação com Suspensão da Contribuição	Não Tributado	Sem Exclusão do ICMS

Fonte: Elaborada pelos autores.

Exemplo:

Uma operação de venda interestadual no valor total de R$ 10.000,00, sendo R$ 6.000,00 receita tributada de PIS/Cofins (CST 01) e ICMS destacado de R$ 1.080,00, bem como R$ 4.000,00 referente a uma receita com alíquota zero (CST 06) com ICMS destacado de R$ 720,00.

Diante das informações acima, os valores devem ser segregados:

Figura 5.2

Natureza da Receita	Valor	ICMS destacado
Tributado	6.000,00	1.080,00
Não Tributada	4.000,00	720,00
Total de Receita	10.000,00	1.800,00

Valores de ICMS vinculados as receitas não tributadas de PIS e COFINS não podem ser utilizados no Calculo

Fonte: Elaboradas pelos autores.

Figura 5.3

Descrição	Receita Tributada	Receita não Tributada	Total
Receita	6.000,00	4.000,00	10.000,00
ICMS destacado	- 1.080,00	0 -	1.080,00
Base de Calculo PIS e Cofins	4.920,00	4.000,00	8.920,00
Alíquota 9,25% e 0 %	455,10	0	455,10

Fonte: Elaborada pelos autores.

5.3   Quando se dará os efeitos da exclusão do ICMS da base de cálculo do PIS e da Cofins?

Com Processo Judicial

Em relação às <u>receitas auferidas até 15/03/2017</u>, o ICMS destacado nas notas fiscais de vendas não integram a base de cálculo da Contribuição para o PIS/Pasep e a Cofins para as pessoas jurídicas que protocolaram ação judicial até 15/03/2017.

Sem Processo Judicial

O valor do ICMS destacado nas notas fiscais de vendas não integrarão a base de cálculo do PIS/Pasep e Cofins a partir de 16/03/2017, independentemente de a pessoa jurídica ter protocolado ou não ação judicial.

Figura 5.4

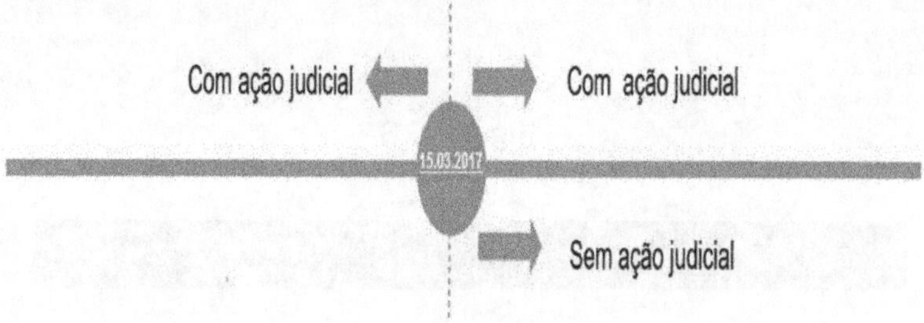

Fonte: Elaborada pelos autores.

5.4 Para quem não ingressou com Ação Judicial pode excluir o ICMS da Base de cálculo do PIS e Cofins?

Sim, a partir de 16/03/2017 as empresas tributadas pelo Lucro Real, Presumido poderão excluir o ICMS das receitas tributadas pelo PIS e Cofins.

5.5 Como operacionalizar a Exclusão do ICMS da base de cálculo do PIS e Cofins na EFD-Contribuições?

Sem processo Judicial: o Manual da EFD-Contribuições dispõe: "Em nenhuma hipótese deverão ser efetuados ajustes para fins de exclusão do ICMS da base de cálculo do PIS/Cofins referentes a mais de um período de apuração", em EFD-Contribuições distintas de cada um desses períodos, ou seja, o contribuinte deve respeitar a competência da apuração dos Créditos.

> **Nota:**
>
> Caso a empresa esteja avaliando a possibilidade de recuperar créditos do passado, deverá retificar as EFDs Contribuições, para créditos do período corrente é recomendável ter as parametrizações no sistema, ou seja, o seu ERP deve refletir a exclusão do ICMS de forma automática.

Nos próximos tópicos, veja exemplo dos registros na EFD-Contribuições.

5.5.1 Registro C170 (Complemento de Documento – Itens do Documento)

Registro obrigatório para discriminar os <u>itens da nota fiscal</u> (mercadorias e/ou serviços constantes em notas conjugadas), inclusive em operações de entrada de mercadorias acompanhada de Nota Fiscal Eletrônica (NF-e) de emissão de terceiros.

Figura 5.5

Complemento de Documento – Itens do Documento

Nº	Campo	Item 1
1	REG	"C170"
2	NUM_ITEM	1
3	COD_ITEM	XX1
4	DESCR_COMPL	"Mercadoria tributada"
5	QTD	1
6	UNID	UN
7	VL_ITEM	6.000,00
10	CST_ICMS	500
11	CFOP	6101
12	COD_NAT	6101
13	VL_BC_ICMS	6.000,00
14	ALIQ_ICMS	12
15	VL_ICMS	720
25	CST_PIS	1
26	VL_BC_PIS	5.280,00
27	ALIQ_PIS	1,65
30	VL_PIS	87,12
31	CST_COFINS	1
32	VL_BC_COFINS	5.280,00
33	ALIQ_COFINS	7,6
36	VL_COFINS	401,28

Fonte: Elaborada pelos autores.

EFD-Contribuições – Nota Fiscal Eletrônica

Figura 5.6 – REGISTRO – C100 – SAÍDA – Nota Fiscal Eletrônica

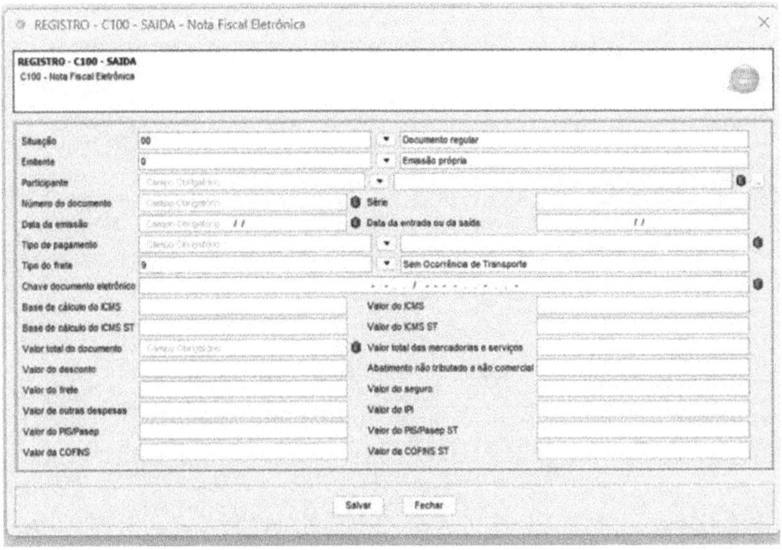

Fonte: EFD-Contribuições.

Figura 5.7 – REGISTRO – C170 – SAÍDA – Itens do Documento

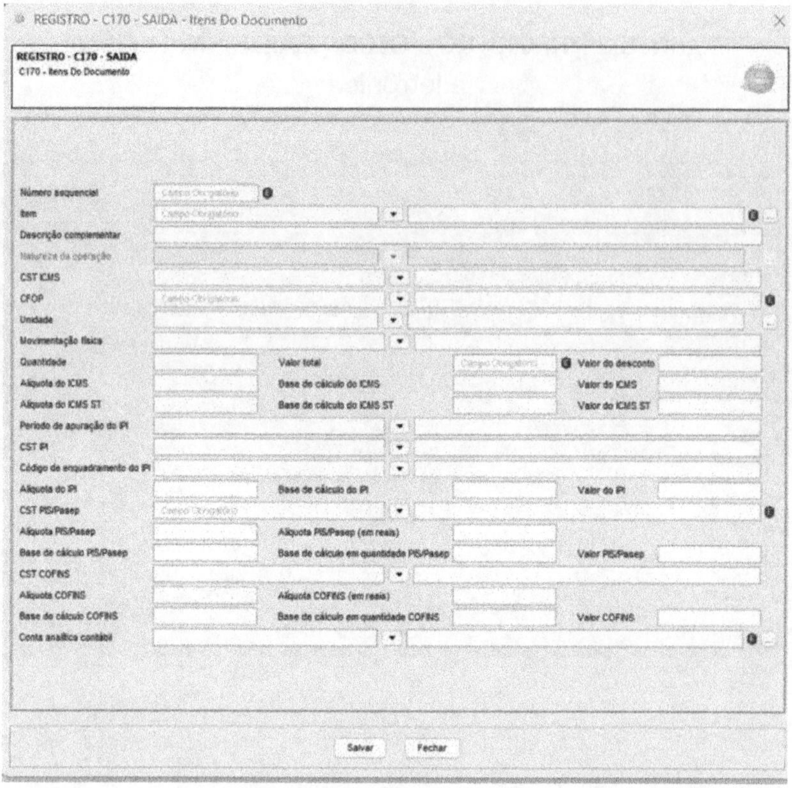

Fonte: EFD-Contribuições.

5.5.2   Registro C180/181 (Detalhamento da Consolidação – Operações de Vendas)

Este registro deve ser preenchido para consolidar as operações de vendas realizadas pela pessoa jurídica, por item vendido (Registro 0200), mediante emissão de NF-e (Modelo 55) e NFC-e (modelo 65). No caso das receitas auferidas de forma eletrônica, só podem ser consolidadas as operações no registro C180 se o arquivo txt ultrapassar o tamanho equivalente a 1GB, caso a escrituração das vendas por NFC-e fosse realizada de forma individualizada em C100/C175. Além disso, todos estabelecimentos emissores de NFC-e devem estar obrigados à escrituração de suas operações de forma individualizada na EFD ICMS-IPI.

Figura 5.8

Nº	Campo	Item 1
1	REG	C181
2	CST_PIS	1
3	CFOP	6101
4	VL_ITEM	6.000,00
5	VL_DESC	720
6	VL_BC_PIS	5.280,00
7	ALIQ_PIS	1,65
8	QUANT_BC_PIS	
9	ALIQ_PIS_QUANT	
10	VL_PIS	87,12
11	COD_CTA	410101001

Fonte: Elaborada pelos autores.

EFD – Contribuições – Nota Fiscal Eletrônica

Figura 5.9 – REGISTRO – C180 – SAÍDA – Nota Fiscal Eletrônica

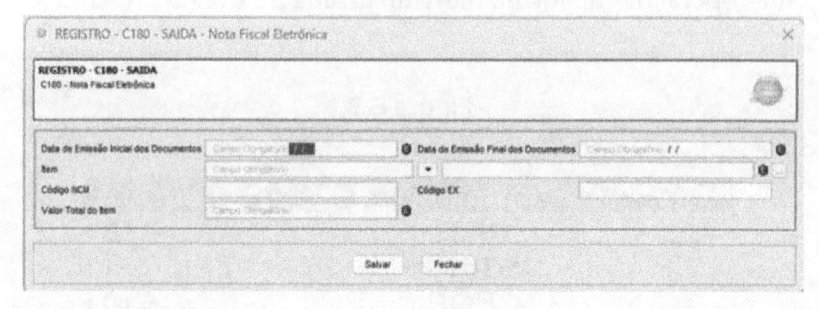

Fonte: EFD-Contribuições.

Nota fiscal do Consumidor Eletrônica

Figura 5.10 – REGISTRO – C180 – SAÍDA – Nota Fiscal Eletrônica

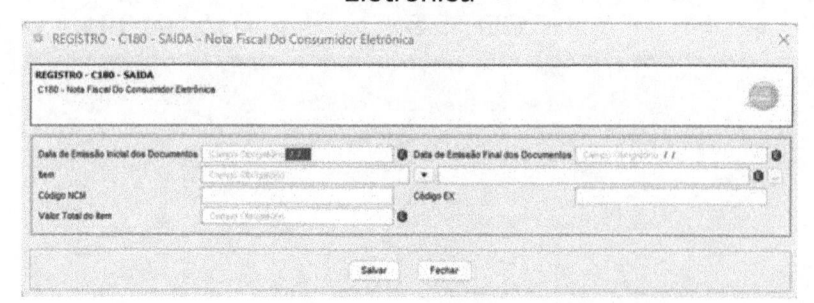

Fonte: EFD Contribuições.

Detalhamento da Consolidação PIS/PASEP

Figura 5.11 – REGISTRO – C181 – SAÍDA – Detalhamento Da Consolidação Pis/Pasep

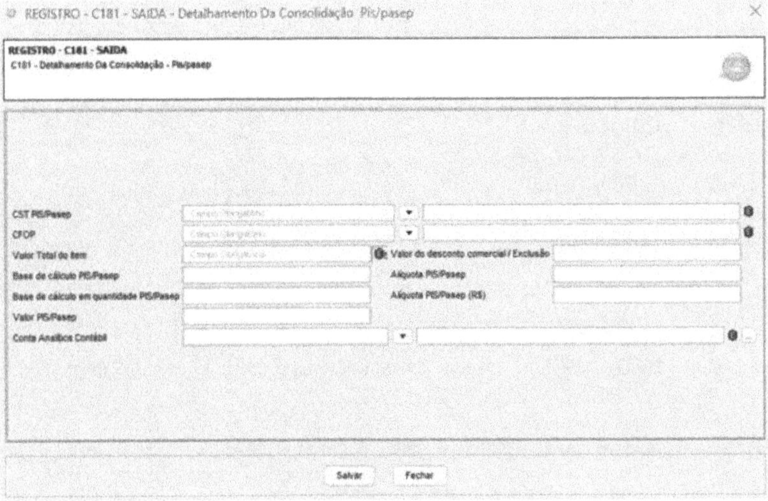

Fonte: EFD-Contribuições

5.5.3   Lucro Presumido – Registro F550

O registro específico para a pessoa jurídica submetida ao regime de apuração com base no lucro presumido, optante pela apuração do PIS/Pasep e Cofins pelo regime de competência, conforme previsto na Lei nº 9.718/1998.

Figura 5.12

Nº	Campo	Item 1
1	REG	F550
2	VL_REC_COMP	6.000,00
3	CST_PIS	1
4	VL_DESC_PIS	720
5	VL_BC_PIS	5.280,00
6	ALIQ_PIS	1,65
7	VL_PIS	87,12
8	CST_COFINS	1
9	VL_DESC_COFINS	720
10	VL_BC_COFINS	5.280,00
11	ALIQ_COFINS	7,6
12	VL_COFINS	401,28
13	COD_MOD	55
14	CFOP	6101
15	COD_CTA	410101001
16	INFO_COMPL	Valor 720,00 referente à exclusão do ICMS destacado

Fonte: Elaborada pelos autores

EFD-Contribuições – Lucro Presumido – Receitas Auferidas

Figura 5.13 – REGISTRO – F550 – SAÍDA – Regime de Competência Escrituração Consolidada das Receitas Auferidas

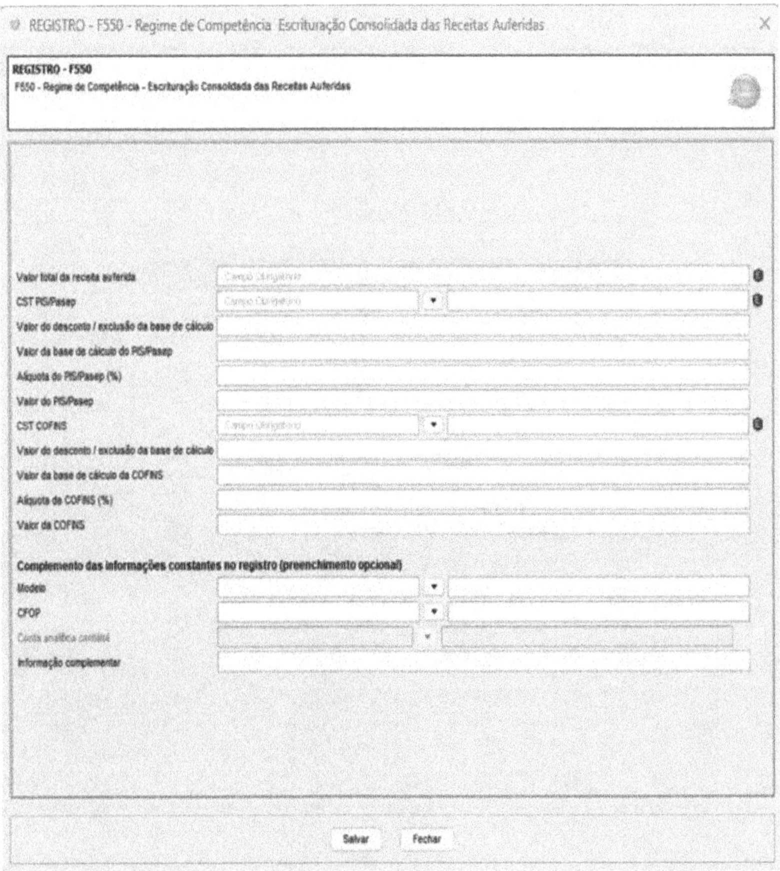

Fonte: EFD-Contribuições.

5.5.4   Registro C490 /C491 – Cupom fiscal por ECF

Registro para escrituração consolidada das vendas do período, mediante a emissão de cupom fiscal por ECF, relacionando as operações por item de produto.

A escrituração de forma consolidada das operações de vendas mediante cupom fiscal nesse registro substitui a escrituração das vendas por ECF constante do registro C400. Nos registros filhos C491 (PIS/Pasep) e C495 (Cofins) devem ser detalhados os valores por CST, item vendido e alíquota, conforme o caso.

Figura 5.14

Nº	Campo	Item 1
1	REG	C491
2	COD_ITEM	XX1
3	CST_PIS	1
4	CFOP	6101
5	VL_ITEM	6.000,00
6	VL_BC_PIS	5.280,00
7	ALIQ_PIS	1,65
8	QUANT_BC_PIS	
9	ALIQ_PIS_QUANT	
10	VL_PIS	87,12
11	COD_CTA	410101001

Fonte: Elaborada pelos autores.

EFD-Contribuições

Nota Fiscal de Venda ao Consumidor

Figura 5.15 – REGISTRO – C490 – SAÍDA – Nota Fiscal de Venda ao Consumidor

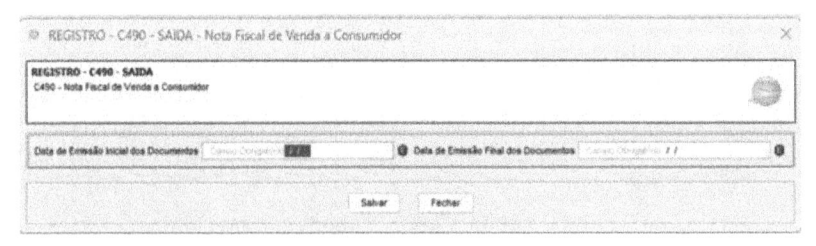

Fonte: EFD-Contribuições.

Cupom Fiscal emitido por ECF

Figura 5.16 – REGISTRO – C490 – SAÍDA – Cupom Fiscal emitido por ECF

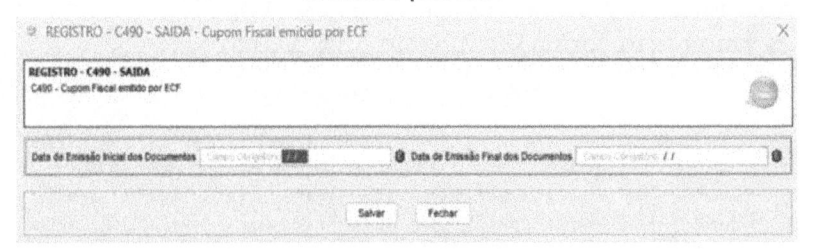

Fonte: EFD-Contribuições.

Cupom Fiscal eletrônico CFe ECF

Figura 5.17 – REGISTRO – C490 – SAÍDA – Cupom Fiscal Eletrônico CFeECF

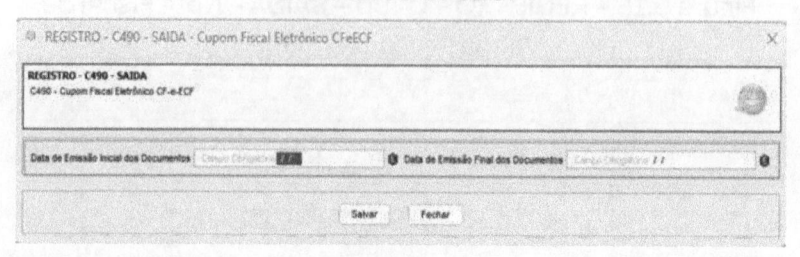

Fonte: EFD-Contribuições.

Detalhamento do PIS/PASEP

Considerando que a venda do exemplo acima tenha ocorrido de forma presencial ao consumidor final pela emissão do cupom fiscal, a escrituração dessa operação no registro de consolidação de documentos emitidos por ECF (C490 e filhos) seria procedida da seguinte forma (demonstração apenas do registro C491, sendo escriturado de forma semelhante em C495):

Figura 5.18 – REGISTRO – C491 – SAÍDA – Detalhamento do Pis/Pasep

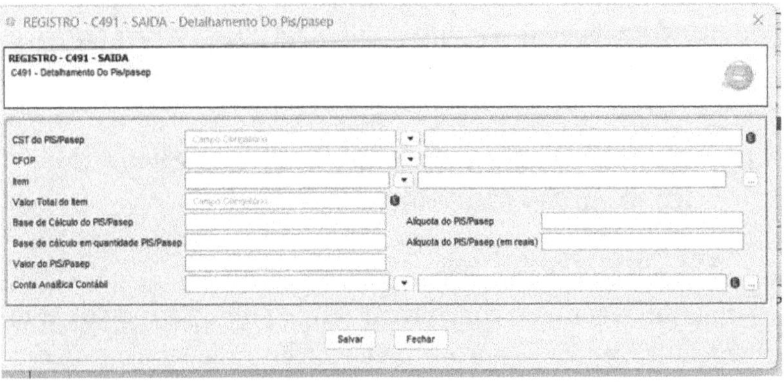

Fonte: EFD-Contribuições .

> **Nota:**
>
> Créditos com processo Judicial deverá seguir procedimentos específicos de recuperação de crédito através do PER/DCOMP originado por decisões judiciais transitado em Julgado.

5.5.5 O Contribuinte deve retificar as obrigações?

Sem Processo Judicial:

Sim, caso a pessoa jurídica tenha que excluir o ICMS da Base de Cálculo do PIS e Cofins de outros períodos deverá proceder os ajustes mediante retificação de cada uma das EFD-contribuições dos respectivos períodos.

Com processo Judicial:

Não, o contribuinte deverá seguir os procedimentos específi-cos de recuperação de crédito originados por decisões judiciais.

5.6   Quando preciso usar os créditos da Exclusão do ICMS via PER/DCOMP?

Sem Processo Judicial:

Em linhas gerais, o contribuinte respeitará o período de com-petência do crédito e aproveitará a exclusão na apuração, caso haja retificações das obrigações acessórias (créditos extemporâ-neo), o contribuinte deverá avaliar o tipo de crédito que gerou após a exclusão do ICMS e apropriar conforme a sua natureza.

Exemplo:

Origem	Forma de Utilização	Comentário
Pagamento indevidos ou a Maior (DARF)	PER/DCOMP	Retificar as EFDs e DCTF
Créditos de PIS e Cofins objeto de Ressarcimento	PER/DCOMP	Retificar as EFDs e PER/Dcomps vinculadas aos créditos (Ser Houver)
Créditos de PIS e Cofins tributados no mercado Interno (Proibido utilizar como Ressarcimento, só pode usar na apuração)	Apuração e EFD Contribuições	Retificar as EFDs para replicar os saldos dos créditos

Fonte: Elaborada pelos autores.

5.7 Os créditos recuperados pela Exclusão do ICMS da Base de Cálculo do PIS e Cofins via processo Judicial devem ser tributados do IRPJ/ CSLL / PIS e Cofins, caso positivo quando devem ser incluídos na base de cálculo?

Nesse caso a Receita Federal se pronunciou por meio da Solução de Consulta Solução de Consulta DISIT/SRRF07 nº 7030, de 28 de dezembro de 2023, em linhas gerais o órgão entende que os valores recuperados da exclusão do ICMS da Base de Cálculo do PIS e Cofins são tributados para o IRPJ e CSLL, conforme o RE nº 1.063.187 (tema 962) os juros corrigidos pela Selic não são tributados no IRPJ e CSLL.

Para o PIS e Cofins a recuperação desses créditos não são tributados, mas os Juros devem ser tributados como Receita Financeira.

Resumo:

Tributação da Recuperação dos Créditos de PIS e Cofins originados pela Exclusão do ICMS da Base de Cálculo desses tributos para as empresas do Lucro Real.

Tributo	Principal	Juros
IRPJ	SIM	*Não
CSLL	SIM	*Não
PIS	Não	Sim
COFINS	Não	Sim

Fonte: Elaborada pelos autores.

> ***Nota**
>
> Em junho de 2022, o RE nº 1.063.187 (tema 962) transitou em julgado, tornando definitiva a tese de que "É inconstitucional a incidência do IRPJ e da CSLL sobre os valores atinentes à taxa Selic recebidos em razão de repetição de indébito tributário."

Posição da Receita Federal conforme o Tema 962 (RE 1.063.187)

SOLUÇÃO DE CONSULTA DISIT/SRRF07 Nº 7030, DE 28 DE DEZEMBRO DE 2023

Assunto:

- IRPJ – lucro real.
- Créditos decorrentes de decisão judicial.
- Indébito tributário.
- Compensação de débitos.
- Reconhecimento da receita.

Os valores relativos ao principal do indébito tributário de créditos relativos à exclusão do Imposto sobre Operações relativas à Circulação de Mercadorias e sobre prestações de Serviços de transporte interestadual e intermunicipal e de comunicação (ICMS) da base de cálculo da Contribuição para o PIS/Pasep e da Cofins, decorrentes de decisões judiciais transitadas em julgado, devem ser tributados pelo IRPJ.

Na hipótese de compensação de indébito decorrente de decisões judiciais transitadas em julgado nas quais, em nenhuma fase do processo, foram definidos os valores a serem restituídos, é na entrega da primeira Declaração de Compensação, na qual se declara sob condição resolutória o valor integral a ser compensado, o último momento em que os valores do principal do indébito devem ser oferecidos à tributação.

Caso haja a escrituração contábil de tais valores em momento anterior à entrega da primeira Declaração de Compensação, é no momento dessa escrituração que tais valores devem ser oferecidos à tributação.

Tendo em vista o julgado do STF, por ocasião do julgamento do Recurso Extraordinário (RE) 1.063.187, em sede de repercussão geral, do qual foi fixada a tese do Tema nº 962, **não incide IRPJ sobre os juros de mora equivalentes à taxa Selic recebidos nas ações de repetição de indébito tributário**, desde que observados os marcos temporais previstos na modulação dos efeitos do acórdão.

SOLUÇÃO DE CONSULTA VINCULADA À SOLUÇÃO DE CONSULTA COSIT Nº 308, DE 15 DE DEZEMBRO DE 2023.

Assunto:

- Contribuição social sobre o lucro líquido – CSLL.
- Resultado ajustado.
- Créditos decorrentes de decisão judicial.
- Indébito tributário.
- Compensação de débitos.
- Reconhecimento da receita.

Os valores relativos ao principal do indébito tributário de créditos relativos à exclusão do Imposto sobre Operações relativas à Circulação de Mercadorias e sobre prestações de Serviços de transporte interestadual e intermunicipal e de comunicação (ICMS) da base de cálculo da Contribuição para o PIS/Pasep e da Cofins, decorrentes de decisões judiciais transitadas em julgado, devem ser tributados pelo pela CSLL.

Na hipótese de compensação de indébito decorrente de decisões judiciais transitadas em julgado nas quais, em nenhuma fase do processo, foram definidos os valores a serem restituídos, é na entrega da primeira Declaração de Compensação, na qual se declara sob condição resolutória o valor integral a ser compensado, o último momento em que os valores do principal do indébito devem ser oferecidos à tributação.

Caso haja a escrituração contábil de tais valores em momento anterior à entrega da primeira Declaração de Compensação, é no momento dessa escrituração que tais valores devem ser oferecidos à tributação.

Tendo em vista o julgado do STF, por ocasião do julgamento do Recurso Extraordinário (RE) 1.063.187, em sede de repercussão geral, do qual foi fixada a tese do Tema nº 962, não incide CSLL sobre os juros de mora equivalentes à taxa Selic recebidos nas ações de repetição de indébito tributário, desde que observados os marcos temporais previstos na modulação dos efeitos do acórdão.

SOLUÇÃO DE CONSULTA VINCULADA À SOLUÇÃO DE CONSULTA COSIT Nº 308, DE 15 DE DEZEMBRO DE 2023.

Assunto:

- Contribuição para o financiamento da seguridade social – Cofins
- Regime não cumulativo.
- Créditos decorrentes de decisão judicial.
- Indébito tributário.
- Compensação de débitos.

- Reconhecimento da receita.

Os valores relativos ao principal do indébito tributário de créditos relativos à exclusão do Imposto sobre Operações relativas à Circulação de Mercadorias e sobre prestações de Serviços de transporte interestadual e intermunicipal e de comunicação (ICMS) da base de cálculo da Contribuição para o PIS/Pasep e da Cofins, decorrentes de decisões judiciais transitadas em julgado, não são tributados pela Cofins.

A receita decorrente dos juros de mora devidos sobre o indébito tributário deve compor a base de cálculo da Cofins no período em que for reconhecido o indébito principal que lhe dá origem, momento a partir do qual os juros incorridos em cada mês devem ser reconhecidos pelo regime de competência como receita tributável do respectivo mês.

Na hipótese de compensação de indébito decorrente de decisões judiciais transitadas em julgado nas quais em nenhuma fase do processo foram definidos pelo juízo os valores a serem restituídos, é na entrega da primeira Declaração de Compensação, na qual se declara sob condição resolutória o valor integral a ser compensado, que os juros de mora sobre ele incidentes até essa data devem ser oferecidos à tributação da Cofins.

SOLUÇÃO DE CONSULTA VINCULADA À SOLUÇÃO DE CONSULTA COSIT Nº 308, DE 15 DE DEZEMBRO DE 2023.

Assunto:

- CONTRIBUIÇÃO PARA O PIS/PASEP
- REGIME NÃO CUMULATIVO.
- CRÉDITOS DECORRENTES DE DECISÃO JUDICIAL.
- INDÉBITO TRIBUTÁRIO.
- COMPENSAÇÃO DE DÉBITOS.
- RECONHECIMENTO DA RECEITA.

Os valores relativos ao principal do indébito tributário de créditos relativos à exclusão do Imposto sobre Operações relativas à Circulação de Mercadorias e sobre prestações de Serviços de transporte interestadual e intermunicipal e de comunicação (ICMS) da base de cálculo da Contribuição para o PIS/Pasep e da Cofins, decorrentes de decisões judiciais transitadas em julgado, não são tributados pela Contribuição para o Pis/Pasep.

A receita decorrente dos juros de mora devidos sobre o indébito tributário deve compor a base de cálculo da Contribuição para o PIS/Pasep no período em que for reconhecido o indébito principal que lhe dá origem, momento a partir do qual os juros incorridos em cada mês devem ser reconhecidos pelo regime de competência como receita tributável do respectivo mês.

Na hipótese de compensação de indébito decorrente de decisões judiciais transitadas em julgado nas quais em nenhuma fase do processo foram definidos pelo juízo os valores a serem restituídos, é na entrega da primeira Declaração de Compensação, na qual se declara sob condição resolutória o valor integral a ser compensado, que o indébito e os juros de mora sobre ele incidentes até essa data devem ser oferecidos à tributação da Contribuição para o PIS/Pasep.

> **Nota:**
>
> Sobre o momento para tributar este ganho, recomenda-se a empresa avaliar e consultar o seu departamento Jurídico porque existem teses para tributar esta receitas conforme a realização das compensações.

5.8   No processo de aquisição de mercadoria e insumos, o ICMS integra a base de cálculo dos créditos de PIS/Cofins?

Não, a **partir de Maio de 2023** o ICMS deve ser excluído da Base de Cálculo dos créditos de PIS e Cofins, ou seja, esse valor integra o custo da mercadoria ou Produto.

Exemplo 1: Créditos sobre aquisição de mercadoria

A Empresa Comercial Multimarcas ARL (Regime de Tributação Lucro Real) adquiriu 300 camisas pelo valor unitário de R$ 94,50.

Nota Fiscal:

Figura 5.19

Código	Descrição	CFOP	Quantidade	Valor Uni.	Total	% ICMS	ICMS	Total da Nota
1234	Camisa Xadrez	5102	300	94,5	28.350,00	18%	5.103,00	28.350,00

Cálculo dos Créditos de PIS e Cofins

Total Aquisição	28.350,00
ICMS	-5.103,00
Base de cálculo do PIS e Cofins	23.247,00
PIS	383,58
COFINS	1.766,77

Lançamento Contábil

D	Estoque	21.096,65
D	PIS a Recuperar	383,58
D	Cofins a Recuperar	1.766,77
D	ICMS a Recuperar	5.103,00
C	Fornecedor a Pagar	28.350,00

Exemplo 2: Créditos Sobre Aquisição de Insumos

Conforme os dados abaixo a Industria ARL (Regime de Tributação Lucro Real) adquiriu insumos para a sua produção.

Total	1.100.000,00
IPI destacado	100.000,00
ICMS destacado	180.000,00

Cálculo dos Créditos de PIS e Cofins

Total	1.100.000,00
ICMS	- 100.000,00
*IPI	- 180.000,00
Base de Cálculo do PIS e Cofins	820.000,00
PIS 1,65%	13.530,00
COFINS 7,6%	62.320,00

Nota:

*****IPI:** A exclusão do IPI não recuperável na base do crédito de PIS e Cofins veio pela Instrução Normativa RFB nº 2152, de 14 de julho de 2023, a qual suprimiu o texto que permitia a inclusão do IPI não recuperável na base de cálculo dos créditos de PIS e Cofins. Muitas empresas alegam que a Instrução Normativa não tem competência para determinar esta regra e por isso elas estão discutindo este tema na esfera Judicial, recomenda-se o profissional avaliar com seu departamento Jurídico.

IN 2.121/2022

Art. 170. As parcelas do valor de aquisição dos itens não sujeitas ao pagamento da Contribuição para o PIS/Pasep e da Cofins não geram direito a crédito, tais como (Lei nº 10.637, de 2002, art. 3º, § 2º, inciso II, com redação dada pela Lei nº 10.865, de 2004, art. 37; e Lei nº 10.833, de 2003, art. 3º, § 2º, inciso II, com redação dada pela Lei nº 10.865, de 2004, art. 21; e Acórdão em Embargos de Declaração no Recurso Extraordinário nº 574.706):

I - o ICMS a que se refere o inciso II do § 3º do art. 25;

II - o IPI incidente na venda do bem pelo fornecedor; e

III - o valor do seguro e do frete suportados pelo comprador não sujeitos ao pagamento das contribuições.

Revogado(a) pelo(a) Instrução Normativa RFB nº 2152, de 14 de julho de 2023

Lançamento Contábil

D	Estoque de Matéria Prima	744.150,00
D	Pis a Recuperar	13.530,00
D	Cofins a Recuperar	62.320,00
D	ICMS a Recuperar	180.000,00
D	IPI a Recuperar	100.000,00
C	Fornecedor a Pagar	1.100.000,00

Lei n° 10.833/2003

Art. 3° Do valor apurado na forma do art. 2° a pessoa jurídica poderá descontar créditos calculados em relação a:

§ 2° Não dará direito a crédito o valor:

[...]

III – do ICMS que tenha incidido sobre a operação de aquisição. (Incluído pela Lei n° 14.592, de 2023)

5.9   PER/DCOMP – Processo Judicial

Além de auxiliar nas respostas dos questionamentos acima, esta seção tem como objetivo ajudar os leitores de forma prática e direta sobre os procedimentos para apropriação dos créditos oriundos de decisão Judicial transitado em Julgado (Exclusão do ICMS na Base de Cálculo do PIS e Cofins).

5.9.1   Introdução

Para análise e apropriação dos créditos originados pela Exclusão do ICMS na Base de cálculo do PIS e Cofins é fundamental separar as operações com e sem processo judicial, isso determinará a forma de utilização dos créditos e seus reflexos nas obrigações acessórias, EFD Contribuições, DCTF, Per/Dcomp etc.

De forma resumida, as empresas com processos judiciais Transitado em Julgado poderá apropriar os créditos de forma consolidada (conforme os períodos e valores abrangidos no processo) e não precisará retificar as obrigações acessórias, lembrando que essa é a forma mais simples de consumir os créditos e para aqueles sem processo judicial deve respeitar a competência dos referidos créditos e inserir nas obrigações mês a mês.

5.9.2   Habilitação do Crédito perante a Receita Federal:

É vedada a compensação do crédito objeto de discussão judicial, antes do trânsito em julgado da respectiva decisão judicial. Não poderão ser objeto de compensação os créditos relativos aos títulos judiciais já executados perante o Poder Judiciário, com ou sem emissão de precatório.

A compensação dos créditos decorrentes de decisão judicial transitada em julgado **deverá solicitar a habilitação desse crédito junto à Delegacia da Receita Federal** do Brasil (DRF) ou à Delegacia Especial da RFB com jurisdição sobre o domicílio tributário do sujeito passivo, salvo se a decisão dispuser de forma diversa.

5.9.2.1 Formulário do Pedido de Habilitação de créditos decorrente de Decisão Judicial transitado em Julgado:

Figura 5.20

Pedido de Habilitação de Crédito Decorrente de Decisão Judicial Transitada em Julgado – Anexo V

1. IDENTIFICAÇÃO

Nome/ Nome Empresarial	○CPF	⊙CNPJ

2. DADOS DO PROCESSO JUDICIAL

Número do Processo Judicial	Seção Judiciária	Vara
Data do Trânsito em Julgado	Tributo ao qual o Crédito se Refere	
Valor Total do Crédito Original	Valor Total do Crédito Atualizado (*)	

(*) Utilizar os índices de atualização determinados na decisão judicial. Sendo omissa a decisão judicial e na hipótese de o crédito estar sujeito a atualização, deve-se utilizar a taxa Selic, nos termos da Instrução Normativa RFB nº 1717/2017.

Observação:
O deferimento do pedido de habilitação do crédito não implica reconhecimento do direito creditório ou homologação da compensação, nos termos da Instrução Normativa RFB nº 1717/2017.

3. INFORMAÇÕES ADICIONAIS

Outras Informações

Fonte: Ministério da Fazenda, Receita Federal.

Instrução Normativa RFB nº 2.055/2021

Art. 102. Na hipótese de crédito decorrente de decisão judicial transitada em julgado, a declaração de compensação será recepcionada pela RFB somente depois de prévia habilitação do crédito pela Delegacia da Receita Federal do Brasil (DRF) ou pela Delegacia Especializada da RFB com jurisdição sobre o domicílio tributário do sujeito passivo.

§ 1º A habilitação a que se refere o caput será obtida mediante pedido do sujeito passivo, formalizado em processo administrativo instruído com:

I – o formulário Pedido de Habilitação de Crédito Decorrente de Decisão Judicial Transitada em Julgado, constante do Anexo V;

II – certidão de inteiro teor do processo, expedida pela Justiça Federal;

III – caso o crédito esteja amparado em título judicial passível de execução, cópia da decisão que homologou a desistência da execução do título judicial, pelo Poder Judiciário, e a assunção de todas as custas e honorários advocatícios referentes ao processo de execução, ou cópia da declaração pessoal de inexecução do título judicial protocolada na Justiça Federal e certidão judicial que a ateste;

IV – cópia do contrato social ou do estatuto da pessoa jurídica acompanhada, conforme o caso, da última alteração contratual em que houve mudança da administração ou da ata da assembleia que elegeu a diretoria;

V – cópia dos atos correspondentes aos eventos de cisão, incorporação ou fusão, se for o caso;

VI – no caso de pedido de habilitação do crédito formulado por representante legal do sujeito passivo, cópia do documento comprobatório da representação legal e do documento de identidade do representante; e

VII – no caso de pedido de habilitação formulado por mandatário do sujeito passivo, procuração conferida por instrumento público ou particular e cópia do documento de identidade do outorgado.

§ 2º Se for constatada irregularidade ou insuficiência de informações necessárias à habilitação, o requerente será intimado a regularizar as pendências no prazo de até 30 (trinta) dias, contado da data da ciência da intimação.

§ 3º O despacho decisório sobre o pedido de habilitação será proferido no prazo de até 30 (trinta) dias, contado da data da protocolização do pedido ou da regularização das pendências a que se refere o § 2º.

O pedido de habilitação do crédito será deferido por Auditor-Fiscal da Receita Federal do Brasil, mediante a confirmação de que:

a) o sujeito passivo figura no polo ativo da ação;

b) a ação refere-se a tributo administrado pela RFB;

c) a decisão judicial transitou em julgado;

d) o pedido foi formalizado no prazo de 5 anos, contado da data do trânsito em julgado da decisão ou da homologação da desistência da execução do título judicial; e

e) na hipótese em que o crédito esteja amparado em título judicial passível de execução, houve a homologação pelo Poder Judiciário da desistência da execução do título judicial e a assunção de todas as custas e honorários advocatícios referentes ao processo de execução, ou a apresentação de declaração pessoal de inexecução do título judicial na Justiça Federal e de certidão judicial que a ateste;

Nota:

O deferimento do pedido de habilitação do crédito não implica no reconhecimento do direito creditório ou homologação da compensação, por isso é recomendável a empresa elaborar um book dos créditos para defesa de possíveis questionamentos por parte da Receita Federal, exemplo: Notas Fiscais, Memoria de Cálculo, Correção Selic, Inteiro teor do Processo Judicial, evidências dos lançamentos contábeis etc.

5.9.3 Aplicação da Selic e consumo dos Créditos originados pela Exclusão do ICMS na Base de Cálculo do Pis e Cofins

Visto que os valores objeto de discussão judicial são antigos e muitas vezes os Juros superam os valores do principal, é fundamental garantir que os cálculos dessa correção estejam corretos, inclusive a proporcionalização do respectivo consumo.

O Fisco percebeu que muitas empresas estavam calculando de forma equivocada esses juros, principalmente a baixa desses créditos, ou seja, estavam prejudicando o erário da União por meio da aplicação da correção do Juros sobre Juros.

Na quitação de cada débito por compensação, o consumo deve ser igual percentual em relação ao valor do crédito original e calculado dos juros sobre ele incidentes. Esse é o significado da expressão "mesma proporção", presente no §2º do art. 69 da Instrução Normativa RFB nº 2.055, de 2021.

Portanto, na hipótese de compensação com créditos decorrentes de ação judicial transitada em julgado, em que o direito creditório pode ser formado a partir de inúmeros pagamentos indevidos ou a maior, que ocorrem no transcurso do tempo, também existirão diversos Fatores de Proporcionalidade (um para cada encontro de contas ou parcela compensada).

A Dcomp de processo Judicial não calcula e não valida a correção Selic, e por isso é fundamental conhecer a metodologia de cálculo e consumo destes créditos, diante do exposto segue a integra da Solução de Consulta Cosit nº 24/2022 que orienta a forma correta de corrigir e consumir os saldos.

Solução de Consulta nº 24 – Cosit 14 de junho de 2022

Tema

- COMPENSAÇÃO.

- CRÉDITO.

- FATOR DE PROPORCIONALIDADE

1.Trata-se de consulta sobre a interpretação da legislação tributária apresentada, nos termos da Instrução Normativa RFB nº 1.396, de 16 de setembro de 2013, por pessoa jurídica que afirma possuir direito creditório passível de ser utilizado em compensação tributária (fls. 5 e 6), por meio da transmissão de Declarações de Compensação (DComp).

2. A dúvida da consulente diz respeito à "(...) forma de atualização de seu crédito, que acredita pode ter sido calculado e informado de maneira equivocada em suas DCOMPs" (fl. 6). Discorrendo sobre a atualização do saldo do direito creditório, na hipótese de pagamento indevido ou a maior (fls. 8 a 15), a consulente apresenta a dúvida, "Especialmente à luz do § 2º, artigo 70 da Instrução Normativa n. 1717/2017, segundo o qual 'Havendo acréscimo de juros sobre o crédito, a compensação será efetuada com a utilização do crédito e dos juros compensatórios, na mesma proporção', bem como para esclarecer a forma de cálculo dos juros de 1% incidentes no mês da própria compensação" (fl. 6, destaque no original).

Consulta (fls. 6 e 7). Embora exista previsão na decisão favorável acima referida e legal para a correção e inclusão de juros sobre o saldo decorrente do pagamento indevido/a maior (mediante aplicação da Taxa Selic até o mês anterior à compensação e, no próprio mês da compensação, do percentual de 1%), a Consulente tem dúvida acerca da forma de atualização de seu crédito, que acredita pode ter sido calculado e informado de maneira equivocada em suas DCOMPs. (...) Mais especificamente, serve a presente Consulta para que esta Receita Federal do Brasil esclareça: (A) qual a proporção dos créditos de principal e de juros que deverá ser utilizada pela Consulente na compensação de seus débitos, isto é: (1) se a Consulente deve se basear sempre na "proporção fixa inicial", calculada com base nos juros e no valor principal conforme o pedido de habilitação de crédito homologado, incluindo os juros incorridos entre o mês do protocolo até o mês anterior da primeira compensação, ou (2) se deve a Consulente apurar mensalmente a proporção entre principal e juros ("proporção variável mensal") – a qual é diferente daquela apurada inicialmente no pedido de habilitação de crédito, em função do cômputo da Taxa Selic até o mês anterior ao da compensação e do percentual de 1% aplicado sobre o montante do crédito compensado correspondente ao principal; ou (3) se deve a Consulente interpretar a expressão "na mesma proporção", constante do § 2º, artigo 70 da Instrução Normativa n. 1717/2017, como sendo o percentual fixo de 50% (cinquenta porcento), até esgotar o valor de principal ou juros, compensando-se o saldo remanescente ("proporção igualitária"); (B) se está correto o entendimento da Consulente no sentido de que os juros de 1% incidentes no próprio mês da compensação deverão ter como base o valor do crédito correspondente ao principal compensado no mês, que pode ser obtido mediante a multiplicação dos seguintes fatores: (a) valor do débito a ser compensado; e (b) a proporção relativa ao crédito correspondente ao principal a ser compensado obtida conforme a fórmula de proporcionalização; obtida nos termos do questionamento (A), acima (isto é, proporção fixa inicial; ou proporção variável mensal; ou 50%, proporção igualitária); e (C) se é necessário retificar as DCOMPs transmitidas no passado para ajustar o valor do crédito no campo "Crédito Atualizado na Data da Transmissão" ou se é suficiente o ajuste nas próximas DCOMPs que utilizarem o crédito remanescente.

3. Referenciando o regramento definido pela legislação tributária para a correção do direito creditório relativo a pagamentos indevidos ou a maior, a consulente ressalta que o direito creditório deve ser acrescido de juros equivalentes à taxa referencial do Sistema Especial de Liquidação e de Custódia (Selic) para títulos federais, acumulados mensalmente, e de juros de 1% (um por cento), no mês em que é realizada a compensação (fls. 8 a 10). Todavia, segundo

a consulente (fls. 10 e 11), a norma não seria clara quanto à expressão "mesma proporção" (§ 2º do art. 70 da Instrução Normativa RFB nº 1.717, de 17 de julho de 2017), assim, "(…) o primeiro questionamento objeto da presente Consulta se refere à identificação da proporção correta do principal e dos juros que a Consulente deverá utilizar para controlar a utilização de seu crédito de PIS e de COFINS" (fl. 10, destaque no original).

Consulta (fls. 9, 10 e 13). A própria legislação, se antecipando ao problema decorrente da inexistência de índice da Taxa Selic no mês em que transmitida a DCOMP, autoriza a aplicação do percentual de 1% ao indébito no mês em que a compensação é efetuada. Essa sistemática é observada em sede de julgamentos administrativos e judiciais, sendo que a RFB também disponibiliza, no Programa da PER/DCOMP, as informações sobre a atualização de créditos decorrentes de pagamentos indevidos/a maior, igualmente indicando o percentual de 1% no mês em que realizada a compensação. (…)

O questionamento acima decorre da imprecisão da expressão "mesma proporção" e do fato de que a proporção dos juros e do principal se altera ao longo dos meses, tudo na hipótese de o contribuinte ser titular de crédito não passível de integral aproveitamento imediato por ausência de débitos tributários suficientes. Com efeito, os juros apurados pela Consulente quando da homologação da habilitação de crédito serão proporcionalmente inferiores àqueles computados nos períodos subsequentes, pois também compreenderão a Taxa Selic até o mês anterior ao da compensação e juros de 1% sobre o montante do crédito compensado correspondente ao principal. (…) Subsidiariamente, caso esta Receita Federal do Brasil entenda pela inaplicabilidade da proporção fixa inicial, ou da proporção variável mensal, ou da proporção de 50%, a Consulente solicita que lhe seja indicado a sua interpretação do § 2º, artigo 70 da Instrução Normativa nº 1717/2017, a fim de que possa aplicá-lo de forma correta, com apuração e aplicação da proporção correta em suas compensações, e preenchimento adequado das DCOMPs.

4. A consulente apresenta três cenários (fls. 11 a 15) acerca do seu entendimento da matéria: 1) "proporção fixa inicial", relativo à proporção do valor do principal e do valor dos juros na composição do direito creditório total existente no período da homologação do pedido de habilitação do direito creditório; 2) "proporção variável mensal" relativo à proporção do valor do principal e do valor dos juros na composição do total do direito creditório atualizado no tempo; e 3) "proporção igualitária", onde o direito creditório seria formado 50% do crédito principal e 50% dos acréscimos (juros). 5. "Indo além, o segundo questionamento da Consulente se relaciona aos juros no percentual de 1% que deverão ser utilizados para atualização do saldo no mês em que efetuada a compensação, e sua declaração na DCOMP" (fl. 13). "Por fim, nos termos dos artigos 106 e seguintes da Instrução Normativa 1717/2017, o terceiro questionamento da Consulente é sobre a necessidade de retificar suas DCOMPs anteriores que tiveram como base os créditos de PIS/COFINS mencionados inicialmente, alterando os valores indicados no campo 'Crédito Atualizado na Data da Transmissão' conforme as respostas a serem dadas por esta Receita Federal aos questionamentos anteriores" (fl. 14). 6. Ao final (fl. 15), a consulente roga que "(...) lhe seja esclarecida a forma pela qual poderá atualizar o seu saldo de PIS e de COFINS decorrentes do pagamento indevido/a maior (...)" e apresenta os seguintes questionamentos:

Consulta (fl. 15).

1) qual a proporção dos créditos que deverá ser utilizada pela Consulente para compensação de seus débitos, isto é: (1) se a Consulente deve se basear sempre na proporção fixa inicial, calculada com base nos juros e no valor principal conforme o pedido de habilitação de crédito homologado, incluindo os juros incorridos entre o mês do protocolo até o mês anterior da primeira compensação, ou (2) se deve a Consulente apurar mensalmente a proporção entre principal e juros (proporção variável mensal) – a qual é diferente daquela apurada inicialmente no pedido de habilitação de crédito em função do cômputo da Taxa Selic até o mês anterior ao da compensação e do percentual de 1% aplicado sobre o montante do crédito compensado correspondente

ao principal; ou (3) se deve aplicar a proporção igualitária (50% fixo); 2) se está correto o entendimento da Consulente no sentido de que os juros de 1% incidentes no próprio mês da compensação deverão ter como base o valor do crédito correspondente ao principal compensado no mês, que pode ser obtido mediante a multiplicação dos seguintes fatores: (a) valor do débito a ser compensado; e (b) a proporção relativa ao crédito correspondente ao principal a ser compensado obtida conforme a fórmula de proporcionalização; obtida nos termos do questionamento anterior (isto é, proporção fixa inicial ou proporção variável mensal ou proporção igualitária), bem como se o valor do crédito atualizado a ser informado nas DCOMPs deve incluir o valor dos juros de 1% aplicados sobre o principal no mês da compensação ser incluído no valor do crédito atualizado; e 3) se é necessário retificar as DCOMPs transmitidas no passado para ajustar o valor do crédito no campo "Crédito Atualizado na Data da Transmissão" conforme o indicado nas respostas aos questionamentos acima, ou se é suficiente o ajuste nas próximas DCOMPs que utilizarem o crédito remanescente de PIS/COFINS.

Fundamentos

7. Publicada no dia 13 de dezembro de 2021 (DOU nº 233, Seção 1, p. 29), a Instrução Normativa RFB nº 2.058, de 9 de dezembro de 2021, revogou a Instrução Normativa RFB nº 1.396, de 16 de setembro de 2013, passando a regulamentar o processo de consulta sobre interpretação da legislação tributária e aduaneira, no âmbito da Secretaria Especial da Receita Federal do Brasil (RFB).

7.1. Publicada no dia 8 de dezembro de 2021 (DOU nº 230, Seção 1, p. 57), a Instrução Normativa RFB nº 2.055, de 6 de dezembro de 2021, revogou a Instrução Normativa RFB nº 1.717, de 2017, passando a disciplinar a compensação tributária no âmbito da RFB.

8. A Solução de Consulta não se presta a verificar a exatidão dos fatos apresentados pela pessoa jurídica interessada, uma vez que se limita a apresentar a interpretação da legislação tributária conferida a tais fatos, partindo da premissa de que há conformidade entre os fatos narrados e a realidade

factual. Nesse sentido, não convalida nem invalida quaisquer informações, interpretações ou ações procedidas da consulente e não gera qualquer efeito caso se constate, a qualquer tempo, que não foram descritos adequadamente os fatos aos quais, em tese, aplica-se a solução de consulta. Acrescente-se que o sujeito passivo, ao formular uma consulta, deve ter em mente que o objetivo desse processo é dirimir eventuais dificuldades na interpretação de dispositivos da legislação tributária federal, que eventualmente podem ser dúbios ou obscuros.

8.1. Preliminarmente, cumpre registrar que a consulta deve ser considerada parcialmente eficaz, tendo em vista que, em relação ao primeiro questionamento, foram observados os requisitos formais previstos na Instrução Normativa RFB nº 2.058, de 2021.

9. Por se tratar de compensação tributária, cujo direito creditório é decorrente de pagamento indevido ou a maior, o exame da consulta está submetido à legislação específica que disciplina a matéria. Nesse sentido, o art. 167 do Código Tributário Nacional, o art. 39, § 4º, da Lei nº 9.250, de 26 de dezembro de 1995, o art. 73 da Lei nº 9.532, de 10 de dezembro de 1997, e os arts. 69, § 2º, 148 e 149, I, da Instrução Normativa RFB nº 2.055, de 2021, dispõem:

Código Tributário Nacional Art. 167. A restituição total ou parcial do tributo dá lugar à restituição, na mesma proporção, dos juros de mora e das penalidades pecuniárias, salvo as referentes a infrações de caráter formal não prejudicadas pela causa da restituição. Parágrafo único. A restituição vence juros não capitalizáveis, a partir do trânsito em julgado da decisão definitiva que a determinar.

Lei nº 9.250, de 1995. Art. 39. (...) § 4º A partir de 1º de janeiro de 1996, a compensação ou restituição será acrescida de juros equivalentes à taxa referencial do Sistema Especial de Liquidação e de Custódia – SELIC para títulos federais, acumulada mensalmente, calculados a partir da data do pagamento indevido ou a maior até o mês anterior ao da compensação ou restituição e de 1% relativamente ao mês em que estiver sendo efetuada. [Grifado]

Lei nº 9.532, de 1997. Art. 73. O termo inicial para cálculo dos juros de que trata o § 4º do art. 39 da Lei nº 9.250, de 1995, é o mês subsequente ao do pagamento indevido ou a maior que o devido. [Grifado]

Instrução Normativa RFB nº 2.055, de 2021. Art. 69. Na compensação efetuada pelo sujeito passivo, os créditos serão valorados na forma prevista no Capítulo X, e os débitos sofrerão a incidência de acréscimos legais, na forma da legislação de regência, até a data de entrega da declaração de compensação. § 1º A compensação total ou parcial do débito será acompanhada da compensação, na mesma proporção, dos correspondentes acréscimos legais. § 2º Se houver acréscimo de juros sobre o crédito, a compensação será efetuada com a utilização do crédito e dos juros compensatórios, na mesma proporção. (...) Art. 148. O crédito relativo a tributo administrado pela RFB, passível de restituição ou de reembolso, será restituído, reembolsado ou compensado acrescido de juros equivalentes à taxa referencial do Sistema Especial de Liquidação e de Custódia (Selic) para títulos federais, acumulados mensalmente, e de juros de 1% (um por cento) no mês em que: (...) II - for entregue a declaração de compensação ou for efetivada a compensação na GFIP; ou (...) Art. 149. Para fins de cálculo dos juros previstos no caput do art. 148, será observado como termo inicial da incidência no caso de: I - pagamento indevido ou a maior, o mês subsequente ao do pagamento; (...). [Grifado]

10. Quanto ao primeiro questionamento, em relação à compreensão da legislação tributária, a consulente almeja compreender o alcance da expressão "(...) na mesma proporção (...)", utilizada no texto do § 2º do art. 69 da Instrução Normativa RFB nº 2.055, de 2021: "Se houver acréscimo de juros sobre o crédito, a compensação será efetuada com a utilização do crédito e dos juros compensatórios, na mesma proporção".

10.1. Ocorrido o pagamento indevido ou a maior que o devido, o saldo do direito creditório original a ser utilizado na compensação tributária, no âmbito da RFB, é passível da acumulação de acréscimos, nos termos definidos pela legislação tributária, vedada a capitalização a juros compostos, para fins da definição do valor do saldo total do direito creditório disponível para a compensação ("crédito atualizado"), na data focal desejada. A partir dos termos utilizados no programa PER/DComp, na presente solução de consulta, adotam-se as seguintes notações (abreviaturas):

Figura 5.21

termos PER/DComp	abrev./notação	observações
Valor Original do Crédito Inicial	C_{OI}	
Valor Original na Data da Entrega (Transmissão)	C_{OE}	Valor correspondente ao saldo do direito creditório, não corrigido, antes da compensação
Selic Acumulada	$\sum juros$	Somatório dos juros, acumulados conforme definido pela legislação tributária, para a atualização de valores
Crédito Atualizado	$C_{OE} . (1 + \sum juros)$	Saldo do direito creditório, atualizado, antes da compensação: "crédito atualizado" = C_{OE} + C_{OE} . $\sum juros$ "crédito atualizado" = C_{OE} . $(1 + \sum juros)$
Total dos Débitos deste Documento	D_C	Valor corresponde ao débito compensado (principal+multa+juros)
Total do Crédito Original Utilizado neste Documento	C_{ODComp}	C_{ODComp} + C_{ODComp} . $\sum juros$ = D_C C_{ODComp} . $(1 + \sum juros)$ = D_C C_{ODComp} = $D_C / (1 + \sum juros)$
Saldo do Crédito Original	S_{Co}	Valor do saldo do direito creditório original, após a compensação S_{Co} = C_{OE} - C_{ODComp}

Fonte: Fonte: Solução de Consulta nº 24 – Cosit 14 de junho de 2022

10.2. Em suma, o § 2º do art. 69 da Instrução Normativa RFB nº 2.055, de 2021, estabelece a existência de um único fator de proporcionalidade (Fp) que iguala, em cada compensação, as razões relacionadas ao total do crédito original utilizado (dividido pelo saldo COE) e ao correspondente valor dos juros utilizados (dividido pelo valor dos juros incidentes sobre o referido saldo, ou seja, os juros compensatórios totais):

Figura 5.22

$$\frac{C_{ODComp}}{C_{OE}} = F_p = \frac{C_{ODComp} \cdot \sum juros}{C_{OE} \cdot \sum juros}$$

10.3. Do referido dispositivo, tem-se que esse mesmo fator de proporcionalidade (Fp) incide na razão existente entre o valor do direito creditório utilizado na compensação, valor esse que corresponde ao débito compensado (dividendo), sobre o saldo total do direito creditório disponível para a compensação, o "crédito atualizado" (divisor):

Figura 5.23

$$\frac{C_{ODComp} \cdot (1 + \sum juros)}{C_{OE} \cdot (1 + \sum juros)} = F_p = \frac{D_c}{C_{OE} \cdot (1 + \sum juros)}$$

10.4. Portanto: "Se houver acréscimo de juros sobre o crédito, a compensação será efetuada com a utilização do crédito e dos juros compensatórios, na mesma proporção" (§ 2º do art. 69 da Instrução Normativa RFB nº 2.055, de 2021).

Figura 5.24

$$D_c = F_p \cdot [C_{OE} \cdot (1 + \sum juros)]$$
$$D_c = F_p \cdot (C_{OE} + C_{OE} \cdot \sum juros) = (F_p \cdot C_{OE}) + (F_p \cdot C_{OE} \cdot \sum juros)$$

10.5. Nesse contexto, para fins da compensação, tem-se que do "crédito atualizado" [COE . (1 + Σjuros)] é subtraído o valor total do débito compensado (DC), tendo como resultado o saldo do direito creditório, na data focal da compensação, ou seja: $SCo.(1 + \sum juros)$. Em complemento, na data de origem do crédito, tem-se que do valor COE é subtraído o valor do saldo remanescente (SCo) para a identificação/confirmação do valor do crédito original utilizado na compensação (CODComp).

Figura 5.25

$$\text{"crédito atualizado"} - Dc = SCo . (1 + \sum juros)$$

$$SCo = \frac{COE . (1 + \sum juros) \quad - \quad Dc}{(1 + \sum juros)}$$

$COE - SCo = CODComp$	$Dc = CODComp + \begin{matrix} \text{valor dos juros} \\ \text{compensados} \end{matrix}$

10.6. Com efeito, no sentido de que a compensação é efetuada com a utilização do crédito e dos juros compensatórios, na mesma proporção, tem-se:

Figura 5.26

$$Dc = CODComp + \text{valor dos juros compensados}$$

$$Dc = (Fp . COE) + (Fp . COE . \sum juros)$$

Em que:

$$CODComp = Fp . COE$$

$$\text{valor dos juros compensados} = Fp . COE . \sum juros = CODComp . \sum juros$$

10.7. Exemplificando o já exposto com dados fictícios, considere-se o direito creditório decorrente de pagamento indevido, ocorrido em agosto/2021 (R$ 8.000,00), compensado, em novembro/2021, com débitos no valor de R$ 3.000,00 e, em fevereiro/2022, com débitos no valor de R$ 4.500,00:

Figura 5.27 Planejamento Educacional

Compensação 1 (nov./2021)	Compensação 2 (fev./2022)
COI = R$8.000,00	COI = R$8.000,00
COE = R$8.000,00	COE = R$5.056,80
$\sum$juros = (0,0044+0,0049+0,01) = 0,0193	$\sum$juros = (0,0044+0,0049+0,0059+0,0077+0,0073+0,01) = $\sum$juros = 0,0402
"crédito atualizado" = R$8.154,40	"crédito atualizado" = R$5.260,08
DC = R$3.000,00	DC = R$4.500,00
CODComp = R$2.943,20	CODComp = R$4.326,09
SCo = R$5.056,80	SCo = R$730,71
Fp = 0,3679 (aprox.)	Fp = 0,8555 (aprox.)
Valor dos juros totais = R$154,40	Valor dos juros totais = R$203,28
Valor dos juros compensados = R$56,80	Valor dos juros compensados = R$173,91

Fonte: Solução de Consulta nº 24 – Cosit 14 de junho de 2022.

11. Observe-se que o fator de proporcionalidade (Fp) não é um valor constante, já que varia de acordo com os valores apresentados para cada compensação (saldo do crédito original, índice de juros e débito compensado), ainda que o direito creditório original seja decorrente de um único pagamento indevido ou a maior. Ou seja, o fator de proporcionalidade representa, na quitação de cada débito por compensação, o consumo de igual percentual em relação ao valor do crédito original e ao valor calculado dos juros remuneratórios sobre ele incidentes. Esse é o significado da expressão "mesma proporção", presente no §2º do art. 69 da Instrução Normativa RFB nº 2.055, de 2021. Portanto, na hipótese de compensação com créditos decorrentes de ação judicial transitada em julgado, em que o direito creditório pode ser formado a partir de inúmeros pagamentos indevidos ou a maior, que ocorrem no transcurso do tempo, também existirão diversos Fp (um para cada encontro de contas ou parcela compensada). Exposta conceitualmente a fórmula para identificar o fator de proporcionalidade em cada compensação, cabe frisar que uma fórmula alternativa para calcular Fp é verificar a proporção entre o valor do débito a ser compensado (dividendo) e do "crédito atualizado" (divisor): Fp = DC / COE . (1 + $\sum$juros).

12. Não obstante o fato que a decisão judicial pode determinar forma diferente de atualização do direito creditório e que há maior complexidade de cálculos, os princípios aplicados permanecem na compensação cujo direito creditório está relacionado ao trânsito em julgado de ação judicial, embora envolva o encontro de contas com créditos relativos a diversos períodos de apuração. A despeito de tal fato, quanto ao crédito, a utilização do programa PER/DCOMP é simplificada, ante o preenchimento de campos relacionados, em resumo, ao valor atualizado do crédito inicial e ao valor do saldo do crédito atualizado na data da entrega (saldo atualizado do crédito remanescente), considerando as datas informadas pelo interessado.

12.1. Exemplificando a referida variação do Fp, com dados fictícios, considere-se o direito creditório decorrente de pagamentos reconhecidos judicialmente (com trânsito em julgado em 2018), ocorridos em janeiro/2015 (R$ 6.000,00) e fevereiro/2015 (R$ 7.000,00); compensado com débitos em dezembro/2021 (R$ 8.000,00) e janeiro/2022 (R$ 10.000,00).

Figura 5.28

Direito Creditório (compensado, em dezembro/2021, com débito de R$8.000,00)						
pagamento	COI / COE	juros		valor atualizado créd. inicial	saldo atualizado data de entrega	SCo
		%	R$			
jan./2015	R$6.000,00	53,66%	R$3.219,60	R$9.219,60	R$9.219,60	R$793,70
fev./2015	R$7.000,00	52,84%	R$3.698,80	R$10.698,80	R$10.698,80	R$7.000,00
Total:	R$13.000,00		Totais:	R$19.918,40	R$19.918,40	R$7.793,70

crédito jan./2015 (comp. dez./2021)	crédito fev./2015 (em dez./2021)
COI = R$6.000,00	COI = R$7.000,00
COE = R$6.000,00	COE = R$7.000,00
∑juros = 0,5366	∑juros = 0,5284
"crédito atualizado" = R$9.219,60	"crédito atualizado" = R$10.698,80
DC = R$8.000,00	DC = R$0,00 (não há compensação)
CODComp = R$5.206,30	CODComp = R$0,00
SCo = R$793,70	SCo = R$7.000,00
Fp = 0,8677166 (aprox.)	Fp = não se aplica
Débito a ser compensado (saldo) = R$0,00	Débito a ser compensado (saldo) = R$0,00
Valor dos juros totais = R$3.219,60	Valor dos juros totais = R$3.698,80
Valor dos juros compensados = R$2.793,70	Valor dos juros compensados = R$0,00

Direito Creditório (compensado, em janeiro/2022, com débito de R$10.000,00)						
pagamento	COE	juros		valor atualizado créd. inicial	saldo atualizado data de entrega	SCo
		%	R$			
jan./2015	R$793,70	54,43%	R$432,01	R$9.265,80	R$1.225,71	R$0,00
fev./2015	R$7.000,00	53,61%	R$3.752,70	R$10.752,70	R$10.752,70	R$1.287,94

Fonte: Solução de Consulta nº 24 – Cosit 14 de junho de 2022

Figura 5.29

Total:	R$7.793,70		Totais:	R$20.018,50	R$11.978,41	R$1.287,94
crédito jan./2015 (comp. jan./2022)			crédito fev./2015 (comp. jan./2022)			
COI = R$6.000,00			COI = R$7.000,00			
COE = R$793,70			COE = R$7.000,00			
∑juros = 0,5443			∑juros = 0,5361			
"crédito atualizado" = R$1.225,71			"crédito atualizado" = R$10.752,70			
DC = R$1.225,71 (de R$10.000,00)			DC = R$8.774,29 (cf. saldo a compensar)			
CODComp = R$793,70			CODComp = R$5.712,06			
SCo = R$0,00			SCo = R$1.287,94			
Fp = 1,00			Fp = 0,8160081 (aprox.)			
Débito a ser compensado (saldo) = R$8.774,29			Débito a ser compensado (saldo) = R$0,00			
Valor dos juros totais = R$432,01			Valor dos juros totais = R$3.752,70			
Valor dos juros compensados = R$432,01			Valor dos juros compensados = R$3.062,23			

Fonte: Solução de Consulta nº 24 – Cosit 14 de junho de 2022.

13. Quanto às hipóteses aventadas pela consulente, verifica-se que todas estão equivocadas (fls. 11 a 13), já que não se coadunam com o apresentado nesta solução de consulta. Quanto ao pedido no sentido de que "(...) lhe seja esclarecida a forma pela qual poderá atualizar o seu saldo de PIS e de COFINS decorrentes do pagamento indevido/a maior (...)", tem-se que se tratar de pedido de prestação de assessoria jurídica ou contábil-fiscal pela RFB, o que é vedado pela Instrução Normativa RFB nº 2.058, de 2021 (inciso XIV do art. 27).

13.1. Ademais, ao contrário do que pretende a interessada, em relação ao segundo e ao terceiro questionamentos (fl. 15) e ao pedido para que lhe seja detalhada a forma de atualização do direito creditório (fl. 16), o processo de consulta não constitui meio hábil para obtenção de resposta àquelas indagações lançadas sem menção de dificuldade de compreensão que as suscitou, indagações nas quais a consulente, ainda que cite dispositivos da legislação tributária, em nenhum deles aponta algum termo ou passagem de mais difícil leitura, a demandar interpretação administrativa para a segura adequação do "conceito do fato" ao "conceito da norma".

13.2. Verifica-se, pois, que a consulente não pondera sobre a compreensão da legislação tributária relacionada com as dúvidas apresentadas, embora mencione, quanto ao terceiro questionamento (retificação de DComp), os "artigos 106 e seguintes da Instrução Normativa 1717/2017" (fl. 14). Com efeito, importa esclarecer que cabe à consulente expor, em relação às normas tributária e aos dispositivos específicos que disciplinam a matéria consultada, a dificuldade interpretativa enfrentada, sob pena de transmudar o objetivo da consulta em prestação de assessoria jurídica ou contábil-fiscal pela RFB, atividade essa que, frise-se, é vedada ao órgão realizar. Assim, para que a consulta seja declarada eficaz, é necessária a exposição detalhada da matéria suscitada, cotejando a matéria exposta com a legislação tributária que a disciplina, examinando a questão face ao preceito que lhe é pertinente. Nesse contexto, a consulente deve necessariamente identificar, na legislação, não só o dispositivo, mas também a dúvida em sua interpretação, o que não ocorre no caso em tela.

13.3. Em relação ao segundo questionamento (sobre os acréscimos de juros), há a literalidade do caput e do inciso II do art. 148 da Instrução Normativa RFB nº 2.055, de 2021 (e do caput e do inciso II do art. 142 da Instrução Normativa nº 1.717, de 2017, vigente à época da consulta). Claro, portanto, que, em relação ao mês em que houver a entrega da declaração de compensação, há incidência de juros de 1% sobre o direito creditório original (e, por óbvio, sobre o saldo do crédito original remanescente, caso já tenha ocorrido a utilização parcial do crédito, informado em outra DComp, previamente transmitida), para fins da composição dos juros acumulados (cf. campo "Selic acumulada", no programa PER/DComp) que determinam o cálculo do valor total do crédito atualizado (cf. demonstrado na presente solução).

14. Verificando-se, pois, os requisitos e as condições de admissibilidade da presente consulta, deve-se considerar que ela é parcialmente ineficaz (art. 27 da Instrução Normativa RFB nº 2.058, de 2021), porque: (i) objetiva-se a prestação de assessoria jurídica ou contábil-fiscal pela RFB (inciso XIV do art. 27); e (ii) em relação ao segundo questionamento, trata-se de fato disciplinado em ato normativo

publicado na Imprensa Oficial antes da apresentação da consulta (inciso VII do art. 27).

Instrução Normativa RFB nº 2.058, de 2021. Art. 27. Não produz efeitos a consulta formulada: (…) VII – sobre fato disciplinado em ato normativo publicado na Imprensa Oficial antes de sua apresentação; (…)

XIV – com o objetivo de obter a prestação de assessoria jurídica ou contábil-fiscal por parte da RFB.

Conclusão

15. Considerando todo o exposto, em resumo, responde-se à consulente que a compensação tributária, quanto ao direito creditório do sujeito passivo, é efetuada, na mesma proporção (conforme o fator de proporcionalidade), em relação ao aproveitamento do principal e dos respectivos acréscimos, definidos nos termos da legislação tributária ou por decisão judicial.

a) o fator de proporcionalidade (Fp) não é um valor constante, já que varia de acordo com os valores apresentados para cada compensação (saldo do crédito original, índice de juros e débito compensado), ainda que o direito creditório original seja decorrente de um único pagamento indevido ou a maior.

b) o fator de proporcionalidade representa, na quitação de cada débito por compensação, o consumo de igual percentual em relação ao valor do crédito original e ao valor calculado dos juros remuneratórios sobre ele incidentes. Esse é o significado da expressão "mesma proporção", presente no §2º do art. 69 da Instrução Normativa RFB nº 2.055, de 2021. Portanto, na hipótese de compensação com créditos decorrentes de ação judicial transitada em julgado, em que o direito creditório pode ser formado a partir de inúmeros pagamentos indevidos ou a maior, que ocorrem no transcurso do tempo, também existirão diversos Fp (um para cada encontro de contas ou parcela compensada).

> **Nota:**
>
> A Receita Federal determina que o consumo e a correção devem respeitar a proporcionalidade entre os valores do Principal e Crédito, diante dessa dificuldade em realizar o cálculo pelo contribuinte é recomendável que o profissional efetue a revisão dos valores e se for o caso utilize algum sistema de mercado para fazer as correção e consumo dos créditos de forma automática.

5.9.4   Limites para utilização dos créditos decorrentes de decisão judicial transitada em julgado

Dentro das ações do Governo para reduzir o consumo dos créditos por parte dos contribuintes, houve a publicação da Medida provisória nº 1.202, de 28 de dezembro de 2023 e a Portaria Normativa MF nº 14/2024, que estabelece limites de para utilização dos créditos decorrentes de decisão judicial transitada em julgado.

O limite mensal deve ser calculado com base no valor total do crédito judicial, atualizado na data de entrega da primeira declaração de compensação referente ao crédito judicial. Tal valor deverá ser dividido pela quantidade de meses previstos na Portaria Normativa MF nº 14/2024, correspondente à faixa de valor do crédito.

Tabela de Limite:

Limites	Limite		Prazo mínimo (Meses)
*Limite 1	0,01	9.999.999,99	Sem Limite
Limite 2	10.000.000,00	99.999.999,99	12
Limite 3	100.000.000,00	199.999.999,99	20
Limite 4	200.000.000,00	299.999.999,99	30
Limite 5	300.000.000,00	399.999.999,99	40
Limite 6	400.000.000,00	499.999.999,99	50
Limite 7	500.000.000,00	Em diante	60

* Limite 1: Os limites não se aplicam aos créditos decorrente de decisão judicial transitada em julgado cujo valor total seja inferior a R$ 10.000.000,00 (dez milhões de reais).

> **Nota:**
>
> Conforme as perguntas e respostas da Receita Federal sobre este tema, os limites da tabela acima alcança todas as declarações de compensação transmitidas a partir de 05 de janeiro de 2024, data da publicação da Portaria Normativa MF nº 14/2024.
>
> O limite é calculado por processo de habilitação do crédito decorrente de decisão judicial e não por contribuinte.

MEDIDA PROVISÓRIA Nº 1.202, DE 28 DE DEZEMBRO DE 2023

Art. 4º A Lei nº 9.430, de 27 de dezembro de 1996, passa a vigorar com as seguintes alterações:

"Art. 74. [...]

X – o valor do crédito utilizado na compensação que superar o limite mensal de que trata o art. 74-A.

[...]

"Art. 74-A. A compensação de crédito decorrente de decisão judicial transitada em julgado observará o limite mensal estabelecido em ato do Ministro de Estado da Fazenda.

§ 1º O limite mensal a que se refere o caput:

I – será graduado em função do valor total do crédito decorrente de decisão judicial transitada em julgado;

II – não poderá ser inferior a 1/60 (um sessenta avos) do valor total do crédito decorrente de decisão judicial transitada em julgado, demonstrado e atualizado na data da entrega da primeira declaração de compensação; e

III – não poderá ser estabelecido para crédito decorrente de decisão judicial transitada em julgado cujo valor total seja inferior a R$ 10.000.000,00 (dez milhões de reais).

§ 2º Para fins do disposto neste artigo, a primeira declaração de compensação deverá ser apresentada no prazo de até cinco anos, contado da data do trânsito em julgado da decisão ou da homologação da desistência da execução do título judicial."

Exemplo:

Valor do crédito atualizado na data de entrega da primeira declaração de compensação.	240.000.000,00
Prazo mínimo para compensação do crédito	30 meses
Valor total de débitos (máximo) que poderá ser compensado no mês, com o crédito judicial.	8.000.000,00

Nesse exemplo, o contribuinte poderá compensar, em cada mês, um montante de débitos de até: R$ 8.000.000,00 (240.000.000,00/30 meses).

5.9.5 Exemplo de compensação de créditos decorrentes de decisão judicial transitada em julgado (Exclusão do ICMS na Base de Cálculo do PIS e Cofins) via PER/DCOMP web

Para facilitar o entendimento, segue um exemplo hipotético de compensação de créditos decorrentes de decisão judicial transitada em julgado (Exclusão do ICMS na Base de Cálculo do PIS e Cofins):

O contribuinte "Crédito de ação judicial LTDA (CNPJ 66.666.666/0001-91)" entrou com um processo na justiça e teve o transitado em julgado a seu favor nas seguintes situações a valores:

Total: R$ 150.000,00 (Principal R$ 100.000,00 + 50.000,00).

Período: 01/01/2015 a 31/12/2015.

Obs.: Conforme as regras da IN 2.055/2021 o Crédito foi habilitado pela RFB.

5.9.5.1 Acesso ao E-CAC

Figura 5.30

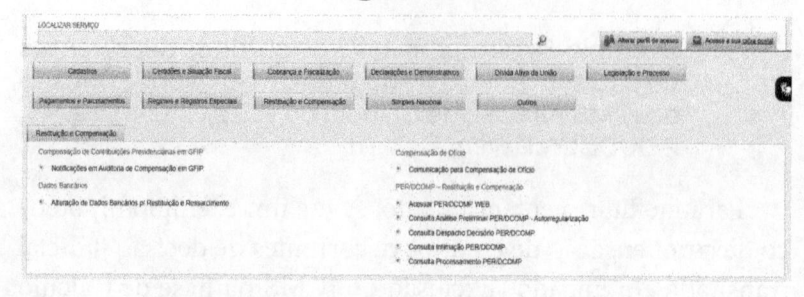

Fonte: Site e-CAC. Elaborada pelos autores.

5.9.5.2 Tipo de Crédito

Figura 5.31 – Crédito Oriundo de ação Judicial

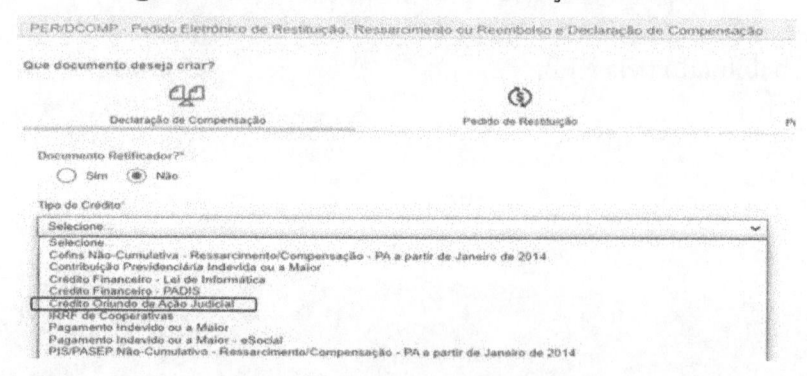

Fonte: Site e-CAC. Elaborada pelos autores

5.9.5.3 Declaração de Compensação

Figura 5.32 – Declaração de Compensação

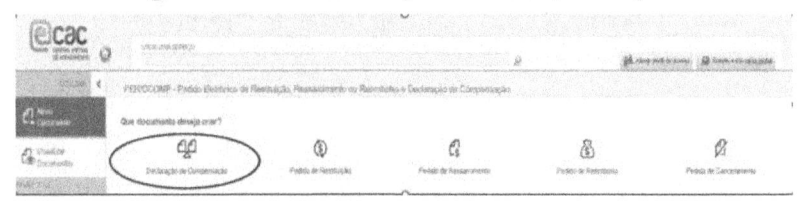

Fonte: Site e-CAC. Elaborada pelos autores

5.9.5.4 Tipo de Crédito

Figura 5.33 – Declaração de Compensação

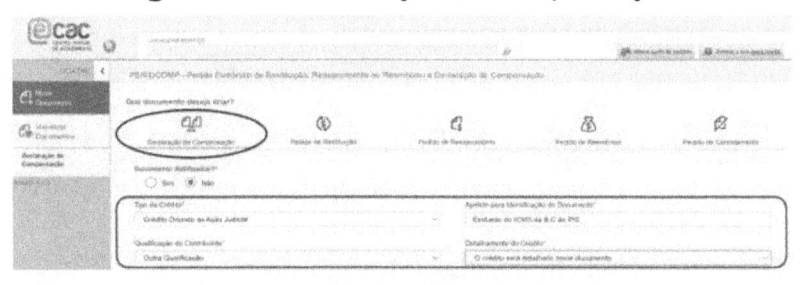

Fonte: Site e-CAC.

5.9.5.5 Informações da Ação Judicial e o Número de Habilitação da Receita Federal

Figura 5.34 – Identificação do Crédito

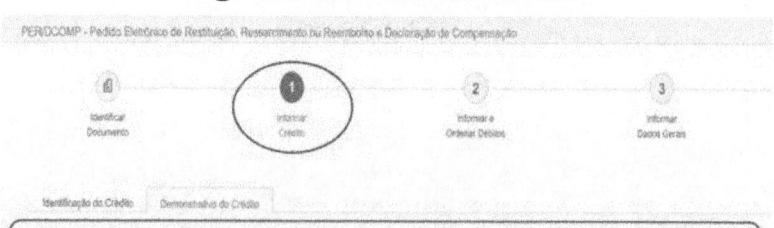

Fonte: Site e-CAC.

5.9.5.6 Valores do Crédito

Figura 5.35 – Informar Crédito

Fonte: Site e-CAC.

Neste campo deve inserir os valores do Principal + Juros (se houver).

5.9.5.7 Dados do Débito a ser compensado

Figura 5.36

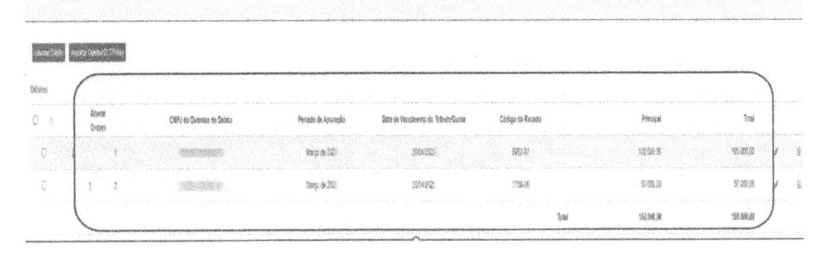

Fonte: Elaborada pelos autores.

Portanto, neste capítulo, demonstramos o tratamento dos créditos de PIS e Cofins, decorrentes da exclusão do ICMS na base dessas contribuições.

CAPÍTULO 6
PRINCIPAIS CONTABILIZAÇÕES DOS CRÉDITOS DE PIS E COFINS

Neste capítulo iremos abordar os aspectos contábeis das principais operações que impactam os créditos de PIS e Cofins para as empresas sujeitas ao Regime Não cumulativo, fornecer subsídios para os registros contábeis e seus reflexos nos resultados e controle.

A contabilidade tem um papel fundamental no compliance e planejamento tributário das empresas, por meio dos lançamentos e informações contábeis é possível monitorar e avaliar as movimentações dos créditos tributários, inclusive em possíveis questionamentos por parte do fisco ou auditoria, a contabilidade será um instrumento fundamental para defender as apropriações dos créditos, por isso a seguir demonstraremos os principais lançamentos de créditos de PIS e Cofins. Mas antes veremos as orientações que a RFB traz dos reflexos dos créditos no processo fiscal e contábil.

ATO DECLARATÓRIO INTERPRETATIVO SRF Nº 3, DE 29 DE MARÇO DE 2007

O SECRETÁRIO DA RECEITA FEDERAL, no uso da atribuição que lhe confere o inciso III do art. 230 do Regimento Interno da Secretaria da Receita Federal, aprovado pela Portaria MF nº 30, de 25 de fevereiro de 2005, e tendo em vista o disposto no art. 3º da Lei nº 10.637, de 30 de dezembro de 2002, e nos arts. 3º, e seu § 10, e 15, inciso II, da Lei nº 10.833, de 29 de dezembro de 2003, e o que consta do processo nº 10680.008418/2006-19, declara:

Art. 1º O valor dos créditos da Contribuição para o PIS/Pasep e da Contribuição Social para o Financiamento da Seguridade Social (Cofins), apurados no regime não-cumulativo não constitui:

I – receita bruta da pessoa jurídica, servindo somente para dedução do valor devido das referidas contribuições;

II – hipótese de exclusão do lucro líquido, para fins de apuração do lucro real e da base de cálculo da Contribuição Social sobre o Lucro Líquido (CSLL).

Parágrafo único. Os créditos de que trata o caput não poderão constituir-se simultaneamente em direito de crédito e em custo de aquisição de insumos, mercadorias e ativos permanentes.

Art. 2º O procedimento técnico contábil recomendável consiste no registro dos créditos da Contribuição para o PIS/Pasep e da Cofins como ativo fiscal.

Parágrafo único. Na hipótese de o contribuinte adotar procedimento diverso do previsto no caput, o resultado fiscal não poderá ser afetado, inclusive no que se refere à postergação do recolhimento do Imposto de Renda das Pessoas Jurídicas (IRPJ) e da CSLL.

Art. 3º É vedado o registro dos créditos da Contribuição para o PIS/Pasep e da Cofins em contrapartida à conta de receita.

6.1   Créditos Sobre Aquisição de Mercadoria

Observe o exemplo demonstrado a seguir.

A Empresa Comercial Multimarcas ARL (Regime de Tributação Lucro Real) adquiriu 300 camisas pelo valor unitário de R$ 94,50.

Nota Fiscal

Figura 6.1

Código	Descrição	CFOP	Quantidade	Valor Uni.	Total	% ICMS	ICMS	Total da Nota
1234	Camisa Xadrez	5102	300	94,5	28.350,00	18%	5.103,00	28.350,00

Cálculo dos Créditos de PIS e Cofins:

Total Aquisição	28.350,00
ICMS	-5.103,00
Base PIS e Cofins	23.247,00
PIS	383,58
Cofins	1.766,77

Lançamento Contábil

D	Estoque	21.096,65
D	Pis a Recuperar	383,58
D	Cofins a Recuperar	1.766,77
D	ICMS a Recuperar	5.103,00
C	Fornecedor a Pagar	28.350,00

6.2   Créditos Sobre Aquisição de Insumos

Conforme os dados abaixo a Industria ARL (Regime de Tributação Lucro Real) adquiriu insumos para a sua produção.

Total	1.100.000,00
IPI destacado	100.000,00
ICMS destacado	180.000,00

Cálculo dos Créditos de PIS e Cofins

Total	1.100.000,00
ICMS	– 100.000,00
IPI	– 180.000,00
Base PIS e Cofins	820.000,00
PIS 1,65%	13.530,00
Cofins 7,6%	62.320,00

Lançamento Contábil

D	Estoque de Matéria Prima	744.150,00
D	Pis a Recuperar	13.530,00
D	Cofins a Recuperar	62.320,00
D	ICMS a Recuperar	180.000,00
D	IPI a Recuperar	100.000,00
C	Fornecedor a Pagar	1.100.000,00

Nota:

Decreto n° 9.580/2018

Art. 301. O custo das mercadorias revendidas e das matérias-primas utilizadas será determinado com base em registro permanente de estoques ou no valor dos estoques existentes, de acordo com o livro de inventário, no fim do período de apuração (Decreto-Lei n° 1.598, de 1977, art. 14).

§ 1º O custo de aquisição de mercadorias destinadas à revenda compreenderá os de transporte e seguro até o estabelecimento do contribuinte e os tributos devidos na aquisição ou na importação (Decreto-Lei nº 1.598, de 1977, art. 13).

§ 2º Os gastos com desembaraço aduaneiro integram o custo de aquisição.

§ 3º **Os impostos recuperáveis por meio de créditos na escrita fiscal não integram o custo de aquisição.**

6.3 Créditos sobre Aluguéis de prédios, máquinas e equipamentos

Despesa de Aluguel utilizado nas atividades da empresa no Regime não Cumulativo no valor de R$ 800.000,00.

Lançamento Contábil

D	Despesa com Aluguel	726.000,00	Resultado
D	Pis a Recuperar	13.200,00	Ativo
D	Cofins a Recuperar	60.800,00	Ativo
C	Aluguel a Pagar	800.000,00	Passivo

6.4 Créditos sobre Energia Elétrica

Energia elétrica consumida no estabelecimento da Pessoa Jurídica no Regime não Cumulativo no valor de R$ 1.000.000,00.

D	Despesa com Energia Elétrica	907.500,00	Resultado
D	Pis a Recuperar	16.500,00	Ativo
D	Cofins a Recuperar	76.000,00	Ativo
C	Fornecedor a Pagar	1.000.000,00	Passivo

6.5 Créditos sobre Estoque de Abertura

A pessoa jurídica contribuinte do PIS/PASEP e da Cofins, submetida à apuração do valor devido pelo regime da não cumulatividade, terá direito ao desconto de créditos presumidos correspondente ao estoque de abertura dos bens adquiridos de pessoa jurídica domiciliada no país, existentes na data de início da incidência não cumulativa dessas contribuições.

Os créditos presumidos são determinados mediante a aplicação das alíquotas de 0,65% de PIS/PASEP e 3% da Cofins sobre o **estoque de abertura** e **serão utilizados em doze parcelas mensais**, iguais e sucessivas.

Suponhamos que a empresa ARL multimarcas, tributada pelo Lucro Presumido, fechou o ano X1 com o saldo do seu estoque de 10.000.000,00, e no ano X2 mudou o seu regime de Tributação para Lucro Real:

Ano X2 (Registro dos Créditos)

Total Aquisição	10.000.000,00
PIS 0,65%	65.000,00
Cofins 3,00%	300.000,00

D	Pis a Recuperar	65.000,00	Ativo
D	Cofins a Recuperar	300.000,00	Ativo
C	Estoque	365.000,00	Passivo

Descrição	Ano X1	Ano X2
Estoque	10.000.000,00	9.635.000,00
Pis a Recuperar	0,00	65.000,00
Cofins a Recuperar	0,00	300.000,00
Total	10.000.000,00	10.000.000,00

Balanço após os registros dos Créditos

Consumo mensal dos Créditos (1/12)

D	Pis a Recuperar	5.416,67	Ativo
D	Cofins a Recuperar	25.000,00	Ativo
C	PIS a Recolher	−5.416,67	Passivo
C	Cofins a Recolher	−25.000,00	Passivo

6.6   Créditos sobre Edificações

É permitido às pessoas jurídicas o desconto de créditos do PIS/PASEP e da Cofins, calculados sobre os encargos de depreciação de edificações e benfeitorias em imóveis próprios e de terceiros, utilizados nas atividades da empresa.

Para fins do crédito das contribuições sobre os encargos de depreciação:

- O **valor das** <u>**edificações**</u> **e** <u>**benfeitorias**</u> **deve ser pago às pessoas jurídicas domiciliadas no país;** e

- As <u>**edificações**</u> e <u>**benfeitorias**</u> devem ser realizadas **em imóveis próprios** ou **de terceiros**, integrando o seu valor para efeito de cálculo dos créditos decorrentes de encargos de depreciação.

Ressalta-se que, desde 01/05/2004, é possível à pessoa jurídica descontar créditos do PIS/Pasep e da Cofins sobre o valor dos encargos de amortização referentes às edificações e benfeitorias em imóveis de terceiros utilizados nas atividades da empresa, incorridos no mês – Lei n° 10.833/2003, art. 3°, VII e art. 15, II, em resumo a empresa tem duas formas para apropriar os créditos de PIS e Cofins, sendo pela amortização (**Edificações ou benfeitorias em imóveis de terceiros utilizados nas atividades da empresa) e Depreciação.**

Nota:

A legislação determina que não será possível a utilização de créditos sobre o valor:

a) de mão de obra paga à pessoa física;

b) da aquisição de bens ou serviços não sujeitos ao pagamento da contribuição, inclusive no caso de isenção, esse último quando revendidos ou utilizados como insumo em produtos ou serviços sujeitos à alíquota zero, isentos ou não alcançados pela contribuição.

Pelas regras contábeis as edificações devem seguir os mesmos conceitos e regras do CPC 27, ou seja, procedimento de imobilizado, diante deste cenário segue exemplos de contabilização e apropriação de crédito:

Exemplo 1: (Créditos sobre encargos de Depreciação)

A Cia ARL no ano X1 efetuou os seguintes movimentos e obteve os seguintes dados:

- Edificação em imóveis próprios no valor de R$ 10.000.000,00;
- Ano X2 conclusão da Edificação;
- Encargo de Depreciação: 25 anos;
- Apuração: Lucro Real;
- Regime de Tributação de PIS e Cofins: Não Cumulativo.

Contabilização Ano X1 (Gastos com a Edificação)

Quando a pessoa jurídica realiza edificações ou benfeitorias, todos os gastos realizados que sejam vinculados às obras são alocados para a conta "Obras em Andamento" e, ao final desta, são transferidos para uma conta do Ativo Imobilizado.

D	Obras em andamento	10.000.000,00	Ativo
C	Fornecedor a Pagar/ Banco	10.000.000,00	Passivo

Contabilização Ano X2 (Conclusão da Edificação)

D	Ativo Imobilizado – Edificação	10.000.000,00	Ativo
C	Obras em andamento	10.000.000,00	Ativo

Contabilização Ano X2 (Encargos de Depreciação 1/25)

D	Despesa com Depreciação	400.000,00	Resultado
C	Depreciação Acumulada – Edificação	400.000,00	Ativo

Contabilização Ano X2 (crédito de PIS e Cofins 1/25)

D	Pis a Recuperar	6.600,00	Ativo
D	Cofins a Recuperar	30.400,00	Ativo
C	Despesa com Depreciação	37.000,00	Passivo

Figura 6.2

Total		Anual (1/25)		Mensal	
Base de PIS e COFINS	10.000.000,00	Base de PIS e COFINS	400.000,00	Base de PIS e COFINS	33.333,33
PIS 1,65%	165.000,00	PIS 1,65%	6.600,00	PIS 1,65%	550,00
Cofins 7,6%	760.000,00	Cofins 7,6%	30.400,00	Cofins 7,6%	2.533,33
Total PIS e COFINS	925.000,00	PIS e COFINS - Anual	37.000,00	PIS e COFINS - Mensal	3.083,33

Fonte: Elaborada pelos autores.

Exemplo 2: (Créditos sobre Amortização)

No caso de gastos com edificações e benfeitorias em imóveis de terceiros, cujo contrato estabeleça período definido de utilização, não há o que se falar em depreciação. Nesse caso, devem ser aplicadas as regras de amortização.

Dessa forma, sobre o valor dos gastos será aplicada taxa anual de amortização fixada com base no número de anos restantes de existência do direito. No resultado dessa operação serão aplicadas as alíquotas do PIS/Pasep e da Cofins.

A Cia ARL no ano X1 obteve os seguintes movimentos e dados:

- Edificação em imóveis de terceiro no valor de R$ 10.000.000,00;
- Ano X2: conclusão da Edificação;
- Amortização: 5 anos;
- Apuração: Lucro Real;
- Regime de Tributação de PIS e Cofins: Não Cumulativo.

Contabilização Ano X1 (Gastos com a Edificação)

Quando a pessoa jurídica realiza edificações ou benfeitorias, todos os gastos realizados que sejam vinculados às obras são alocados para a conta "Obras em Andamento" e, ao final da obra, são transferidos para uma conta do Ativo Imobilizado.

D	Ativo Imobilizado – Edificação em Imóvel de Terceiro	10.000.000,00	Ativo
C	Fornecedor a Pagar/ Banco	10.000.000,00	Passivo

Contabilização Ano X2 (Amortização 1/5)

D	Despesa com Amortização	2.000.000,00	Resultado
C	Amortização Acumulada – Edificação	2.000.000,00	Ativo

Contabilização Ano X2 (Crédito de PIS e Cofins 1/5)

D	Pis a Recuperar	33.000,00	Ativo
D	Cofins a Recuperar	152.000,00	Ativo
C	Despesa com Amortização	185.000,00	Passivo

Resumo

Figura 6.3

Total			Anual (1/5)			Mensal	
Base de PIS e COFINS	10.000.000,00		Base de PIS e COFINS	2.000.000,00		Base de PIS e COFINS	166.666,67
PIS 1,65%	165.000,00		PIS 1,65%	33.000,00		PIS 1,65%	2.750,00
Cofins 7,6%	760.000,00		Cofins 7,6%	152.000,00		Cofins 7,6%	12.666,67
Total PIS e COFINS	925.000,00		PIS e CORNS - Anual	185.000,00		PIS e COFINS - Mensal	15.416,67

Fonte: Elaborada pelos autores.

Exemplo 3: (24 meses)

As pessoas jurídicas **poderão optar pelo desconto, no prazo de 24 meses**, dos créditos do PIS/PASEP e da Cofins, na hipótese de **edificações incorporadas ao ativo imobilizado**, adquiridas ou construídas para **utilização na produção de bens destinados à venda** ou na **prestação de serviços**. Contudo, no custo de aquisição ou construção da edificação **não se inclui o valor** de:

Terrenos;

- Mão de obra paga à pessoa física;
- Aquisição de bens ou serviços não sujeitos ao pagamento das contribuições;

O direito ao desconto de crédito aplicar-se-á a **partir da data da conclusão da obra**.

A Cia ARL no ano X1 efetuou os seguintes movimentos e dados:

- Edificações incorporadas ao ativo imobilizado, adquiridas ou construídas para utilização na produção de bens destinados à venda ou na prestação de serviços de R$ 10.000.000,00;
- Ano X2 conclusão da Edificação;
- Encargo de Depreciação: 25 anos;

- Apropriação do Crédito: 24 meses;
- Apuração: Lucro Real;
- Regime de Tributação de PIS e Cofins: Não Cumulativo.

Contabilização Ano X1 (Gastos com a Edificação)

Quando a pessoa jurídica realiza edificações ou benfeitorias, todos os gastos realizados que sejam vinculados às obras são alocados para a conta "Obras em Andamento" e ao final são transferidos para uma conta do Ativo Imobilizado.

D	Obras em andamento	10.000.000,00	Ativo
C	Fornecedor a Pagar/Banco	10.000.000,00	Passivo

Contabilização Ano X2 (Conclusão da Edificação)

D	Ativo Imobilizado – Edificação	9.075.000,00	Ativo
D	PIS a Recuperar	165.000,00	Ativo
D	Cofins a Recuperar	760.000,00	Ativo
C	Obras em andamento	10.000.000,00	Passivo

Contabilização Ano X2 (Encargos de Depreciação 1/25)

D	Despesa com Depreciação	400.000,00	Resultado
C	Depreciação Acumulada – Edificação	400.000,00	Ativo

Contabilização Ano X2 (crédito de PIS e Cofins mensal 1/24)

D	Pis a Recuperar	6.875,00	Ativo
D	Cofins a Recuperar	31.666,67	Ativo
C	Despesa com Depreciação	38.541,67	Passivo

Figura 6.4

Total			Anual (1/2)			Mensal	
Base de PIS e COFINS		10.000.000,00	Base de PIS e COFINS		5.000.000,00	Base de PIS e COFINS	416.666,67
PIS 1,65%		165.000,00	PIS 1,65%		82.500,00	PIS 1,65%	6.875,00
Cofins 7,6%		760.000,00	Cofins 7,6%		380.000,00	Cofins 7,6%	31.666,67
Total PIS e COFINS		925.000,00	PIS e COFINS - Anual		462.500,00	PIS e COFINS - Mensal	38.541,67

Fonte: Elaborada pelos autores.

6.7   Créditos sobre aquisição de imobilizado

A pessoa jurídica tributada pelo Lucro Real adquiriu um imobilizado no valor de R$ 10.000.000,00 e pode calcular créditos do PIS/PASEP e da Cofins sobre o valor de aquisição de máquinas e equipamentos destinados ao ativo imobilizado de forma integral.

Exemplo:

Pessoa jurídica adquire uma máquina, devidamente incorporada ao seu ativo imobilizado por R$ 10.000.000,00, optando pelo crédito de forma integral:

Total Aquisição	10.000.000,00
PIS 1,65%	165.000,00
Cofins 7,6%	760.000,00

D	Imobilizado	9.075.000,00	Ativo
D	Pis a Recuperar	165.000,00	Ativo
D	Cofins a Recuperar	760.000,00	Ativo
C	**Fornecedor a Pagar**	10.000.000,00	Passivo

Posição do Balanço após os registros dos Créditos de PIS e Cofins:

Descrição	Ano X1
Imobilizado	9.075.000,00
Pis a Recuperar	165.000,00
Cofins a Recuperar	760.000,00
Total	**10.000.000,00**

Nota:

Para facilitar a dinâmica não foram considerados outros tributos nessa operação.

6.8   Créditos sobre Leasing

Com base nos dados a seguir, observe o exemplo.

Valor do Ativo	800.000,00
Juros	200.000,00
Total Leasing	1.000.000,00

Contrato	5 anos
Vida útil	5 anos

Entrada Imobilizado Leasing

D	Imobilizado Leasing	800.000,00	Ativo			
D	Juros a Apropriar	200.000,00	Passivo (Redutora do Leasing a PG)			
C	Leasing a Pagar	1.000.000,00	Passivo			

Registro anual (Depreciação e Juros)

D	Despesa Depreciação Leasing	160.000,00	Resultado
C	Depreciação Acumulado Leasing	160.000,00	Ativo
D	Despesa Juros Leasing	40.000,00	Resultado
C	Depreciação Acumulado Leasing	40.000,00	Passivo

Registro anual (Pagamento das Contraprestações)

D	Leasing a Pagar	200.000,00	Passivo
C	Banco	200.000,00	Ativo

Reconhecimento dos Créditos

D	PIS e Cofins a Recuperar	18.500,00	Ativo
C	Despesa Depreciação Leasing	14.800,00	Resultado
C	Despesa Juros Leasing	3.700,00	Resultado

6.9 Créditos sobre Reintegra

Regime Especial de Reintegração de Valores Tributários para as Empresas Exportadoras (Reintegra), com o objetivo de reintegrar valores referentes aos custos tributários residuais existentes nas cadeias de produção, permite que as empresas exportadoras efetuem a compensação de resíduos tributários com débitos próprios ou mesmo solicitem seu ressarcimento em espécie.

A pessoa jurídica que exporte os bens contemplados pelo Reintegra poderá apurar crédito, mediante a aplicação dos seguintes percentuais sobre a receita auferida com a exportação desses bens para o exterior:

a. 0,1%, entre 1/12/2015 e 31/12/2016;

b. 2%, entre 1/01/2017 e 31/05/2018; e

c. 0,1%, a contar de 1/06/2018.

Do crédito apurado no âmbito do Reintegra:

a. 17,84% serão devolvidos a título da contribuição para o PIS-Pasep; e

b. 82,16% serão devolvidos a título da Cofins.

O crédito apurado no Reintegra somente poderá ser compensado com débitos próprios, vencidos ou vincendos, relativos a tributos e contribuições administrados pela Secretaria da Receita Federal do Brasil (RFB) ou ressarcido.

Exemplo:

Em 01/09/20X1, a Industria ARL realizou exportação de chocolates classificados no código 18.06 da TIPI e obteve os seguintes dados:

a. Receita bruta proveniente de exportação direta ao exterior desse produto no valor de R$ 10.000.000,00;

b. O valor para fins de ressarcimento do resíduo tributário existente na sua cadeia de produção será calculado mediante a aplicação do percentual de 0,10% sobre a receita decorrente da exportação de bens produzidos pela pessoa jurídica beneficiária do Reintegra;

c. A exportação consiste somente em bem manufaturado no País, bem como seu custo total não ultrapassa o limite percentual do preço de exportação de 40%.

Cálculo dos créditos passíveis de ressarcimento ou compensação:

Receita de exportação	R$ 10.000.000,00
(x) Percentual aplicável	0,10%
Valor do Reintegra	R$ 10.000,00
Crédito PIS-Pasep (R$ 10.000,00 x 17,84%)	R$ 1.784,00
Crédito Cofins (R$ 10.000,00 x 82,16%)	R$ 8.216,00

Lançamento Contábil

D – Crédito de Reintegra – 10.000,00 (Ativo)

C – Outras Receitas – 10.000,00 (Resultado)

6.10 Créditos sobre bens recebidos em devolução decorrente das vendas

Devolução de vendas no valor de R$ 300.000,00, com custo registrado no estoque de R$ 100.000,00.

Momento 1: Venda e baixa do Estoque				Momento 2: Devolução das Vendas			
Pela Venda				**Devolução das Vendas**			
D	Cliente	300.000,00	Ativo	D	Devolução das Vendas	300.000,00	Resultado
C	Receita Bruta	300.000,00	Resultado	C	Cliente	300.000,00	Ativo
Baixa do Estoque				**Retorno do Estoque**			
D	Custo de Mercadoria	100.000,00	Resultado	D	Estoque	100.000,00	Ativo
C	Estoque	100.000,00	Ativo	C	Custo de Mercadoria	100.000,00	Resultado
Tributos sobre as Vendas				**Retorno dos Tributos sobre as Vendas**			
D	Tributos sobre Vendas	81.750,00	Resultado	C	Devolução de Vendas	81.750,00	Resultado
C	ICMS a Recolher	54.000,00	Passivo	D	ICMS	54.000,00	Ativo
C	PIS a Recolher	4.950,00	Passivo	D	PIS a Recuperar	4.950,00	Ativo
C	Cofins a Recolher	22.800,00	Passivo	D	Cofins a Recuperar	22.800,00	Ativo

6.11 Estorno de créditos: bens furtados, roubados, inutilizados, deteriorados ou destruídos

A Empresa efetuou a baixa de 10.000 unidades do seu estoque porque as mercadorias foram inutilizadas (Mercadorias com prazo de validade vencidas):

Dados da Baixa:

Mercadoria: R$ 100.000,00.

Pis e Cofins vinculado aos produtos baixados: R$ 10.192,84.

	Estorno de créditos: bens furtados, roubados, inutilizados, deteriorados ou destruídos		
	Baixa do Estoque		
D	Perda de Estoque	100.000,00	Resultado
C	Estoque	100.000,00	Ativo
	Estorno do PIS e Cofins		
D	PIS e Cofins Perda de Estoque	10.192,84	Resultado
C	PIS a Recuperar	1.818,18	Passivo
C	Cofins a Recuperar	8.374,66	Passivo

 Além da baixa contábil o profissional deve garantir o estorno dos créditos na EFD-Contribuições

Encerramos este capítulo, demonstrando as principais contabilizações que impactam nos créditos de PIS e Cofins e, consequentemente, na recuperação.

CAPÍTULO 7
MAPEAMENTO DE DADOS: RISCOS E CRÉDITOS DE PIS E COFINS

O processo tributário no Brasil é marcado pela quantidade de tributos, regras, obrigações acessórias e inseguranças Jurídicas. Em resumo, é um desafio para as empresas e profissionais e para a garantia do compliance.

A aplicação do compliance permite que as empresas fiquem em conformidade com as leis e regulamentações tributárias. Nesse sentido, quando relacionamos o compliance para definição de riscos dos créditos, estamos nos referindo à utilização de procedimentos para garantir que o processo de recuperação tributária esteja de acordo com as regras fiscais.

Os temas de créditos de PIS e Cofins estão dentro das principais discussões Judiciais entre o Contribuinte e o Fisco e, devido a esta insegurança jurídica e excesso de obrigações, é fundamental avaliar todos os pontos para apropriação dos créditos, inclusive, em alguns casos, assumir e mapear os RISCOS, assim como possíveis OPORTUNIDADES.

Diante do exposto, vamos dar exemplos de mapeamento de Riscos e Oportunidades tributárias, que servirão como uma bússola para que a sua recuperação seja feita de forma saudável, reduzindo os riscos de autuações.

7.1   Mapa de crédito

Para facilitar a dinâmica e dar visibilidade para a Gestão, é importante mapear as operações e classificá-las conforme a natureza de Risco, de acordo com o destaque no exemplo:

Exemplo:

Classificação das Análises	Farol de Risco
Créditos previstos na Legislação	Baixo
Créditos previstos na Legislação, mas existem questionamentos por parte do fisco acerca da sua aplicação nas atividades da empresa	Médio
Créditos não previstos na Legislação, mas a empresa entende que é defensável porque é essencial, relevante ou este gasto é realizado por imposição Legal.	Alto

7.1.1   Créditos previstos na Legislação

Definimos como aqueles que são créditos claros e diretos para a sua apropriação, em que a empresa deve se atentar no cumprimento do compliance, por exemplo:

- Documentos que são suporte (notas fiscais, contratos, recibos, observando caso a caso);
- Registro contábil (atentando-se para o regime de competência e demais regras contábeis);
- Obrigações acessórias (EFD-Contribuições, ECF, ECD etc.).

7.1.2 Créditos previstos na Legislação, mas que são questionados por parte do fisco, acerca da sua aplicação nas atividades da empresa

São créditos previstos na Legislação, mas a sua aplicação é direcionada, exemplos de utilização:

- Utilizados na produção;
- Utilizados como insumo;
- Utilizados na prestação de serviço;
- Locação a terceiro;
- Utilizados com revenda;
- Utilizados nas Atividades da Empresa;
- Utilizados nos estabelecimentos da Empresa.

Nesse caso as empresas devem avaliar o grau de risco, principalmente se o crédito está conectado conforme os direcionamentos previstos na legislação.

É importante ressaltar que o Fisco faz a **análise literal da Legislação** e principalmente a sua aplicação, e por isso a empresa deve avaliar o grau de risco, no enquadramento da Essencialidade, Relevância e Imposição Legal da operação geradora de crédito.

 Análise literal é um método de interpretação de textos que se concentra no significado literal das palavras e frases. O objetivo é determinar o significado original do texto, sem considerar interpretações subjetivas ou simbólicas. É compreender como está escrito.

7.1.3   Créditos não previstos na Legislação, mas a empresa entende que é defensável porque é essencial, relevante ou este gasto é realizado por imposição legal

São créditos vedados por dispositivos legais (Leis, Instruções Normativas, Soluções de Consultas, Soluções de Divergência etc.), ou situações em que a legislação extrapola a hierárquica legislativa, a exemplo disso são as novas regras realizadas por Instrução Normativa. Nesse caso é recomendável analisar alguns critérios:

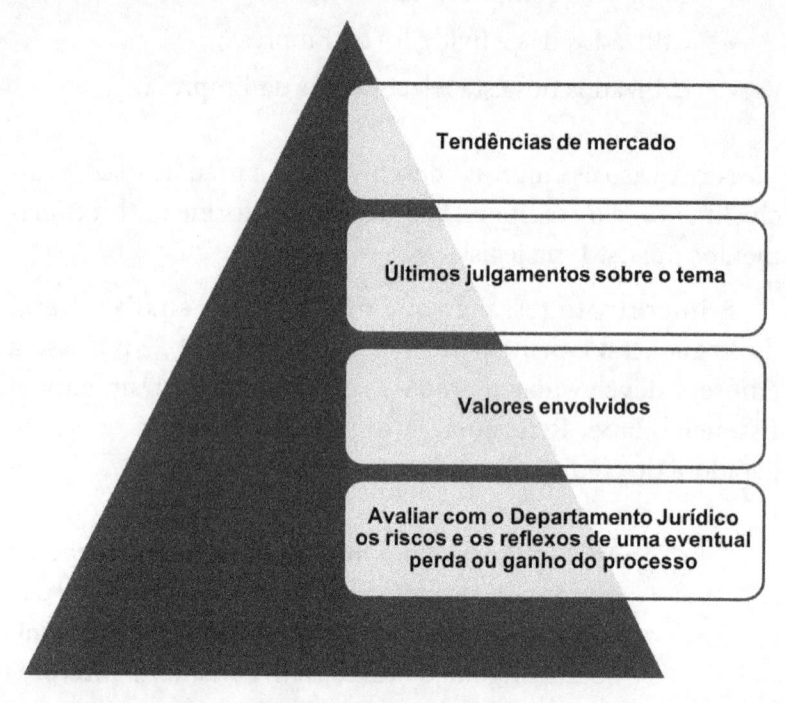

Fonte: Elaborada pelos autores.

Geralmente as empresas estão utilizando os conceitos da Essencialidade, Relevância e imposição legal, que foi popularizado no julgamento de insumos.

7.2   Exemplo de Mapa de Crédito e Riscos

Para este tema é importante mapear todas operações da empresa e classificá-las por tipo de crédito, grau de Risco, aplicação e demais requisitos essenciais para a sua apropriação.

Abaixo, elaboramos um exemplo de mapa de créditos e riscos:

Tipo de Crédito	Aplicação	Legislação	Grau de Risco?	Empresa A Indústria	Empresa B Comércio	Empresa B Serviço
				Empresa utiliza os créditos: Sim / Não		
Aluguéis de prédios	Atividade da Empresa	Lei nº 10.833/2003	Baixo	Sim	Sim	Sim
Energia elétrica	Consumido nos estabelecimentos da pessoa jurídica	Lei nº 10.833/2003	Baixo	Sim	Sim	Sim
Máquinas (Ativo Imobilizado)	1 – Locação a terceiros; 2 – Utilização na produção de bens destinados à venda, ou 3 – Na prestação de serviços.	Lei nº 10.833/2003	Baixo	Sim	Não	Sim
Bens incorporados ao ativo intangível	1 – Utilização na produção de bens destinados à venda ou, 2 – Na prestação de serviços.	Lei nº 10.833/2003	Médio	Sim	Não	Sim
Fretes nas Transferências de Insumos / Produto em elaboração	Utilização na produção de bens destinados à venda	IN nº 2.121/2022	Baixo	Sim	Não	Não
Fretes nas transferências de Produtos Acabado	Utilização na produção de bens destinados à venda	IN nº 2.121/2022	*Alto	*Sim	Não	Não

De acordo com as particularidades do negócio, cada empresa deve avaliar os cenários, considerando:

- O ramo de atividade;
- Aplicação dos gastos;
- Origem legislativas (Lei Ordinária/Instrução Normativa/ Solução de Consulta/Decisões Judiciais);
- Relevância do tema;
- Materialidade;
- Análise dos riscos;
- Parecer jurídico, Parecer técnico, Auditoria, Assessoria e outros meios que ajudem na análise.

7.3   Como mapear dados relacionados aos créditos de PIS e Cofins?

Atualmente muito se comenta sobre o mapeamento de dados relacionados a ferramentas criadas por especialistas, que ajudam profissionais de todas as áreas no acompanhamento de temas e na solução de problemas.

O mapeamento de dados é uma ferramenta poderosa e necessária, que permite a identificação e recuperação de créditos de PIS e Cofins, de forma eficiente e segura.

Por meio da análise e organização de informações de diversas fontes, as empresas e profissionais, podem otimizar vários processos e potencializar seus resultados.

Veja as etapas que sugerimos para o mapeamento de dados:

→ Definição dos objetivos

Identificação dos créditos a serem mapeados:

- Créditos não compensados;
- Saldos credores em contas gráficas;
- Inconsistências no pagamento de tributos;
- Dúvidas sobre a legislação.

Definição do período de análise:

- Atenção aos prazos prescricionais e disponibilidade de dados;
- Priorização dos períodos com maior potencial de recuperação.

→ Coleta de dados

Identificação das fontes de dados:

- Obrigações acessórias (EFD-Contribuições, ECD, ECF etc.);
- Contas correntes fiscais;
- Documentos fiscais, tais como: notas fiscais, recibos, contratos;
- Processos administrativos e judiciais;
- Base de dados contábeis.

Organização dos dados coletados:

- Padronizar formatos e nomenclaturas;
- Criar sistema de armazenamento e organização que seja eficiente;
- Garantir a confiabilidade e a segurança dos dados;

→ Análise dos dados

Uso de ferramentas de análise de dados:

- Softwares de gestão fiscal;
- Planilhas eletrônicas;
- Ferramentas de BI e *Data Analytics*.

→ Procurar profissionais que possam colaborar com a captação e análise dos dados

Identificação de inconsistências e erros:

- Divergências entre obrigações acessórias e documentos fiscais;
- Pagamentos indevidos ou a maior;
- Créditos não compensados ou escriturados incorretamente.

Cruzamento de dados:

- Identificar créditos não utilizados em outras obrigações acessórias;
- Averiguar possíveis fraudes ou sonegações;
- Otimizar o processo de recuperação de créditos.

→ Interpretação dos resultados

Avaliação de riscos e oportunidades:

- Considerar a legislação tributária vigente;
- Analisar jurisprudências, decisões judiciais e administrativas (STF, STJ, CARF, TRF);
- Consultar especialistas em tributação.

Priorizar os créditos com maior potencial de recuperação:

- Considerar o valor dos créditos, os prazos prescricionais e os riscos envolvidos;
- Definir estratégias para a recuperação de cada crédito;
- Considerar se o trabalho e os gastos aplicados no processo de recuperação são apropriados para a empresa.

→ Tomada de decisões

Definição das ações a serem tomadas:

- Compensar créditos com débitos fiscais;
- Pedido de restituição;
- Promover ações judiciais para recuperar os créditos;
- Envolver todas as área da empresa que serão impactadas.

Documentação de todas as etapas do processo:

- Manter registros detalhados das análises realizadas;
- Armazenar documentos e comprovantes dos créditos;
- Garantir a rastreabilidade das informações.

→   Monitoramento e acompanhamento

Monitorar o andamento dos processos de recuperação:

- Acompanhar prazos, decisões e resultados;
- Ajustar estratégias conforme necessário.

Atualizar a base de dados de forma contínua:

- Incluir novos dados e informações relevantes;
- Manter o mapeamento atualizado com as mudanças na legislação e na jurisprudência;
- Dar os devidos tratamentos contábeis, em especial, a criação de Notas Explicativas nas demonstrações financeiras.

O mapeamento para recuperação dos créditos tributários traz benefícios a curto, médio e longo prazos, possibilitando:

- Redução de perdas fiscais;
- Otimização do fluxo de caixa;
- Redução de erros futuros;
- Planejamentos tributário e financeiro mais efetivos;
- Diminuição de riscos fiscais;
- Mais segurança e atenção na aplicação da legislação tributária;
- Dados mais precisos e confiáveis para embasar decisões estratégicas;
- Gestão fiscal mais assertiva.

Acreditamos que ficou evidente que o mapeamento de dados não é tão complexo assim e ainda pode gerar oportunidades de mercado e crescimento da empresa.

7.4   Legalidade

As nossas orientações, demonstrações e dicas estão sempre baseadas na legislação correspondente. Você imagina o motivo? Fazemos isso para que você saiba como realizar a recuperação tributária de acordo com a legislação correspondente. Não basta fazer o processo baseado no "achismo". É essencial que seja bem fundamentado, para que seu cliente tenha confiança no seu trabalho e, principalmente, em caso de algum questionamento por parte dos órgãos, a resposta possa ser objetiva e eficaz.

7.5   Parecer e relatório legal

O Parecer de recuperação de crédito é um documento elaborado pelos especialistas que vão fazer esse processo. Ao realizar uma avaliação detalhada da empresa, esses profissionais detalham os dados essenciais que sustentam a recuperação.

Figura 7.1

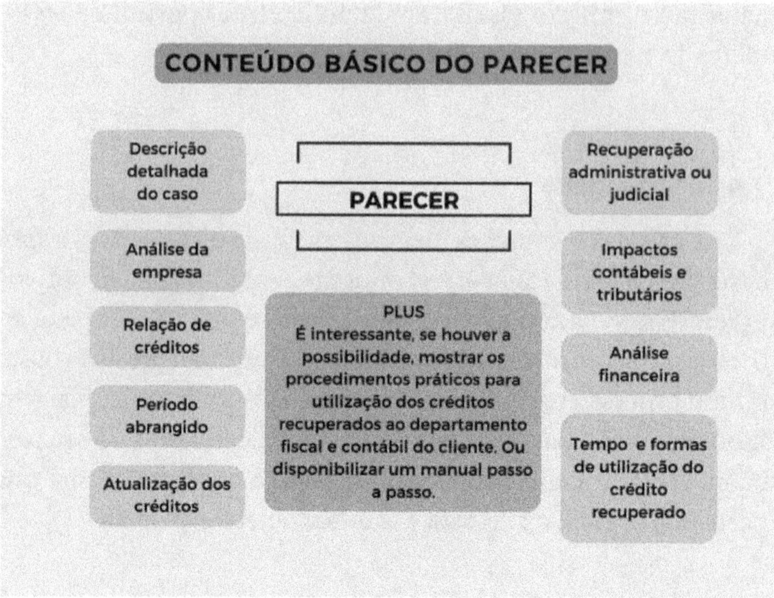

Fonte: Elaborada pelos autores.

Essas informações servem para qualquer tipo de recuperação de tributo.

7.6   Relatório Anual de Fiscalização da Receita Federal – Riscos identificados

Como tem acontecido nos últimos anos, a Receita Federal divulgou o Relatório Anual da Fiscalização – Resultados 2023 e Planejamento 2024. Neste são destacadas as ações realizadas em 2023 e as prioridades para 2024. Dentre as ações planejadas para 2024, evidenciamos a que foi definida para a fiscalização do PIS e da Cofins.

Figura 7.2

1.7. Apropriação indevida de créditos de PIS/Cofins

A Receita Federal identificou situações em que os contribuintes se apropriam indevidamente de créditos de PIS/Cofins, resultando na redução do recolhimento.

Dessa forma, o risco "PIS e Cofins – apropriação indébita" foi priorizado no Planejamento 2023, sendo identificados quatro riscos a serem tratados: i) inconsistências das informações na EFD-Contribuições; ii) insumos para revenda; iii) créditos indevidos na subcontratação de frete; e iv) apropriação indevida de créditos em aquisições cujo CNPJ do participante é o do próprio contribuinte.

Para cada risco, será realizado um piloto, cujos resultados subsidiarão a definição da estratégia de tratamento.

Fonte: Receita Federal.

Essas contribuições sempre são alvo de fiscalização, ainda mais no atual momento de reforma tributária.

Observe que os créditos que mais causam problemas são:

- Insumos para revenda;
- Subcontratação de frete;
- Aquisições cujo CNPJ do participante é o do próprio contribuinte (de filiais, talvez?).

Sendo assim, mantenha o cuidado redobrado no processo de recuperação tributária.

Acesse a íntegra do relatório:

7.7   As despesas com a recuperação tributária são dedutíveis para o lucro real?

O Regulamento do Imposto de Renda estabelecido pelo Decreto nº 9.580/2018, o famoso RIR/2018, fora as despesas especificadas (aluguéis, propaganda, dentre outras) em seu art. 311, traz a definição de despesas necessárias, conforme transcrição a seguir:

> Despesas necessárias
>
> Art. 311. São operacionais as despesas não computadas nos custos, necessárias à atividade da empresa e à manutenção da fonte produtora (Lei nº 4.506, de 1964, art. 47, caput).
>
> § 1º São necessárias as despesas pagas ou incorridas para a realização das transações ou operações exigidas pela atividade da empresa (Lei nº 4.506, de 1964, art. 47, § 1º)
>
> § 2º As despesas operacionais admitidas são as usuais ou normais no tipo de transações, operações ou atividades da empresa (Lei nº 4.506, de 1964, art. 47, § 2º) .
>
> § 3º O disposto neste artigo aplica-se também às gratificações pagas aos empregados, independentemente da designação que tiverem.

Desmembrando o conceito de forma simples, podemos extrair as palavras-chave:

- Se difere de custo.

Custo, de uma forma simples, é o emprego de algo, de modo direto ou indireto, para a produção de bens ou prestação de serviços. Diferente da despesa que ocorre em momento posterior, após a produção do bem ou da prestação efetiva do serviço.

- Operacionais: em uso.
- Necessárias às atividades da empresa: a sua ausência poderia acarretar um resultado diverso do esperado. Ou seja, o desempenho poderia ser abaixo do determinado.

Exemplos, dentre vários outros que poderiam ser citados:

a. Uma loja que depende da contratação de representantes comerciais para melhorar as vendas e atingir o patamar planejado;

b. A contratação de transportadora para entregar as mercadorias vendidas, acarretando mais agilidade e uma visibilidade de entrega positiva no mercado;

c. Prestador de serviços que contrata uma empresa de marketing para desenvolver a propaganda de suas atividades. Esse fato, de uma forma escalonada, vai melhorar o faturamento;

• Transações ou operações exigidas pela atividade da empresa/ usuais ou normais: realização do objeto social (contrato social/estatuto social) e atividade.

Ilustrando: uma empresa que extrai areia, necessita, após todo o processo, deixar o produto pronto e disponível para ser vendido, aluga um galpão para manter o estoque, evitando possíveis avarias.

Vinculando o RIR/2018 com a Instrução Normativa RFB nº 1.700/2017, publicada pela Receita Federal, não temos inovação no conceito, conforme o art. 68:

> CAPÍTULO VI
>
> DAS DESPESAS NECESSÁRIAS
>
> Art. 68. Na determinação do lucro real serão dedutíveis somente as despesas necessárias à atividade da empresa e à manutenção da respectiva fonte produtora.

§ 1º Consideram-se necessárias as despesas pagas ou incorridas para a realização das transações ou operações exigidas pela atividade da empresa.

§ 2º As despesas admitidas são as usuais ou normais no tipo de transações, operações ou atividades da empresa.

Até aqui acredito que podemos concluir que o conceito de despesa "permite" uma análise mais ampla para cada caso específico.

7.7.1   Despesas: contabilidade versus tributação

O Comitê de Pronunciamentos Contábeis – CPC 00 – (R2), aborda a estrutura conceitual para relatório financeiro e define despesas como reduções nos ativos, ou aumentos nos passivos, que resultam em diminuições no patrimônio líquido, exceto aqueles referentes às distribuições aos detentores de direitos sobre o patrimônio.

Assim como as receitas, as despesas são elementos das demonstrações contábeis que se referem ao desempenho financeiro da entidade, sendo informações importantes para os usuários dessas demonstrações. De forma bem objetiva, para fins didáticos, despesa é o gasto necessário para obtenção de receita, desde que não seja agregada como custo do ativo. Também não se distancia do conceito de despesa no aspecto tributário. Contudo, nem todas as despesas contábeis serão necessariamente consideradas para fins de tributação.

Este é o ponto em que é tratada a dedutibilidade da despesa para fins de determinação do lucro real, observando que no Decreto nº 9.580/2018, art. 260, são relacionadas as despesas que deverão ser adicionadas (indedutíveis) ao lucro real. O tema é amplo e pode gerar páginas e páginas de análise. Mas, após essa introdução, se as despesas com a recuperação tributária forem consideradas úteis para a manutenção das atividades da empresa, e desde que o setor jurídico ratifique essa definição, essa despesa poderia ser dedutível para o lucro real.

CAPÍTULO 8
ICMS

8.1 A Constituição Federal e a não cumulatividade do ICMS

A Constituição Federal, ao tratar a respeito do ICMS, trouxe regras de não cumulatividade para que os Estados e o Distrito Federal instituíssem esse imposto, conforme segue:

> **CF/88 – Art. 155**
>
> § 2º O imposto previsto no inciso II[1] atenderá ao seguinte:
>
> I – será não cumulativo, compensando-se o que for devido em cada operação relativa à circulação de mercadorias ou prestação de serviços com o montante cobrado nas anteriores pelo mesmo ou outro Estado ou pelo Distrito Federal;

Nessa definição, ficou claro que a não cumulatividade do ICMS deve ser tratada como uma compensação do valor pago na etapa anterior, pois impede que o imposto incida mais de uma vez sobre o valor que já serviu de base à sua cobrança na etapa anterior.

Alguns renomados doutrinadores tratam a não cumulatividade como um princípio constitucional, de vez que o imposto

---

1   Previsão constitucional do ICMS – Art. 155. Compete aos Estados e ao Distrito Federal instituir impostos sobre II – operações relativas à circulação de mercadorias e sobre prestações de serviços de transporte interestadual e intermunicipal e de comunicação, ainda que as operações e as prestações se iniciem no exterior;

não incide sobre cascata e traz a garantia ao contribuinte de compensar o imposto incidente nas operações anteriores com o devido na posterior, vejamos José Eduardo Soares de Melo e Luiz Francisco Lippo[2]:

> [...] a não cumulatividade tributária, de fato, é um princípio jurídico constitucional. É um comando normativo repleto de valores extraídos dos anseios da sociedade constituída e permeado de forte conteúdo axiológico. Foi a partir da vontade do povo brasileiro que o legislador constituinte encontrou argumentos necessários para disciplinar a instituição de tributos, cuja característica essencial para a apuração do "quantum debeatur" deve ser o confronto matemático entre a soma dos montantes do imposto registrado em cada relação correspondente as mercadorias, produtos e serviços adquiridos pelo mesmo contribuinte, em um dado período

O princípio da não cumulatividade do ICMS trazido pela Constituição deixa claro que o método adotado é o "crédito de tributo". O imposto exato destacado na Nota Fiscal de aquisição, ou seja, aquele cobrado na operação anterior, servirá de crédito ao adquirente para descontar o imposto devido nas operações de saídas.

A finalidade do regime não cumulativo é inviabilizar o efeito cascata do ICMS incidente sobre cada uma das etapas mercantis de uma determinada cadeia. Além disso, a Constituição deixou bem claro que a operação isenta ou com a não incidência não permite a tomada do crédito do ICMS pago na etapa anterior, vejamos:

---

2   MELO, José Eduardo Soares de; LIPPO, Luiz Francisco. *A não cumulatividade tributária*. 3.ed. São Paulo: Dialética, 2008.

CF/88 – Art. 155

§ 2º

[...]

II – a isenção ou não incidência, salvo determinação em contrário da legislação:

a) não implicará crédito para compensação com o montante devido nas operações ou prestações seguintes;

b) acarretará a anulação do crédito relativo às operações anteriores;

Em operações com saídas isentas ou não incidência, a Constituição exige a anulação do crédito, mas há exceções nas normas que dispõem sobre os as operações isentas ou não incidentes.

A expressão "salvo determinação em contrário" no Art. 155, § 2º, II dispõe que os benefícios fiscais concedidos devem tratar das hipóteses em que, mesmo com a saída sem tributação, o contribuinte poderá manter o crédito para abatimento em outras operações normalmente tributadas.

Ademais, vale comentar que não são todas as entradas que geram direito ao crédito. Será necessário analisar as regras da LC 87/96 em consonância com as Leis Estaduais que criaram o ICMS na Unidade Federada que está sendo realizada a operação.

Segue na ilustração abaixo um comparativo a respeito da não cumulatividade do ICMS e a restrição ao crédito:

Figura 8.1

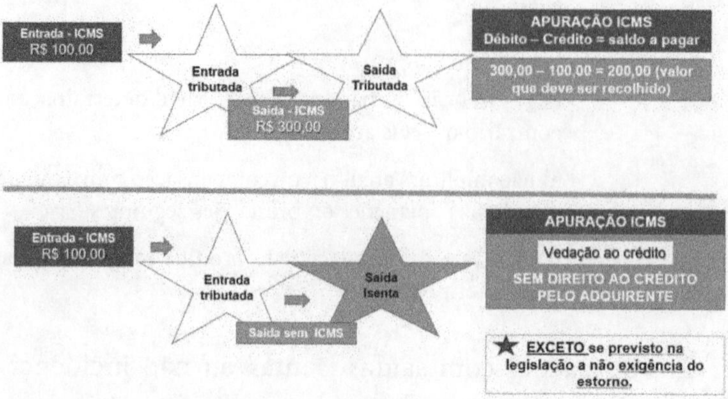

Fonte: Elaborada pelos autores.

8.1.1   Regime Tributário – Normal e SIMPLES

O Código de Regime Tributário – CRT identifica o regime de tributação a que está sujeito o contribuinte do ICMS ou do IPI, devendo ser preenchido de acordo com o Anexo III do Convênio s/n de 1970 e interpretado de acordo com as respectivas Normas Explicativas.

Vejamos a tabela do Convênio s/n 70, Anexo III:

ANEXO III

CÓDIGO DE REGIME TRIBUTÁRIO - CRT

1 – Simples Nacional

2 – Simples Nacional – excesso de sublimite da receita bruta

3 – Regime Normal

4 – Simples Nacional – Microempreendedor Individual – MEI

NOTA EXPLICATIVA:

1. O código 1 será preenchido pelo contribuinte quando for optante pelo Simples Nacional.

2. O código 2 será preenchido pelo contribuinte optante pelo Simples Nacional, mas que tiver ultrapassado o sublimite de receita bruta fixado pelo estado ou pelo Distrito Federal e estiver impedido de recolher o ICMS/ISS por esse regime, conforme arts. 19 e 20 da Lei Complementar nº 123/06.

3. O código 3 será preenchido pelo contribuinte que não estiver na situação 1, 2 ou 4.

4. O código 4 será preenchido pelo contribuinte optante pelo Simples Nacional, enquadrado no Sistema de Recolhimento em Valores Fixos Mensais dos Tributos Abrangidos pelo Simples Nacional –SIMEI.

Em regra, somente os contribuintes enquadrados no Regime Tributário Normal e aqueles que saíram do Simples Nacional para efeitos do ICMS (códigos 1 e 2 acima) podem compensar com créditos os valores dos débitos.

Vale ressaltar que as microempresas e as de pequeno porte optantes pelo Simples Nacional não farão jus à apropriação nem transferirão créditos relativos aos impostos ou contribuições abrangidas pelo Simples Nacional.

Exceção a essa regra, encontramos as aquisições de insumos ou mercadorias para revenda pelo contribuinte do regime normal que poderá abater do ICMS a pagar o valor do imposto mencionado pelo optante do Simples no documento fiscal, nos termos do artigo 23, a seguir transcrito:

LC 123/06

Art. 23. As microempresas e as empresas de pequeno porte optantes pelo Simples Nacional não farão jus à apropriação nem transferirão créditos relativos a impostos ou contribuições abrangidos pelo Simples Nacional.

§ 1º As pessoas jurídicas e aquelas a elas equiparadas pela legislação tributária não optantes pelo Simples Nacional terão direito a crédito correspondente ao ICMS incidente sobre as suas aquisições de mercadorias de microempresa ou empresa de pequeno porte optante pelo Simples Nacional, desde que destinadas à comercialização ou industrialização e observado, como limite, o ICMS efetivamente devido pelas optantes pelo Simples Nacional em relação a essas aquisições.

§ 2º A alíquota aplicável ao cálculo do crédito de que trata o § 1º deste artigo deverá ser informada no documento fiscal e corresponderá ao percentual de ICMS previsto nos Anexos I ou II desta Lei Complementar para a faixa de receita bruta a que a microempresa ou a empresa de pequeno porte estiver sujeita no mês anterior ao da operação.

§ 3º Na hipótese de a operação ocorrer no mês de início de atividades da microempresa ou empresa de pequeno porte optante pelo Simples Nacional, a alíquota aplicável ao cálculo do crédito de que trata o § 1º deste artigo corresponderá ao percentual de ICMS referente à menor alíquota prevista nos Anexos I ou II desta Lei Complementar.

§ 4º Não se aplica o disposto nos §§ 1º a 3º deste artigo quando:

I – a microempresa ou empresa de pequeno porte estiver sujeita à tributação do ICMS no Simples Nacional por valores fixos mensais;

II – a microempresa ou a empresa de pequeno porte não informar a alíquota de que trata o § 2º deste artigo no documento fiscal;

III – houver isenção estabelecida pelo Estado ou Distrito Federal que abranja a faixa de receita bruta a que a microempresa ou a empresa de pequeno porte estiver sujeita no mês da operação.

IV – o remetente da operação ou prestação considerar, por opção, que a alíquota determinada na forma do *caput* e dos §§ 1º e 2º do art. 18 desta Lei Complementar deverá incidir sobre a receita recebida no mês.

§ 5º Mediante deliberação exclusiva e unilateral dos Estados e do Distrito Federal, poderá ser concedido às pessoas jurídicas e àquelas a elas equiparadas pela legislação tributária não optantes pelo Simples Nacional crédito correspondente ao ICMS incidente sobre os insumos utilizados nas mercadorias adquiridas de indústria optante pelo Simples Nacional, sendo vedado o estabelecimento de diferenciação no valor do crédito em razão da procedência dessas mercadorias.

8.2 Lei Complementar nº 87/96 e a Não Cumulatividade

Por força constitucional, a regulamentação de determinadas normas se dá por meio de Lei Complementar. Em se tratando da não cumulatividade do ICMS, a carta Magna estabeleceu que a Lei Complementar disciplinaria o tema, conforme segue:

CF/88 – Art. 155, § 2º

XII – cabe à lei complementar:

[...]

c) disciplinar o regime de compensação do imposto;

[...]

f) prever casos de manutenção de crédito, relativamente à remessa para outro Estado e exportação para o exterior, de serviços e de mercadorias;

g) regular a forma como, mediante deliberação dos Estados e do Distrito Federal, isenções, incentivos e benefícios fiscais serão concedidos e revogados.

[...]

As letras "c", "f", "g" (acima), dispõem a respeito do regime de compensação do imposto, preveem os casos de manutenção de crédito e a regulamentação benefícios fiscais.

Assim, para fins de atendimento da Constituição Federal, foi publicada a Lei Complementar nº 87/96[3], também conhecida com o Lei Kandir, que disciplinou os diversos elementos tributários para que as Unidades Federadas pudessem instituir o ICMS, entre eles as possibilidades de crédito.

As regras estabelecidas na Lei Complementar devem ser veiculadas em Lei ordinária de cada Unidade Federada, portanto, para que o ICMS possa ser exigido ou majorado, devem ser publicadas Leis estaduais com a observância dos princípios constitucionais e as limitações no poder de tributar[4], previstos na Constituição Federal. Nesse sentido, vejamos o que diz o ilustre José Eduardo Soares de Mello[5]:

> [...] imprescindível a edição da Lei ordinária para que as normas da LC 102 sejam incorporadas à legislação dos Estados, e do Distrito Federal, em razão do que serão desprovidas de legitimidade os respectivos atos emanados pelo Executivo (Decretos, Portarias, Resoluções, Comunicados etc.), sem amparo em nova Lei.

Destaca-se que há outras leis disciplinando temas específicos, como, por exemplo, as Leis Complementares 24/75 e 160/2017 que tratam a respeito de benefícios fiscais.

---

3   LC 87/96 – Dispõe sobre o imposto dos Estados e do Distrito Federal sobre operações relativas à circulação de mercadorias e sobre prestações de serviços de transporte interestadual e intermunicipal e de comunicação, e dá outras providências. (LEI KANDIR).

4   CF/88 – Art. 150.

5   MELO, José Eduardo Soares de; LIPPO, Luiz Francisco. *A não cumulatividade tributária*. 3ª ed. São Paulo: Dialética, 2008.

8.2.1   Direito ao crédito

Ao tratar da não cumulatividade do ICMS, o texto constitucional, além de definir o que seria não cumulativo[6], estabeleceu que a Lei Complementar trataria das disposições gerais a respeito da não cumulatividade.

O artigo 19 da Lei Complementar n° 87/96 ao dispor sobre a não cumulatividade, praticamente repete o disposto constitucional, vejamos:

> **LC 87/96 – Art. 19.** O imposto é não-cumulativo, compensando-se o que for devido em cada operação relativa à circulação de mercadorias ou prestação de serviços de transporte interestadual e intermunicipal e de comunicação com o montante cobrado nas anteriores pelo mesmo ou por outro Estado.

Os tributos não cumulativos são aqueles que não incidem sobre o mesmo tributo recolhido na etapa anterior. Já o artigo 20 da LC/87/96, assegura o direito ao crédito de ICMS a entrada de mercadorias reais ou simbólicas, inclusive de materiais de uso e consumo ou de ativo permanente:

> **LC 87/96 – Art. 20.** Para a compensação a que se refere o artigo anterior, é assegurado ao sujeito passivo o direito de creditar-se do imposto anteriormente cobrado em operações de que tenha resultado a entrada de mercadoria, real ou simbólica, no estabelecimento, inclusive a destinada ao seu uso ou consumo ou ao ativo permanente, ou o recebimento de serviços de transporte interestadual e intermunicipal ou de comunicação.

Pela leitura do respectivo artigo, em seus parágrafos seguintes, conclui-se que a Lei Complementar n° 87/96 vetou o direito

---

6   CF/88 – Art. 155§ 2°.

ao crédito dos serviços ou mercadorias que fossem utilizados em fins alheios à atividade empresarial, vejamos:

LC 87/96 – Art. 20

§ 1º Não dão direito a crédito as entradas de mercadorias ou utilização de serviços resultantes de operações ou prestações isentas ou não tributadas, ou que se refiram a mercadorias ou serviços alheios à atividade do estabelecimento.

§ 2º Salvo prova em contrário, presumem-se alheios à atividade do estabelecimento os veículos de transporte pessoal.

O ilustre doutrinador Ives Gandra da Silva Martins[7], entende que a disposição do artigo 20, § 1º da respectiva Lei Complementar, se aproxima do conceito de não cumulatividade da Constituição Federal/88, nos termos do artigo 155, parágrafo 2º, inciso I, conforme disposto a seguir:

[...]

Definiu que todos os bens e insumos necessários à produção de um bem destinado à circulação e ao consumo, necessariamente geram direito ao crédito na operação posterior, em relação ao montante incidente sobre a operação anterior.

Definiu, portanto, claramente, que tirante as despesas de administração de uma empresa, tudo aquilo que, direta ou indiretamente, entre tributado no processo produtivo de um bem destinado ao consumo final, gera crédito, que deve ser deduzido ou compensando-se com o débito do imposto incidente na saída deste bem.

---

7   MARTINS, Ives Gandra da Silva. *Direito ao crédito do ICMS por utilização direta e indireta, de insumos no processo de produção de mercadoria sujeita ao tributo. O princípio da supremacia da* Constituição. Aplicação do Direito no Tempo. O conteúdo dos vocábulos "uso" e "consumo" – Revista Dialética de Direito Tributário, n. 157. 2008.

Além disso, o § 3º e seus incisos da LC 87/96 determinam que para integração ou consumo no processo produtivo, bem como para comercialização ou a prestação de serviço, a mercadoria entrada no estabelecimento ou a prestação de serviços sujeita ao ICMS darão direito ao crédito, salvo se a saída for isenta ou não incidir o imposto, vejamos:

> § 3º É vedado o crédito relativo a mercadoria entrada no estabelecimento ou a prestação de serviços a ele feita:
>
> I – para integração ou consumo em processo de industrialização ou produção rural, quando a saída do produto resultante não for tributada ou estiver isenta do imposto, exceto se tratar-se de saída para o exterior;
>
> II – para comercialização ou prestação de serviço, quando a saída ou a prestação subsequente não forem tributadas ou estiverem isentas do imposto, exceto as destinadas ao exterior.

Consequentemente, o contribuinte, nesses casos, deverá estornar o crédito do ICMS da aquisição de bens alheios à atividade do contribuinte, de acordo com o artigo 21, inciso III da LC 87/96:

> Art. 21. O sujeito passivo deverá efetuar o estorno do imposto de que se tiver creditado sempre que o serviço tomado ou a mercadoria entrada no estabelecimento:
>
> I – for objeto de saída ou prestação de serviço não tributada ou isenta, sendo esta circunstância imprevisível na data da entrada da mercadoria ou da utilização do serviço;
>
> II – for integrada ou consumida em processo de industrialização, quando a saída do produto resultante não for tributada ou estiver isenta do imposto;
>
> III – vier a ser utilizada em fim alheio à atividade do estabelecimento.

Entretanto há situações que o legislador permite manter o crédito mesmo que ocorra a saída com isenção ou não incidência. Trata-se dos benefícios fiscais acordados em Convênios ou com previsão constitucional, como, por exemplo, a não incidência nas exportações e a possibilidade de manter crédito.[8]

8.2.2 Benefícios Fiscais

Não há impedimento Constitucional para que os Estados concedam benefícios fiscais, desde que esses incentivos sigam as regras estabelecidas na Constituição Federal. Entretanto, por algum tempo, os Estados com o intuito de atrair as empresas para sua localidade ofereceram aos contribuintes determinados benefícios fiscais sem obedecer às regras constitucionais, as quais relacionamos a seguir.

Trata-se de incentivos ou benefícios sem fundamento em Convênios, em outras palavras, são concedidos pela Unidade Federada (Estado ou Distrito Federal) sem autorização das demais Unidades Federadas, também chamado de benefício unilateral.

Se o Estado de origem concede um benefício sem Convênio (benefício unilateral), o de destino receberá um valor como "crédito" que não corresponderá o valor do ICMS pago na etapa anterior. Na visão dos Estados de destino, o valor renunciado pelo de origem deveria ser abatido do crédito passível de compensação pelo mecanismo da não cumulatividade.

---

8   CF/88 – Art. 155, § 2º, X, a.

Vejamos um exemplo hipotético:

Figura 8.2

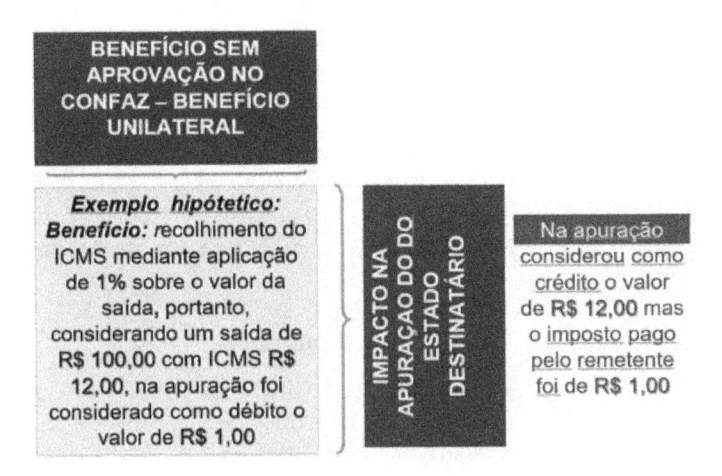

Fonte: Elaborada pelo autor.

Portanto, é pacífica a jurisprudência de que não há possibilidade de tomada de crédito pelo destinatário do ICMS destacado em documento fiscal de aquisição de mercadoria de estabelecimento localizado em outra Unidade Federada não pago ao respectivo Estado remetente em virtude de benefício fiscal sem amparo em Convênio.

Nesse sentido, a CF/88 prevê que o Estado deverá conceder benefícios fiscais através de Lei, e ainda observar as regras da Lei Complementar:

> **CF/88 – Art. 150 –** § 6º Qualquer subsídio ou isenção, redução de base de cálculo, concessão de crédito presumido, anistia ou remissão, relativos a impostos, taxas ou contribuições, só poderá ser concedido mediante lei específica, federal, estadual ou municipal, que regule exclusivamente

as matérias acima enumeradas ou o correspondente tributo ou contribuição, sem prejuízo do disposto no art. 155, § 2º, XII, g.

Vejamos o que dispõe o art. 155, § 2º, XII, g, da Constituição Federal:

> **CF/88 – Art. 155.** Compete aos Estados e ao Distrito Federal instituir impostos sobre:
>
> [...]
>
> § 2º O imposto previsto no inciso II atenderá ao seguinte:
>
> [...]
>
> XII – cabe à lei complementar:
>
> g) regular a forma como, mediante deliberação dos Estados e do Distrito Federal, isenções, incentivos e benefícios fiscais serão concedidos e revogados.

A Lei Complementar que cumpriu o exigido do inciso "g" acima mencionado é a LC 24/75, que dispõe sobre os convênios para a concessão de isenções ICMS foi recepcionada pelo atual sistema tributário e merece sua análise, em especial seus artigos 1º e 2º, conforme segue:

> **LC 24/75 – Art. 1º** - As isenções do imposto sobre operações relativas à circulação de mercadorias serão concedidas ou revogadas nos termos de convênios celebrados e ratificados pelos Estados e pelo Distrito Federal, segundo esta Lei.
>
> Parágrafo único – O disposto neste artigo também se aplica:
>
> I – à redução da base de cálculo;
>
> II – à devolução total ou parcial, direta ou indireta, condicionada ou não, do tributo, ao contribuinte, a responsável ou a terceiros;
>
> III – à concessão de créditos presumidos;

IV – à quaisquer outros incentivos ou favores fiscais ou financeiro-fiscais, concedidos com base no Imposto de Circulação de Mercadorias, dos quais resulte redução ou eliminação, direta ou indireta, do respectivo ônus;

V – às prorrogações e às extensões das isenções vigentes nesta data.

LC 24/75 – Art. 2º – Os convênios a que alude o art. 1º, serão celebrados em reuniões para as quais tenham sido convocados representantes de todos os Estados e do Distrito Federal, sob a presidência de representantes do Governo federal.

§ 1º – As reuniões se realizarão com a presença de representantes da maioria das Unidades da Federação.

§ 2º – A concessão de benefícios dependerá sempre de decisão unânime dos Estados representados; a sua revogação total ou parcial dependerá de aprovação de quatro quintos, pelo menos, dos representantes presentes.

§ 3º – Dentro de 10 (dez) dias, contados da data final da reunião a que se refere este artigo, a resolução nela adotada será publicada no Diário Oficial da União.

Assim, para que surja uma isenção é necessário haver aprovação por unanimidade dos presentes à reunião. Se um Estado se sentir prejudicado, não assinará o Convênio e, como consequência, nenhum Estado poderá conceder o benefício fiscal.

Conforme os artigos seguintes da LC 24/75[9], mesmo após o Convênio ser assinado por unanimidade dos presentes, esse será publicado no Diário Oficial da União e todos os Estados, inclusive os ausentes, terão 15 dias de prazo para ratificá-lo ou rejeitá-lo, mediante publicação de um Decreto no respectivo Diário Oficial do Estado. A não publicação configura ratificação tácita. Após ratificação nacional, cada Estado, por meio de Decreto, incorpora o benefício em sua legislação interna.

---

9   Ver artigos 3º a 16 da LC 24/75.

O Convênio poderá ser autorizativo ou impositivo. No primeiro caso, caberá ao Estado a decisão de inserir ou não em sua legislação interna, exemplo: "Ficam os Estado autorizados a conceder isenção para...". Já o impositivo o obriga a cumprir o que foi estabelecido após a ratificação: "Fica concedida isenção para...".

Por muitos anos, a maioria dos Estados concederam benefícios fiscais à revelia da regra Constitucional, ou seja, sem respaldo em Convênios celebrados no âmbito do Confaz. Vale constar que, em operações interestaduais em que o contribuinte remetente tem tais benefícios, é comum os Estados destinatários glosarem parte do crédito para o contribuinte destinatário.

A Lei Complementar n° 160/2017, com o objetivo de acabar com a guerra fiscal, apresentou a possibilidade de os estados e o Distrito Federal instituírem convênio para deliberar sobre a remissão dos créditos tributários, constituídos ou não, decorrentes das isenções, dos incentivos e dos benefícios fiscais ou financeiro-fiscais instituídos em desacordo com o disposto na Constituição Federal de 1988 , art. 155, § 2º, XII, "g" e a reinstituição das respectivas isenções, dos incentivos e benefícios fiscais ou financeiro-fiscais.

Vejamos um gráfico a respeito:

Figura 8.3

CF/88 - Art. 155 - § 2º, inciso XII, g	→	Cabe a LC

Lei Complementar 24/75

Tem que ter Convênio

Lei Complementar 160/2017

Dispõe sobre a celebração de um Convênio para tratar sobre os benefícios concedidos em desacordo com a CF

Criação do **Portal Nacional da Transparência Tributária ("PNTT")** – site confaz

Convênio ICMS 190/2017

Fonte: Elaborado pelos autores.

8.2.2.1 Benefícios concedidos em desacordo com a CF/88

No Confaz – Conselho Nacional de Política Fazendária, entre as suas diversas funções, encontramos a garantia e estrutura necessária para realizar a análise e a regularização dos benefícios fiscais já concedidos[10]. Sendo assim, esses benefícios decorrem de acordos, chamados de Convênios, firmados entre as diversas Unidades da Federação no âmbito do Confaz e contempla determinadas operações privilegiadas por interesses regionais e/ou nacionais.

Sua concessão, em cada Estado, geralmente é condicionada a destinação, utilização ou até mesmo procedência do produto ou da prestação do serviço. O prazo de vigência e as condições sempre devem ser observados e o dispositivo legal de concessão do benefício deve ser mencionado na NFe e no DANFe.

---

10   Site do Confaz: https://www.confaz.fazenda.gov.br.

Com o objetivo de acabar com a guerra fiscal, a Lei Complementar n° 160/2017 trouxe a possibilidade de os Estados e o Distrito Federal instituírem Convênio para deliberar sobre a remissão dos créditos tributários, constituídos ou não, decorrentes das isenções, incentivos e benefícios fiscais ou financeiro-fiscais estabelecidos em desacordo com o disposto na Constituição Federal de 1988, e sobre a reinstituição desses benefícios[11].

Desse modo, foi publicado o Convênio n° 190/2017, dispondo:

> Dispõe, nos termos autorizados na Lei Complementar n° 160, de 7 de agosto de 2017, sobre a remissão de créditos tributários, constituídos ou não, decorrentes das isenções, dos incentivos e dos benefícios fiscais ou financeiro-fiscais instituídos em desacordo com o disposto na alínea **"g" do inciso XII do § 2° do art. 155 da** Constituição Federal**, bem como sobre as correspondentes reinstituições.**

Após o Convênio n° 190/2017, podemos encontrar no site do Confaz o Portal Nacional de transparência tributária, com o registro dos benefícios concedidos pelas Unidades Federadas que foram concedidos de forma unilateral. Para tanto, foram necessárias as providências elencadas na Cláusula segunda do Convênio ICMS 190/2017, conforme segue:

Convênio ICMS 190/2017

Cláusula segunda As unidades federadas, para a remissão, para a anistia e para a reinstituição de que trata este convênio, devem atender as seguintes condicionantes:

I – publicar, em seus respectivos diários oficiais, relação com a identificação de todos os atos normativos, conforme modelo constante no Anexo Único, relativos aos benefícios

---

11   CF/88 – art. 155, § 2°, XII, "g".

fiscais, instituídos por legislação estadual ou distrital publicada até 8 de agosto de 2017, em desacordo com o disposto na alínea "g" do inciso XII do § 2º do art. 155 da Constituição Federal;

II – efetuar o registro e o depósito, na Secretaria Executiva do Conselho Nacional de Política Fazendária – CONFAZ, da documentação comprobatória correspondente aos atos concessivos dos benefícios fiscais mencionados no inciso I do caput desta cláusula, inclusive os correspondentes atos normativos, que devem ser publicados no Portal Nacional da Transparência Tributária instituído nos termos da cláusula sétima e disponibilizado no sítio eletrônico do CONFAZ.

Quanto ao prazo de validade dos benefícios, a Cláusula décima do Convênio ICMS 190/2017 estabelece que os benefícios concedidos serão validos até 31/12/2032, conforme segue:

Conv. 190/2017

Cláusula décima As unidades federadas que editaram os atos e que atenderam as exigências previstas na cláusula segunda ficam autorizadas a conceder ou prorrogar os benefícios fiscais, nos termos dos atos vigentes na data da publicação da ratificação nacional deste convênio, desde que o correspondente prazo de fruição não ultrapasse:

I – 31 de dezembro de 2032, quanto àqueles destinados ao fomento das atividades agropecuária e industrial, inclusive agroindustrial, e ao investimento em infraestrutura rodoviária, aquaviária, ferroviária, portuária, aeroportuária e de transporte urbano, bem como quanto àqueles destinados a templos de qualquer culto e a entidades beneficentes de assistência social;

II – 31 de dezembro de 2032, quanto àqueles destinados à manutenção ou ao incremento das atividades portuária e aeroportuária vinculadas ao comércio internacional, incluída a operação subsequente à da importação, praticada pelo contribuinte importador;

III – 31 de dezembro de 2032, quanto àqueles destinados à manutenção ou ao incremento das atividades comerciais, desde que o beneficiário seja o real remetente da mercadoria;

IV – 31 de dezembro de 2032, quanto àqueles destinados às operações e prestações interestaduais com produtos agropecuários e extrativos vegetais in natura;

V – 31 de dezembro de 2018, quanto aos demais.

8.3   Vedação ao crédito

Nos termos do artigo 155, § 2º, da CF/88, as operações isentas[12] ou a não incidência exigem a anulação do crédito, entretanto a legislação utiliza a expressão "salvo determinação em contrário da legislação":

CF/88 – Art. 155, § 2º

[...]

II – a isenção ou não incidência, salvo determinação em contrário da legislação:

a) não implicará crédito para compensação com o montante devido nas operações ou prestações seguintes;

b) acarretará a anulação do crédito relativo às operações anteriores;

Como podemos observar, a disposição constitucional estabelece que as aquisições com isenção ou não incidência não darão direito ao crédito do ICMS para o adquirente, uma vez que não houve imposto cobrado na operação anterior. Por outro lado, quem adquire com ICMS, mas, no momento da saída a operação não será tributada por conta de uma isenção ou não incidência, deve anular o crédito da operação anterior.

---

12   Isenção é a dispensa legal do pagamento do tributo, pois o fato gerador ocorre, mas a Lei isenta o contribuinte do pagamento do tributo.

Há exceções em não realizar o estorno do crédito. Trata-se de benefícios concedidos com isenção ou isenção parcial (no caso de redução de base de cálculo), desde que no Convênio que concedeu o benefício esteja expresso a possibilidade de manter o crédito, ou seja, a não exigência de anular o crédito tomado mesmo que a operação de saída seja isenta ou não tributada.

A possibilidade de manter o crédito também poderá ser através de previsão Constitucional, como é o caso das exportações, vejamos:

> **CF/88, Artigo 155, § 2º**
>
> X – não incidirá:
>
> a) sobre operações que destinem mercadorias para o exterior, nem sobre serviços prestados a destinatários no exterior, **assegurada a manutenção e o aproveitamento do montante do imposto cobrado nas operações e prestações anteriores**; (grifo nosso).

A título de exemplo, o Convênio ICMS 78/92 estabelece a isenção do ICMS nas doações de mercadorias para a Secretaria da Educação. Em atenção a cláusula primeira que dispõe: "dispensada o estorno do crédito fiscal", vejamos:

CONVÊNIO ICMS 78/92

Figura 8.4

Autoriza os Estados e o Distrito Federal a não exigir o imposto nas doações de mercadorias, por contribuintes do imposto, à Secretaria da Educação.

O Ministro da Economia, Fazenda e Planejamento e os Secretários de Fazenda, Economia ou Finanças dos Estados e do Distrito Federal, na 23ª Reunião Extraordinária do Conselho Nacional de Política Fazendária, realizada em Brasília, DF, no dia 30 de julho de 1992, tendo em vista o disposto na Lei Complementar nº 24, de 7 de janeiro de 1975, resolvem celebrar o seguinte

CONVÊNIO

Cláusula primeira Ficam os Estados e o Distrito Federal autorizados a não exigir o imposto incidente sobre a doação de mercadorias, em operações internas e interestaduais, por contribuintes do imposto, à Secretaria da Educação, para distribuição, também por doação, à rede oficial de ensino, dispensado o estorno do crédito fiscal.

Cláusula segunda Este Convênio entra em vigor na data da publicação de sua ratificação nacional, produzindo efeitos até 31 de dezembro de 1993.

Brasília, DF, 30 de julho de 1992.

Fonte: Convênio ICMS 78/92.

Portanto, alguns benefícios fiscais permitem manter o crédito do ICMS, mesmo com a saída sem tributação.

8.4   Manutenção do crédito

Há operações que permitem manter o crédito do ICMS, mesmo com a saída sem tributação. Para isso, se faz necessário analisar o Convênio que concedeu o benefício ou a previsão constitucional. Na norma, deverá estar prevista expressamente a "manutenção do crédito" ou a "não exigência do estorno". Ressalta-se que se a norma nada dispor, o estorno do crédito tomado deverá ser feito pelo contribuinte, conforme estabelece a Constituição Federal.

Portanto, sempre que há um benefício fiscal, o dispositivo concessivo trará essa disposição expressa de manutenção do crédito, pois se não houver, não será possível a permanência do crédito na escrita, devendo o contribuinte proceder o seu estorno, no período de apuração em que deu a saída da mercadoria sem a tributação.

8.5   Estorno do crédito

O estorno do crédito deverá acontecer quando a operação de saída não for tributada pelo imposto, sendo esta circunstância imprevisível na data da entrada da mercadoria ou da utilização do serviço.

Ainda há hipóteses de estorno no caso da mercadoria ou serviço adquirido sofrer um perecimento, deterioração ou extravio. Também nos casos da mercadoria ser utilizada para fins alheios à atividade do estabelecimento. A Legislação da Unidade Federada deverá ser analisada para adotar os procedimentos do estorno do crédito.

8.6   Créditos do ICMS

O ICMS cobrado na operação anterior é segregado contabilmente do valor da mercadoria em estoque. O vocábulo "cobrado" corresponde ao imposto "devido" na operação anterior, que foi calculado e somado ao valor da operação e "destacado" na Nota Fiscal de entrada.

O ilustre doutrinado Hugo de Brito Machado[13], em sua obra, nos ensina que:

> A palavra 'pago' deve ser entendida como 'incidente, ou 'devido' relativamente às operações anteriores. Para que se apure a diferença de que trata o art. 36, supra, não se terá em conta o imposto efetivamente pago nas operações anteriores, mas o imposto incidente, ou devido. Não se há de indagar se foi ou não efetuado o seu recolhimento.
>
> [...]
>
> De resto, hoje é pacífica a doutrina no sentido de que o crédito do ICMS relativo à operação anterior é o correspondente ao valor devido, e não ao valor efetivamente pago. O não pagamento, como assevera Sacha Calmom, é um problema de fiscalização, ônus da Fazenda Pública e não pode ser atribuído ao contribuinte adquirente, salvo os casos de conluio.

Desse modo, o contribuinte do ICMS lançará em seus livros fiscais os débitos e créditos. É uma espécie de conta corrente, também chamada de "conta gráfica", sendo que as operações de saídas gera um débito fiscal e as de entradas um crédito fiscal.

Ao final do período de apuração[14], em regra mensal, faz o encontro dos débitos e créditos para apuração do imposto a ser recolhido pelo contribuinte. Este tem obrigações acessórias que devem ser cumpridas observando a legislação de cada Unidade Federada.

No entanto, **não são todas as entradas que geram direito ao crédito.** Geralmente, são passíveis de crédito do ICMS as aquisições de insumos, de serviços de transporte, os serviços de

---

13   MACHADO, Hugo de Brito. *Utilização de créditos de ICMS antes do pagamento.* Revista Dialética de Direito Tributário. V. 55. São Paulo: Dialética, 2000, p-87-88.

14   A apuração com regra geral é mensal.

comunicação (para empresas que exportam), a energia elétrica utilizada na produção, as operações de revenda e as aquisições de ativos imobilizados utilizados na produção ou na atividade comercial.

Por outro lado, as aquisições de uso ou consumo não geram direito ao crédito do ICMS. Vale comentar que a classificação de uma mercadoria como insumo, material de uso ou consumo é determinada pela atividade exercida pelo estabelecimento. Além disso, o direito ao crédito extingue-se após 5 anos, contados da data da emissão do documento fiscal.

Ainda, há regras específicas para a tomada de crédito de cada um dos itens relacionados acima, que serão explicados nos subitens a seguir.

8.6.1   Aquisições de insumos

Para fins do ICMS, não é qualquer insumo que gera direito ao crédito desse imposto. O artigo 20, da Lei Complementar n° 87/96 limita-se a mencionar a permissão sobre apropriação de créditos oriundos e entrada de insumos aplicados no processo de industrialização de produto com saída tributada pelo ICMS. A interpretação do referido artigo tem gerado conflitos entre Fisco e Contribuintes, com discussões sobre quais insumos podem, ou não, ser passíveis de crédito quando empregados no processo produtivo.

Nessa perspectiva, o Estado de São Paulo publicou algumas decisões normativas que trazem o conceito de insumos e a possibilidade de tomada de crédito. Destaca-se as DN 2/1982 e 1/2001. Esta última define que "Insumos são os ingredientes da produção", mas há quem limite a palavra aos "produtos intermediários" que, não sendo matérias-primas, são empregados ou se consomem no processo de produção". Nessa linha, temos como exemplo o material secundário ou intermediário, o material de embalagem, o combustível e a energia elétrica, consumidos no processo industrial ou empregados para integrar o produto objeto da atividade de industrialização, própria do contribuinte ou para terceiros, ou empregados na atividade de prestação de serviços.

Ademais, entre outros, têm-se ainda, a título de exemplo, os seguintes insumos que se desintegram totalmente no processo produtivo de uma mercadoria ou são utilizados nesse mesmo processo para limpeza, identificação, desbaste, solda etc.: lixas, discos de corte ou de lixa, eletrodos, oxigênio e acetileno, escovas de aço, estopa, materiais para uso em embalagens em geral – tais como etiquetas, fitas adesivas, fitas crepe, papéis de embrulho, sacolas, materiais de amarrar ou colar (barbantes, fitas, fitilhos, cordões e congêneres), lacres, isopor utilizado no isolamento e proteção dos produtos no interior das embalagens, e tinta, giz, pincel atômico e lápis para marcação de embalagens –; óleos de corte, rebolos, modelos/matrizes de isopor utilizados pela indústria, produtos químicos utilizados no tratamento de água afluente e efluente e no controle de qualidade e de teste de insumos e de produtos.

Vejamos um trecho da Resposta Consulta 22.524/2020, publicada no site da Secretaria da Fazenda do Estado de São Paulo em 07/01/2021[15], com a definições de matéria-prima, produto intermediário, e produto secundário embasado na DN CAT 2/1982:

---

15   Disponível em: https://legislacao.fazenda.sp.gov.br.

SEFAZ/SP – RC 22.524/2020 – Trechos[16]

[...]

7. Isso posto, cabe informar que esta Consultoria Tributária tem tradicionalmente adotado os conceitos constantes da Decisão Normativa CAT-2/1982 quanto ao significado das expressões "material (ou produto) secundário", "matéria-prima" e "material (ou produto) intermediário", abaixo transcritos:

"Assim é que,

1 – Matéria-prima é, em geral, toda a substância com que se fabrica alguma cousa e da qual é obrigatoriamente parte integrante. Exemplos: o minério de ferro, na siderurgia, integrante do ferro-gusa; o calcário, na industrialização do cimento, parte integrante do novo produto cimento; o bambu ou o eucalipto, na indústria da autora, integrantes do novo produto – papel etc.

2 – Produto Intermediário (assim denominado porque proveniente de indústria intermediária própria ou não) é aquele que compõe ou integra a estrutura físico-química do novo produto, via de regra sem sofrer qualquer alteração em sua estrutura intrínseca. Exemplos: pneumáticos na indústria automobilística e dobradiças, na marcenaria, compondo ambos os respectivos produtos novos (sem que sofram qualquer alteração em suas estruturas intrínsecas) – o automóvel e o mobiliário; a cola, ainda na marcenaria, que, muito embora alterada em sua estrutura intrínseca, vai integrar o novo produto – mobiliário.

3 – Produto secundário é aquele que, consumido no processo de industrialização, não se integra no novo produto. Exemplos: calcário CaCo3 (que na indústria do cimento é matéria-prima), na siderurgia é "produto secundário", porquanto somente usado para extração das impurezas do minério de ferro, com as quais se transforma em escória e consome se no processo industrial sem integrar o novo

---

16   SP – Resposta à Consulta Tributária aproveita ao consulente nos termos da legislação vigente. Deve-se atentar para eventuais alterações da legislação tributária.

produto: o ferro gusa; o óleo de linhaça, usado na cerâmica (para o melhor desprendimento da argila na prensa), depois de consumido na queima, não vai integrar o novo produto telha; qualquer material líquido, usado na indústria da autora, que consumido na operação de secagem, deixa de integrar o novo produto papel."

Reiteradamente, por meio de Respostas Consultas, o Fisco Paulista vem se manifestando que somente é possível o crédito do ICMS quando o produto é consumido integralmente no processo produtivo ou integra o produto final, conforme segue:

SEFAZ/SP – RC 22.524/2020 – trechos[17]

9. Indo mais adiante, cabe destacar que, para caracterizar determinada mercadoria como insumo de produção do tipo "material secundário", não basta simplesmente constatar que ela é utilizada diretamente na atividade produtiva, pois há muitas mercadorias que também são utilizadas diretamente no processo produtivo, porém, são classificadas como material de uso e consumo do estabelecimento (levando em conta o disposto no artigo 66, inciso V, do Regulamento do ICMS – RICMS/2000) ou bens do Ativo Imobilizado.

10. Assim, consideramos imprescindível partir de critério técnico e objetivo para classificar determinada mercadoria nesta ou naquela categoria, baseados nos conceitos definidos na referida Decisão Normativa, aplicáveis aos processos industriais, de forma geral.

11. Do conceito extraído da Decisão Normativa CAT-2/1982, conclui-se que, para ser caracterizada como material secundário, determinada mercadoria deve ser integral e instantaneamente consumida durante o processo industrial propriamente dito, sem se integrar fisicamente ao produto fabricado. Por outro lado, processos industriais

---

17 SP – Resposta à Consulta Tributária aproveita ao consulente nos termos da legislação vigente. Deve-se atentar para eventuais alterações da legislação tributária.

propriamente ditos são somente aqueles apontados no artigo 4º, I, do RICMS/2000, ou seja, a transformação, o beneficiamento, a montagem, o acondicionamento ou reacondicionamento e a renovação ou recondicionamento.

12. O exemplo mais fragrante de material secundário segundo esse critério – ou seja, mercadoria que se esgota de maneira instantânea e integral no processo industrial estritamente considerado e que não se insere fisicamente no produto fabricado – é o da energia elétrica consumida no processo industrial.

Em outra Resposta Consulta 23.795/2021, publicada no site da Fazenda/SP, em 12/08/2021, o Fisco paulista definiu insumos de fabricação, aqueles que se consomem imediatamente e integralmente no processo produtivo ou integram o produto final, vejamos:

SEFAZ/SP – RC 23.795/2021 – Trechos:

12. Assim, de acordo com a legislação do ICMS, são considerados insumos de fabricação, entre outros (energia elétrica, por exemplo), aqueles que:

a) Consomem-se imediatamente no processo produtivo;

b) Integram o produto final (insumos de produção).

12.1. Enfatizamos que não geram direito ao crédito as aquisições de materiais que:

c) Desgastam-se ao longo do processo produtivo, sendo que os mesmos devem ser substituídos, após certo tempo, porque perderam suas propriedades;

d) Compõem partes e peças do Ativo Imobilizado, ainda que relativas a maquinário de produção, quando da sua reposição periódica por desgaste ou quebra.

12.2. Os materiais classificados nas letras "c" e "d" são genericamente conhecidos como materiais para uso e consumo do próprio estabelecimento.

Apesar de a DN 1/2001 ter sido publicada há 23 anos, ainda serve de base legal para interpretação Fisco paulistas nas respostas consultas atuais, conforme podemos observar a seguir:

SEFAZ/SP – RC 29308/2024 – Trechos

[...]

4. Ressalte-se que a Decisão Normativa CAT 01/2001 estabeleceu as condições, limites, procedimentos e até mesmo certas cautelas que devem ser observados pelo contribuinte quando da apropriação, como crédito, do valor do ICMS destacado em documento fiscal referente à aquisição de insumos, ativo permanente, energia elétrica, serviços de transporte e de comunicações e combustível.

5. O subitem 3.1 da Decisão Normativa CAT 01/2001 (dentro do Capítulo III – Do Direito ao Crédito do Valor do Imposto) expõe o conceito de insumos que "são os ingredientes da produção, mas há quem limite a palavra aos 'produtos intermediários' que, não sendo matérias-primas, são empregados ou se consomem no processo de produção". Nesse sentido, relaciona alguns exemplos, tais como: a matéria-prima, o material de embalagem, o combustível e a energia elétrica, consumidos no processo industrial ou empregados para integrar o produto objeto da atividade de industrialização.

6. O citado subitem 3.1 traz também, a título de exemplo, alguns insumos que se desintegram totalmente no processo produtivo de uma mercadoria ou são utilizados nesse mesmo processo produtivo para limpeza, identificação, desbaste, solda etc.: lixas; discos de corte; discos de lixa; eletrodos; oxigênio e acetileno; escovas de aço; estopa; materiais para uso em embalagens em geral – tais como etiquetas, fitas adesivas, fitas crepe, papéis de embrulho, sacolas, materiais de amarrar ou colar (barbantes, fitas, fitilhos, cordões e congêneres), lacres, isopor utilizado no isolamento e proteção dos produtos no interior das embalagens, e tinta, giz, pincel atômico e lápis para marcação de embalagens; óleos de corte; rebolos; modelos/matrizes de isopor utilizados pela indústria; produtos químicos utilizados no tratamento de

água afluente e efluente e no controle de qualidade e de teste de insumos e de produtos.

7. Desse modo, verifica-se que, segundo o subitem 3.1 da Decisão Normativa CAT 01/2001, para ser classificado como insumo, determinado produto deve: (i) integrar o produto objeto da atividade de industrialização ou (ii) ser consumido de imediato no processo produtivo industrial.

8. Enfatizamos que não geram direito ao crédito as aquisições de materiais: (i) que se desgastam ao longo de processos produtivos, sendo que os mesmos devem ser substituídos, após certo tempo, porque perderam suas propriedades; e (ii) que compõem partes e peças do ativo imobilizado, ainda que relativas a maquinário de produção, quando da sua reposição periódica por desgaste ou quebra.

8.1. Tais materiais são genericamente conhecidos como materiais para uso e consumo do próprio estabelecimento.

[...]

Assim, conforme posicionamento paulista, para ser classificado como insumo determinado produto deve: (i) integrar o produto objeto da atividade de industrialização ou (ii) ser consumido de imediato no processo produtivo industrial. Por se tratar de uma regra interpretativa, há necessidade de consultar a legislação estadual do local que está estabelecido o contribuinte.

Ressalta-se que as aquisições de insumos ou mercadorias para comercialização de fornecedores do Simples geram direito ao crédito no ICMS, desde que o valor seja informado no campo "informações complementares" do "documento fiscal" de aquisição. (LC 123/06, art. 23, § 1º).

8.6.2   Aquisições de serviços de transporte

O frete (serviço de transporte) contratado pela empresa possibilita a tomada do crédito do ICMS quando tem vínculo direto com o processo produtivo ou à comercialização de mercadorias tributadas.

8.6.3   Aquisições de serviços de comunicação

Até o ano 2000, havia a possibilidade de tomada do crédito do ICMS referentes aos serviços de comunicação utilizados na industrialização ou comercialização. Entretanto, com a publicação da Lei Complementar 102/2000, o crédito ficou restrito, conforme redação do artigo 33:

> **LC 87/96 – Artigo 33**
>
> IV – somente dará direito a crédito o recebimento de serviços de comunicação utilizados pelo estabelecimento
>
> a) ao qual tenham sido prestados na execução de serviços da mesma natureza;
>
> b) quando sua utilização resultar em operação de saída ou prestação para o exterior, na proporção desta sobre as saídas ou prestações totais; e
>
> c) a partir de 1º de janeiro de 2033, nas demais hipóteses.

Observa-se que somente poderá tomar crédito do ICMS aquele que presta serviços de comunicação ou o exportador, esse com regras de proporcionalidade entre o total das operações de saídas com as saídas para o exterior.

8.6.4   Aquisições de energia elétrica

O ICMS referente as contas de energia elétrica geram direito ao crédito, desde que seja consumida no processo de industrialização. Do mesmo modo, a empresa que revende energia elétrica poderá utilizar o crédito do imposto nos termos da Lei Complementar n° 87/96:

> **LC n° 87/96 - Artigo 33**
>
> II - somente dará direito a crédito a entrada de energia elétrica no estabelecimento:
>
> a) quando for objeto de operação de saída de energia elétrica;
>
> b) quando consumida no processo de industrialização;
>
> c) quando seu consumo resultar em operação de saída ou prestação para o exterior, na proporção destas sobre as saídas ou prestações totais; e
>
> d) a partir de 1° de janeiro de 2033, nas demais hipóteses;

O comerciante não poderá tomar crédito, exceto o exportador, proporcionalmente entre o total das operações de saídas com as saídas para o exterior.

8.6.4.1 Energia Elétrica consumida por supermercados e similares

Ao analisar as atividades de supermercados e estabelecimentos similares podemos encontrar algumas atividades de industrialização, como, por exemplo, o setor das padarias. Nessas situações, o efetivo aproveitamento do crédito do ICMS decorrente da aquisição de energia elétrica estará condicionado à apresentação de laudo técnico que demonstre a destinação da energia aos setores que podem se entendidos como industriais.

Com relação ao tema, a Sefaz/SP divulgou a Decisão Normativa 01/07, que possibilita a tomada do crédito do ICMS referente à energia elétrica utilizada em fornos e outros equipamentos industriais junto às padarias de supermercados. O ICMS incidente sobre energia elétrica utilizada para refrigeração, iluminação etc. não gera crédito ao adquirente.

Vale ressaltar que essa Decisão foi publicada pelo Estado de São Paulo, o crédito de energia elétrica utilizada por esses estabelecimentos em outras Unidades Federadas deverá ser consultada.

8.6.5   Operações de revenda

Os bens adquiridos para revenda se revestem da condição de mercadorias, isto é, bens móveis objetos da atividade mercantil e, portanto, inseridos na mercancia. A aquisição de mercadorias gera direito ao crédito do ICMS destacado na Nota Fiscal de aquisição.

Logo, o revendedor que adquiriu a mercadoria para simples revenda também poderá ser creditar do ICMS incidente na operação de aquisição. Destaca-se que, quando se tratar de uma operação sujeita à substituição tributária, não é possível a tomada de crédito pelo revendedor, no caso, o contribuinte substituído.

Entretanto, obedecendo as regras de tomada de crédito, o contribuinte revendedor poderá ser aproveitar do ICMS incidente nas aquisições de serviços de transportes (frete) e de ativo de bens utilizados no seu negócio comercial.

8.7   Aquisição de ativo imobilizado

De acordo com a legislação contábil, o ativo permanente está dividido em investimentos, imobilizado e diferido[18]. No imobilizado, serão classificados os "direitos que tenham por objeto bens destinados à manutenção das atividades da companhia e da empresa, ou exercidos com essa finalidade, inclusive os de propriedade industrial".

---

18   Artigos 178 e 179 da Lei nº 6.404/76.

Nessa mesma linha de raciocínio, o Estado de São Paulo publicou, em 08/11/2000, a Decisão Normativa CAT 2/2000, que traz definições importantes a respeito do conceito de ativo imobilizado versus a possibilidade de crédito do ICMS, vejamos alguns trechos:

SEFAZ/SP – DN CAT 2/2000

[...]

5 – E, no Ativo Imobilizado, ao que aqui nos interessa, serão classificados os "direitos que tenham por objeto bens destinados à manutenção das atividades da companhia e da empresa, ou exercidos com essa finalidade, inclusive os de propriedade industrial" (artigo 179, inciso IV).

6 – "Desta definição, subentende-se que neste grupo de contas do balanço são incluídos todos os bens de permanência duradoura, destinados ao funcionamento normal da sociedade e do seu empreendimento, assim como os direitos exercidos com essa finalidade" ("in" Manual de Contabilidade das Sociedades por Ações – FIPECAFI – Editora Atlas, 1985, pág. 198).

7 – Por sua vez, no Ativo Imobilizado estão os Bens Fixos, que "são aqueles que representam capitais aplicados pela empresa em caráter permanente ou quase permanente e destinados a constituir os meios de produção, com os quais as empresas atingem seu fim", conforme nos ensina Hilário Franco ("in" Contabilidade Industrial – Editora Atlas).

9 – Não obstante esses diversos termos possuam significados distintos, em termos contábeis, no cotidiano e em diversas legislações, e até em decisões emanadas do Poder Judiciário, costuma-se empregá-los como se fossem sinônimos.

10 – Podemos citar, como exemplo, o Regulamento do Imposto de Renda (Decreto 1.041, de 11-1-94), que em seus artigos 242 e seguintes (cuidam dos "Custos, Despesas Operacionais e Encargos" que podem ser deduzidos para fins de cálculo do Imposto de Renda), ora emprega os termos Ativo Permanente, ora utiliza os termos Ativo Imobilizado, os quais, s.m.j., têm as mesmas dicções para a citada norma regulamentar.

Logo, podemos concluir que para fins de crédito do ICMS, consideramos as aquisições de ativo permanente/imobilizado.

Já para a tomada de crédito do ICMS, a LC 87/96 estabeleceu que o crédito é possível para bens de ativo utilizados diretamente em atividades tributadas pelo imposto:

> **LC 87/96**
>
> Art. 20. Para a compensação a que se refere o artigo anterior, é assegurado ao sujeito passivo o direito de creditar-se do imposto anteriormente cobrado em operações de que tenha resultado a entrada de mercadoria, real ou simbólica, no estabelecimento, inclusive a destinada ao seu uso ou consumo ou **ao ativo** permanente, ou o recebimento de serviços de transporte interestadual e intermunicipal ou de comunicação.**(grifo nosso).**
>
> [...]

Também há a possibilidade da tomada do crédito do ICMS nas aquisições de bens de ativo relacionados à produção e/ou comercialização de mercadorias ou prestação de serviços tributadas pelo ICMS:

> **SEFAZ/SP – DN CAT 1/2001**
>
> [...]
>
> 3 – ativo permanente (incluindo o bem objeto de arrendamento mercantil)
>
> Entende a Consultoria Tributária, com fundamento no artigo 20 da Lei Complementar nº 87/96 (artigo 38 da Lei nº 6.374/89), que dão direito a crédito do valor do ICMS apenas os bens relacionados à produção e/ou comercialização de mercadorias ou a prestação de serviços tributadas pelo ICMS, ou seja, quando se tratar dos chamados bens instrumentais, vale dizer, bens que participem, no estabelecimento, do processo de industrialização e/ou comercialização de mercadorias ou da prestação de serviços. Neste

particular, recomenda-se a leitura da Decisão Normativa CAT nº 2, de 7 de novembro de 2000, que bem delineou os aspectos conceituais da dicção ativo permanente.

Por outro lado, não propiciam direito ao crédito, as aquisições de ativos ligados aos departamentos, setores ou seções do estabelecimento onde não se realizam os processos de industrialização ou de comercialização.

8.7.1   Crédito em 48 parcelas

O crédito nas aquisições de ativo será feito em 48 parcelas, proporcionalmente às operações e prestações tributadas. Conforme podemos observar nas disposições do Art. 20, § 5º, da LC 87/96:

> **LC 87/96**
>
> § 5º Para efeito do disposto no caput deste artigo, relativamente aos créditos decorrentes de entrada de mercadorias no estabelecimento destinadas ao ativo permanente, deverá ser observado:
>
> I – a apropriação será feita à razão de um quarenta e oito avos por mês, devendo a primeira fração ser apropriada no mês em que ocorrer a entrada no estabelecimento;
>
> II – em cada período de apuração do imposto, não será admitido o creditamento de que trata o inciso I, em relação à proporção das operações de saídas ou prestações isentas ou não tributadas sobre o total das operações de saídas ou prestações efetuadas no mesmo período;
>
> III – para aplicação do disposto nos incisos I e II deste parágrafo, o montante do crédito a ser apropriado será obtido multiplicando-se o valor total do respectivo crédito pelo fator igual a 1/48 (um quarenta e oito avos) da relação entre o valor das operações de saídas e prestações tributadas e o total das operações de saídas e prestações do período, equiparando-se às tributadas, para fins deste inciso, as saídas

e prestações com destino ao exterior ou as saídas de papel destinado à impressão de livros, jornais e periódicos;

IV – o quociente de um quarenta e oito avos será proporcionalmente aumentado ou diminuído, pro rata die, caso o período de apuração seja superior ou inferior a um mês;

V – na hipótese de alienação dos bens do ativo permanente, antes de decorrido o prazo de quatro anos contado da data de sua aquisição, não será admitido, a partir da data da alienação, o creditamento de que trata este parágrafo em relação à fração que corresponderia ao restante do quadriênio;

VI – serão objeto de outro lançamento, além do lançamento em conjunto com os demais créditos, para efeito da compensação prevista neste artigo e no art. 19, em livro próprio ou de outra forma que a legislação determinar, para aplicação do disposto nos incisos I a V deste parágrafo;

VII – ao final do quadragésimo oitavo mês contado da data da entrada do bem no estabelecimento, o saldo remanescente do crédito será cancelado.

Vejamos um exemplo numérico, trazido pelo Fisco Paulista na DN 1/2001:

Figura 8.5

a)	valor do ICMS constante no documento fiscal	1.200,00
b)	valor do ICMS - diferencial de alíquotas	600,00
	TOTAL DO ICMS	**1.800,00**
c)	valor total das saídas	20.000,00
d)	isenta com manutenção	2.000,00
e)	isenta sem manutenção	5.000,00
f)	tributadas	13.000,00

Fonte: Elaborada pelos autores.

Figura 8.6

$$\{ [(a + b) / 48] . [(d+ f) : c] \} =$$
$$\{ [(R\$ 600,00 + R\$ 1.200,00) / 48] . [(R\$ 2.000,00 + R\$$$
$$13.000,00) : R\$ 20.000,00] \} =$$
$$= \{R\$ 37,50 . [R\$ 15.000,00 : R\$ 20.000,00] \} =$$
$$= \{R\$ 37,50 . 0,75\} = R\$ 28,12$$

Fonte: Elaborada pelos autores.

Neste caso, o valor da parcela do crédito do ICMS será de R\$ 28,12 e não de R\$ 37,50, em decorrência das operações isentas ou não incidentes sem previsão de manutenção do crédito.

Vale comentar que, se o bem deixar de ser utilizado no estabelecimento para o fim a que se destinar antes de haver completado 48 meses, o contribuinte não poderá escriturar as parcelas restantes, a partir da data de ocorrência do fato.

Ademais, há legislações estaduais específicas que permitem o crédito integralmente e de uma só vez, obedecendo critérios estabelecidos na norma interna de cada estado[19], como na ilustração a seguir:

---

19   Como exemplo, RICMS/SP – Art. 29 da DDTT – Atendidas todas as condições, o contribuinte poderá apropriar-se, integralmente e de uma só vez, do crédito do imposto pago na aquisição de bem do Ativo Imobilizado de fabricante localizado no Estado de São Paulo, sem a necessidade de se utilizar do CIAP, nem emitir a Nota Fiscal mensalmente. Também não é preciso realizar a verificação mensal da proporção entre as saídas tributadas e as isentas ou não tributadas para a aferição do crédito.

Figura 8.7

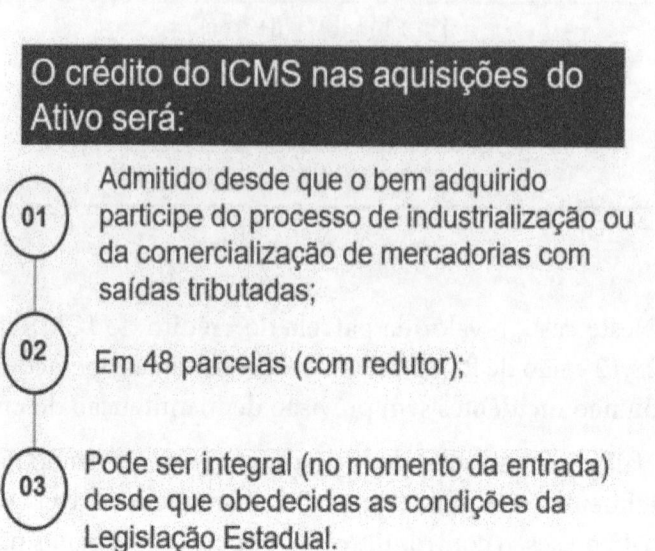

O crédito do ICMS nas aquisições do Ativo será:

01 Admitido desde que o bem adquirido participe do processo de industrialização ou da comercialização de mercadorias com saídas tributadas;

02 Em 48 parcelas (com redutor);

03 Pode ser integral (no momento da entrada) desde que obedecidas as condições da Legislação Estadual.

Fonte: Elaborada pelos autores.

8.7.2   Crédito da DIFAL e do Frete

Nas aquisições interestaduais de bens de ativo, desde que permitido o crédito do ICMS referente ao bem adquirido, o valor que o contribuinte tem direito de se creditar será o resultante da soma do imposto destacado na nota fiscal de aquisição com o montante correspondente ao DIFAL – diferencial de alíquotas recolhido.

O contribuinte do ICMS também tem direito de se creditar do valor do imposto pago no serviço de transporte (frete), considerando que, o adquirente foi o tomador de serviço e a aquisição do bem de ativo dará direito ao crédito.

8.7.3   Lançamento do crédito do ativo imobilizado no CIAP (Bloco G)

O lançamento de crédito do imposto pago na aquisição de bens pertencentes ao Ativo Imobilizado deve ser controlado por meio do CIAP – Controle de Crédito do Ativo Permanente. Trata-se de um bloco de registros dos dados relativos ao CIAP, cujo objetivo é demonstrar o cálculo da parcela do crédito de ICMS apropriada no mês, decorrente da entrada de mercadorias destinadas ao ativo imobilizado, conforme previsto no art. 20, § 5º da Lei Complementar nº 87/96.

G001	Abertura do Bloco G
G110	ICMS – Ativo Permanente - CIAP
G125	Movimentação de bem ou componente do ativo imobilizado
G126	Outros Créditos CIAP
G130	Identificação do documento fiscal
G140	Identificação do item do documento fiscal
G990	Encerramento do Bloco G

Deverá ser consultada a legislação de cada Unidade Federada com relação à obrigatoriedade de emissão de Nota Fiscal (CFOP 1.604)[20] do valor da parcela apurada.

---

20   Conv. s/n 70 – Anexo II – CFOP 1.604 – Lançamento do crédito relativo à compra de bem para o ativo imobilizado – Classificam-se neste código os lançamentos destinados ao registro da apropriação de crédito de bens do ativo imobilizado.

8.7.4   Aquisição de partes e peças destinadas a manutenção de ativos imobilizados

Na aquisição de partes e peças destinadas à manutenção de bens integrantes do ativo imobilizado que servem à atividade fabril ou comercial da empresa, é possível o aproveitamento do crédito do ICMS, observando as regras para cálculo da parcela do crédito. Para isso, é necessário que as partes e peças sejam contabilizadas na conta do próprio ativo.

8.7.5   Momento do crédito do Ativo

O direito ao crédito do ICMS na aquisição de bens para o ativo imobilizado do contribuinte está relacionado à sua efetiva utilização na produção e/ou comercialização de mercadorias ou à prestação de serviços tributada pelo ICMS, ou seja, quando se tratar dos chamados bens instrumentais, caracterizados como bens que participem do processo de industrialização e/ou comercialização de mercadorias ou da prestação de serviços, tais como máquinas, aparelhos e equipamentos industriais (Art. 20 da Lei Complementar nº 87/96).[21]

O valor do ICMS que onera as aquisições de bens destinados ao ativo imobilizados, dar-se-á a partir do momento em que esses bens entrarem em operação para produzirem mercadorias regularmente tributadas no estabelecimento. É importante observar as regras para cálculo do crédito, conforme abordado nos tópicos anteriores.

---

21   Art. 20 da LC 87/96.

8.8   Aquisição de material de uso e consumo

Na leitura do artigo 20 da LC n° 87/96, podemos notar que é permitido o crédito de bens destinados ao uso e consumo:

> **LC n° 87/96**
>
> Art. 20. Para a compensação a que se refere o artigo anterior, é assegurado ao sujeito passivo o direito de creditar-se do imposto anteriormente cobrado em operações de que tenha resultado a entrada de mercadoria, real ou simbólica, no estabelecimento, inclusive a destinada **ao seu uso ou consumo** ou ao ativo permanente, ou o recebimento de serviços de transporte interestadual e intermunicipal ou de comunicação.**(grifo nosso)**
>
> [...]

Porém, o artigo 33 da própria Lei Complementar, estabeleceu prazo de início para utilização e exercício desse direito. Este foi por diversas vezes prorrogado e com a publicação da LC n° 171/2019, o novo prazo é 1 de janeiro de 2033. Ressalta-se que de acordo com a EC 132/2023, a partir de 2033 o ICMS será extinto.

8.9   Condições para tomada do crédito

A Lei Complementar n° 87/96 prevê que o direito ao crédito está condicionado à idoneidade do documento fiscal:

> **LC n° 87/96**
>
> Art. 23. O direito de crédito, para efeito de compensação com débito do imposto, reconhecido ao estabelecimento que tenha recebido as mercadorias ou para o qual tenham sido prestados os serviços, está condicionado à idoneidade da documentação e, se for o caso, à escrituração nos prazos e condições estabelecidos na legislação.

Para que haja direito ao crédito é necessário que o imposto esteja destacado em documento fiscal hábil, emitido por contribuinte em situação regular perante o fisco. Em regra, o imposto deve ser creditado na entrada da mercadoria do estabelecimento.

Se o imposto estiver destacado a maior, o crédito não será permitido do excedente. Nesse caso, o emitente para poder recuperar o ICMS pago a maior deverá receber do destinatário uma declaração de que não se creditou do imposto excedente e com isso poderá pleitear a compensação junto ao Fisco[22]. Por outro lado, na hipótese de o imposto ter sido destacado a menor, o emitente deverá providenciar uma Nota Fiscal complementar com o valor da diferença. Para emitir observar as regras de emissão do documento.

Cada Unidade Federada estabelece procedimentos específicos para valores e quantidades destacadas incorretamente nas Notas Fiscais. O direito de utilizar o crédito extingue-se depois de decorridos cinco anos contados da data de emissão do documento.[23]

8.10   Geração do saldo credor e crédito acumulado do ICMS

Se o contribuinte, ao apurar o imposto, constatar que há mais créditos do que débitos, gerará saldo credor. A geração poderá ser do aumento do estoque de insumos, sem a saída da mercadoria, vejamos o exemplo:

> Nas aquisições, o contribuinte tomou o crédito do ICMS e não houve saídas naquele período de apuração. Nestes

---

22   Vide artigo 166 do CTN.
23   LC 87/06, art. 23, parágrafo único.

casos, estamos diante do saldo credor, que poderá ser transportado para os períodos subsequentes e utilizado para abater débitos decorrentes das operações de saídas.

Já o crédito acumulado decorre de saídas com a não tributação do ICMS, amparadas por normas legais que permitem manter o crédito, mesmo a saída não sendo tributada. Trata-se de saídas amparadas por benefício fiscal (isenção ou não incidência), que permitem a manutenção do crédito tomado na aquisição. O efeito na apuração será a geração de "crédito acumulado" do ICMS, conforme o exemplo:

> Foi tomado crédito do ICMS na aquisição de insumos e, após o processo industrial, o produto industrializado será destinado para exportação. Como se sabe, as operações de exportação gozam da imunidade tributária e ainda, com a possibilidade de manter o crédito dos insumos adquiridos e utilizados no processo de industrialização.
>
> Na apuração do imposto, o resultado será de acumulação de crédito, ou seja, a mercadoria entrou com ICMS e saiu sem ICMS, com a legislação autorizando a manutenção do crédito.

Outra hipótese de geração de crédito acumulado é a utilização de alíquotas diferenciadas (entrada versus saída):

> Na importação da mercadoria importada para revenda a alíquota foi de 18% e, após a mercadoria nacionalizada foi revendida em uma operação interestadual, com a alíquota de 4%, nos termos da Resolução SF 13/12.

Nesses dois exemplos temos a geração de crédito acumulado do ICMS, que poderá ser utilizado nos períodos subsequentes para abatimento do imposto a pagar. Se mesmo assim, o crédito acumulado persistir será possível pleitear com a Unidade Federada competente o reconhecimento do valor e a possiblidade de transferi-lo para outro contribuinte por meio de aquisição de insumos, ativos ou outra forma que a Unidade Federada estabelecer em sua legislação interna, chamamos neste caso de monetização do ICMS. Vale comentar que essa utilização dependerá da legislação e aprovação da Unidade Federada que o estabelecimento gerou o crédito acumulado.

8.11 Conclusão

O ICMS adota a característica de imposto multifásico, isto é, aquele entendido como potencialmente incidente sobre o valor agregado de todas as etapas de um dado ciclo econômico, compensando-se, conforme o princípio da não cumulatividade, o imposto devido em cada operação ou prestação subsequente com o montante cobrado na etapa antecedente (art. 155, § 2º, inciso I, da Constituição Federal).

O regime não cumulativo inviabiliza o efeito cascata do imposto incidente sobre cada uma das etapas mercantis de uma determinada cadeia. A Constituição não permite o crédito se a saída for isenta ou não tributada, mas há exceções. Há situações em que o legislador permite a manutenção do crédito, mesmo que ocorra a saída com isenção ou não incidência, para tanto é necessário haver expressa autorização na norma que concedeu o benefício.

As entradas que possibilitam a tomada do crédito do ICMS são: aquisições de insumos, de serviços de transporte, de comunicação (para empresas que exportam), energia elétrica utilizada na produção, operações de revenda e as aquisições de ativos imobilizados utilizados na produção ou na atividade comercial. Para todas essas possibilidades há regras e condições que devem ser seguidas.

As aquisições de uso ou consumo não geram direito ao crédito do ICMS. Para tomada de crédito de insumos, o entendimento do Fisco paulista é que o insumo precisa ser consumido ou se desgastar em razão do contato direto com o bem em fabricação. O crédito é possível para empresas do Regime Normal, por meio de documentos hábeis e idôneos e na entrada da mercadoria do estabelecimento.

CAPÍTULO 9
IPI

9.1 Constituição Federal e a Não cumulatividade do IPI

A CF/88 estabeleceu que a União é competente para instituir o Imposto sobre Produtos Industrializados (IPI). Suas principais características são o imposto controlador de mercado, seletividade em função da essencialidade do produto e a não cumulatividade. Além disso, há dois tipos de contribuintes: o industrial e o equiparado a industrial.[24]

Na redação a respeito da não cumulatividade, a Constituição Federal/88 deixa claro que o IPI é não cumulativo, ou seja, há compensação do que for devido em cada operação com o valor cobrado nas anteriores:

> **CF/88 – Art. 153.**
>
> Compete à União instituir impostos sobre:
>
> IV – produtos industrializados
>
> § 3º O imposto previsto no inciso IV:
>
> [...]
>
> II – será não-cumulativo, compensando-se o que for devido em cada operação com o montante cobrado nas anteriores;

---

24   Industrial – realizada uma das Modalidade de industrialização elencadas no artigo Art. 4º – Caracteriza industrialização qualquer operação que modifique a natureza, o funcionamento, o acabamento, a apresentação ou a finalidade do produto, ou o aperfeiçoe para consumo. Equiparado a Industrial – definido por Lei (4.502/64) e RIPI/2010 – artigos 9º a 11º.

A expressão "compensando-se o que for devido" confere ao contribuinte do IPI o direito à tomada do crédito do imposto[25], relativo a produtos entrados no estabelecimento industrial ou equiparado, para ser abatido do que for devido pelos produtos industrializados dele saído, em um mesmo período.

9.1.1   Análise da Lei n° 4.502/64

A Lei n° 4.502/64, que instituiu o IPI[26], ao tratar a respeito do recolhimento do imposto, permitiu a dedução do montante a pagar com créditos, desde que os insumos adquiridos sejam tributados na saída do estabelecimento[27] após a sua industrialização, vejamos:

> **Lei n° 4.502/64**
>
> Art. 25. A importância a recolher será o montante do imposto relativo aos produtos saídos do estabelecimento, em cada mês, diminuído do montante do imposto relativo aos produtos nele entrados, no mesmo período, obedecidas as especificações e normas que o regulamento estabelecer. (Redação dada pelo Decreto-Lei n° 1.136, de 1970).
>
> § 1° O direito de dedução só é aplicável aos casos em que os produtos entrados se destinem à comercialização, industrialização ou acondicionamento e desde que os mesmos produtos ou os que resultarem do processo industrial sejam tributados na saída do estabelecimento.
>
> [...]

---

25 Aquisições geradoras de crédito do IPI: matéria prima, material de embalagem e produto intermediário. Ainda, os produtos importados adquiridos para a revenda geram direito ao crédito do IPI.

26 Lei n° 4502/64 – dispõe em seu Artigo 1° que o IPI é um imposto de consumo.

27 Lei n° 9779/99 e RIPI/2010, art. 256 § 2° – os créditos do IPI relativos a aquisição de insumos, empregados na industrialização, a partir de 01/01/1999, para serem empregados na industrialização de produtos tributados, alíquota zero ou isentos poderão ser mantidos.

9.1.2   Análise do CTN – Lei n° 5.172/66

O Código Tributário Nacional (CTN), ao tratar da não cumulatividade do IPI, dispõe que a compensação será entre o imposto da saída com o efetivamente pago na entrada:

CTN – Lei n° 5.172/66

Art. 49. O imposto é não-cumulativo, dispondo a lei de forma que o montante devido resulte da diferença a maior, em determinado período, entre o imposto referente aos produtos saídos do estabelecimento e o pago relativamente aos produtos nele entrados.

Parágrafo único. O saldo verificado, em determinado período, em favor do contribuinte transfere-se para o período ou períodos seguintes.

Apesar de encontramos vocábulos diferentes na análise das Lei n° 4.502/64 e 5.172/66 (CTN), a interpretação deverá ser amparada pelo previsto na Constituição Federal, que é uma norma de eficácia plena e sempre deve prevalecer em detrimento as regras de hierarquia inferior. Dessa forma, é permitido ao contribuinte do IPI o direito de abater o montante do IPI a pagar com entradas tributadas pelo imposto, conforme as regras da legislação vigente.

9.1.3   Análise do RIPI/2010 – Decreto n° 7.212/2010

A regulamentação da não cumulatividade está disciplinada no art. 225 do RIPI/2010:

RIPI/2010

Não Cumulatividade do Imposto

Art. 225. A não cumulatividade é efetivada pelo sistema de crédito do imposto relativo a produtos entrados no estabelecimento do contribuinte, para ser abatido do que for devido pelos produtos dele saídos, num mesmo período, conforme estabelecido neste Capítulo (Lei nº 5.172, de 1966, art. 49).

§ 1° O direito ao crédito é também atribuído para anular o débito do imposto referente a produtos saídos do estabelecimento e a este devolvidos ou retornados.

§ 2° Regem-se, também, pelo sistema de crédito os valores escriturados a título de incentivo, bem como os resultantes das situações indicadas no art. 240 .

Desse dispositivo, se extrai que a não cumulatividade tem por objetivo permitir que o imposto suportado na aquisição[28] de matéria-prima, produto intermediário e material de embalagem possa ser utilizado como crédito para diminuir o débito, relativo ao imposto incidente na saída de produto do estabelecimento industrial, nos termos do art. 256 do RIPI/2010, conforme segue:

Da Utilização dos Créditos

Normas Gerais

Art. 256. Os créditos do imposto escriturados pelos estabelecimentos industriais, ou equiparados a industrial, serão utilizados mediante dedução do imposto devido pelas saídas de produtos dos mesmos estabelecimentos (Constituição, art. 153, § 3°, inciso II, e Lei nº 5.172, de 1966, art. 49).

§1° Quando, do confronto dos débitos e créditos, num período de apuração do imposto, resultar saldo credor, será este transferido para o período seguinte, observado o disposto no § 2° (Lei nº 5.172, de 1996, art. 49, parágrafo único, e Lei nº 9.779, de 1999, art. 11).

[...]

---

28   Também chamamos de insumos as matérias-primas, produtos intermediários e material de embalagem.

9.1.4   Regime Tributário (CRT) – Normal e SIMPLES

Somente os contribuintes enquadrados no Código de Regime Tributário (CRT): 3 – Regime Normal podem compensar com créditos os valores dos débitos. Este código identifica o regime de tributação que o contribuinte do ICMS ou do IPI está enquadrado, devendo ser preenchido de acordo com o Anexo III do Convênio s/n de 1970 e interpretado de acordo com as respectivas Normas Explicativas.

Vejamos a tabela do Convênio s/n° de 1970, Anexo III:

CÓDIGO DE REGIME TRIBUTÁRIO – CRT

1 – Simples Nacional

2 – Simples Nacional – excesso de sublimite da receita bruta

3 – Regime Normal

4 – Simples Nacional – Microempreendedor Individual - MEI

NOTA EXPLICATIVA:

1. O código 1 será preenchido pelo contribuinte quando for optante pelo Simples Nacional.

2. O código 2 será preenchido pelo contribuinte optante pelo Simples Nacional, mas que tiver ultrapassado o sublimite de receita bruta fixado pelo estado ou pelo Distrito Federal e estiver impedido de recolher o ICMS/ISS por esse regime, conforme arts. 19 e 20 da Lei Complementar n° 123/06.

3. O código 3 será preenchido pelo contribuinte que não estiver na situação 1, 2 ou 4.

4. O código 4 será preenchido pelo contribuinte optante pelo Simples Nacional, enquadrado no Sistema de Recolhimento em Valores Fixos Mensais dos Tributos Abrangidos pelo Simples Nacional –SIMEI.

Vale ressaltar que as microempresas e as empresas de pequeno porte optantes pelo Simples Nacional não farão jus à apropriação nem transferirão créditos relativos a impostos ou contribuições abrangidas pela tributação. As aquisições de fornecedores enquadrados no Simples não geram direito ao crédito do IPI.

9.2 Crédito do IPI

A legislação do IPI divide os créditos do tributo em duas espécies: básicos e incentivados. Os primeiros estão elencados no RIPI/2010 entre os artigos 226 a 231, já os incentivados nos artigos 236 a 250, conforme quadro abaixo:

Créditos Incentivados RIPI/2010:

Artigo	Disposição
236	Incentivos à Sudene e à Sudam
237	Aquisição da Amazônia Ocidental
238 e 239	Outros Incentivos (exportação)
240	Dos Créditos de Outra Natureza (cancelamento e diferença em virtude de redução de alíquota)
241 a 250	Do crédito presumido como ressarcimento de contribuições (fabricante e exportadora)

Por outro lado, os créditos básicos são os decorrentes de aquisições de insumos (matéria-prima, produto intermediário e material de embalagem), adquiridos pelos estabelecimentos industriais ou equiparados, para emprego no processo industrial. Além disso, encontramos as devoluções ou retornos de produtos não entregues ao destinatário. Os créditos básicos serão tratados nos itens seguintes.

9.2.1   Aquisição de insumos

As aquisições normalmente tributadas de insumos: matéria-prima, produto intermediário e material de embalagem, para utilização no processo industrial, permitem a tomada do crédito do IPI, pelos estabelecimentos industriais ou equiparados. Nesse sentido, dispõe o regulamento do IPI (RIPI/2010):

RIPI/2010

Art. 226. Os estabelecimentos industriais e os que lhes são equiparados poderão creditar-se

I – do imposto relativo a matéria-prima, produto intermediário e material de embalagem, adquiridos para emprego na industrialização de produtos tributados, incluindo-se, entre as matérias-primas e os produtos intermediários, aqueles que, embora não se integrando ao novo produto, forem consumidos no processo de industrialização, salvo se compreendidos entre os bens do ativo permanente;

II – do imposto relativo a matéria-prima, produto intermediário e material de embalagem, quando remetidos a terceiros para industrialização sob encomenda, sem transitar pelo estabelecimento adquirente;

III – do imposto relativo a matéria-prima, produto intermediário e material de embalagem, recebidos de terceiros para industrialização de produtos por encomenda, quando estiver destacado ou indicado na nota fiscal;

IV – do imposto destacado em nota fiscal relativa a produtos industrializados por encomenda, recebidos do estabelecimento que os industrializou, em operação que dê direito ao crédito;

V – do imposto pago no desembaraço aduaneiro;

VI – do imposto mencionado na nota fiscal que acompanhar produtos de procedência estrangeira, diretamente da repartição que os liberou, para estabelecimento, mesmo exclusivamente varejista, do próprio importador;

VII – do imposto relativo a bens de produção recebidos por comerciantes equiparados a industrial;

VIII – do imposto relativo aos produtos recebidos pelos estabelecimentos equiparados a industrial que, na saída destes, estejam sujeitos ao imposto, nos demais casos não compreendidos nos incisos V a VII;

IX – do imposto pago sobre produtos adquiridos com imunidade, isenção ou suspensão quando descumprida a condição, em operação que dê direito ao crédito; e

X – do imposto destacado nas notas fiscais relativas a entregas ou transferências simbólicas do produto, permitidas neste Regulamento.

Parágrafo único. Nas remessas de produtos para armazém-geral ou depósito fechado, o direito ao crédito do imposto, quando admitido, é do estabelecimento depositante.

Obedecendo ao princípio da não cumulatividade, as entradas tributadas de insumos gerarão "créditos" e as saídas gerarão "débitos". Mensalmente, há um confronto entre débitos e créditos. Os créditos irão diminuir o valor dos débitos. Portanto, somente é possível o aproveitamento como crédito, se as entradas forem normalmente tributadas.

Segue acórdão da Receita Federal a este respeito:

Acórdão DRJ 02 – 4002/2023

Assunto: Imposto sobre Produtos Industrializados – IPI
NÃO CUMULATIVIDADE. INSUMOS ISENTOS.
No direito tributário brasileiro, o princípio da não-cumulatividade é implementado por meio da escrita fiscal, com crédito do valor do imposto efetivamente pago na operação anterior e débito do valor devido nas operações posteriores. Assim, o direito ao crédito do IPI, regra geral, condiciona-se a que as aquisições de insumos utilizados no processo de industrialização tenham sido efetivamente oneradas pelo imposto, excluindo-se, portanto, as aquisições isentas.

9.2.1.1 Definição de produtos Intermediários

A respeito de produtos intermediários, a Receita Federal se posicionou diversas vezes sobre o conceito e a possibilidade de tomada de crédito do IPI. Trata-se de um insumo que, apesar de não compor a mercadoria final, devido à sua participação durante o processo industrial e ao contato físico, sofre um desgaste, exigindo a sua substituição. Vejamos pareceres da Receita Federal:

> **Solução de Consulta COSIT 24/2014**
>
> Assunto: Imposto sobre Produtos Industrializados – IPI reformada pela SC COSIT nº 4-2018
>
> CRÉDITOS. PRODUTOS INTERMEDIÁRIOS. INDÚSTRIA DE FIAÇÃO E TECELAGEM. PEÇAS DE REPOSIÇÃO. MANCHÕES. ROLETES. VIAJANTES.
>
> Consideram-se produtos intermediários, para fins de creditamento do IPI, desde que atendidos todos os requisitos legais e normativos, as partes e peças de reposição que, apesar de não integrarem o produto final, **desgastam-se mediante ação direta (contato físico) sobre o produto industrializado, exigindo sua constante substituição (grifo nosso).**
>
> **Acórdão DRJ08 38612/2023**
>
> MATÉRIA-PRIMA, PRODUTO INTERMEDIÁRIO. CONCEITO.IPI
>
> Somente as matérias-primas, produtos intermediários e material de embalagem, conforme a conceituação albergada pela legislação tributária, são hábeis ao creditamento do imposto. Para que seja dado o tratamento de insumos aos bens que, embora não se integrando ao novo produto, sejam consumidos no processo de industrialização, tais bens devem guardar semelhança com as matérias primas – MP e produtos intermediários – PI, em sentido estrito, semelhança essa que reside no fato de exercerem, na operação de industrialização, função análoga à das MP e PI, **ou seja, se consumirem, em decorrência de uma ação diretamente**

**exercida sobre o produto em fabricação, ou por esse dire-
tamente sofrida, mesmo que não integrando ao produto
final. (grifo nosso).**

Vale destacar que "produto intermediário" não é um bem classificado como ativo permanente. Portanto, podemos classificá-lo como um insumo que participa do processo de fabricação do produto.

9.2.1.2 Aquisição de insumos do Simples Nacional

Não será permitido a tomada do crédito do IPI nas aquisições de insumos de fornecedores enquadrados no Regime Tributário do Simples Nacional, nos termos do artigo 228, conforme segue:

> **RIPI/2010**
>
> Art. 228. As aquisições de produtos de estabelecimentos optantes pelo Simples Nacional, de que trata o art. 177 , não ensejarão aos adquirentes direito a fruição de crédito do imposto relativo a matéria-prima, produto intermediário e material de embalagem (Lei Complementar n° 123, de 2006, art. 23, *caput*).

9.2.1.3 Aquisição de insumos de Comerciante Atacadista

Para fins da não cumulatividade, a cadeia de industrialização nem sempre é perfeita. No cenário mais comum, o estabelecimento industrial adquire seus insumos diretamente de outro industrial ou a ele equiparado. Nesse caso, o estabelecimento adquirente toma crédito do IPI destacado na nota fiscal de aquisição.

No entanto, é possível que haja na cadeia um estabelecimento atacadista não contribuinte do IPI, que realize uma operação de revenda para o industrial. Desse modo, mesmo sem o destaque do IPI na Nota Fiscal de aquisição, o estabelecimento adquirente industrial poderá se creditar de 50% do valor do IPI.

O direito ao crédito somente é possível quando se tratar de aquisições de fornecedores atacadistas, enquadrados no Regime Normal (CRT – 3) e de produtos tributados na TIPI – tabela do IPI, conforme estabelece o artigo 227, do RIPI/2010:

RIPI/2010

Art. 227. Os estabelecimentos industriais, e os que lhes são equiparados, poderão, ainda, creditar-se do imposto relativo a matéria-prima, produto intermediário e material de embalagem, adquiridos de comerciante atacadista não contribuinte, calculado pelo adquirente, mediante aplicação da alíquota a que estiver sujeito o produto, sobre cinquenta por cento do seu valor, constante da respectiva nota fiscal.

O valor utilizado para o cálculo do crédito será 50% do valor constante da Nota Fiscal de aquisição da matéria prima, produto intermediário e material de embalagem e a alíquota aplicável corresponde à destacada na TIPI – tabela do IPI para tais produtos. O valor encontrado será escriturado na efetiva entrada do produto no estabelecimento industrial, conforme se depreende do inciso I do art. 251 RIPI/2010, vejamos:

RIPI/2010

Art. 251. Os créditos serão escriturados pelo beneficiário, em seus livros fiscais, à vista do documento que lhes confira legitimidade:

I - nos casos dos créditos básicos, incentivados ou decorrentes de devolução ou retorno de produtos, na efetiva entrada dos produtos no estabelecimento industrial, ou equiparado a industrial;

Dessa forma, a Receita Federal já se pronunciou diversas vezes que o direito ao crédito sobre 50% do valor na aquisição de insumos de comerciantes atacadistas somente é possível se:

a. O produto constar na TIPI – Tabela do IPI, com alíquota superior a zero; e

b. O produto adquirido for empregado no processo industrial de produtos tributados; e

c. A aquisição ocorra de comerciantes atacadistas não contribuintes do IPI; e

d. Os créditos apurados serão utilizados para diminuir o IPI a ser recolhido, ou podem ser objeto de ressarcimento, ou compensação.

Vejamos:

Solução de Consulta DISIT/SRRF09 – 90/2010

Assunto: Imposto sobre Produtos Industrializados – IPI

CRÉDITOS. REGRAS GERAIS. [...] COMERCIANTE ATACADISTA NÃO CONTRIBUINTE. COMPENSAÇÃO. [...]

O estabelecimento industrial que adquirir MP, PI e ME junto a comerciante atacadista não-contribuinte de IPI (exceto se optante pelo Simples), para emprego na industrialização de produtos tributados, ainda que à alíquota zero, poderá creditar-se do imposto mediante aplicação da alíquota do produto adquirido, sobre 50% do valor constante da nota fiscal de compra, desde que esses insumos sejam efetivamente tributados pelo imposto em alíquotas superiores a zero. Os créditos assim apurados poderão ser utilizados para deduzir o montante de IPI a ser recolhido, para solicitar o ressarcimento de eventual saldo credor ao final do período de apuração, ou, ainda, para compensar com débitos referentes aos demais tributos e contribuições administrados pela Secretaria da Receita Federal do Brasil.

Acórdão DRJ/JFA – 32980/2022

CRÉDITOS DE INSUMOS ADQUIRIDOS DE COMER-CIANTE ATACADISTA.

O direito, previsto no art. 227 do RIPI/2010, ao credita-mento de 50% da alíquota nas aquisições de insumos, sem o destaque do IPI, está condicionada à comprovação de que os fornecedores dos insumos realmente se caracterizam como comerciantes atacadistas não contribuintes.

[...]

Portanto, não serão passíveis de crédito as aquisições de insumos adquiridos de fornecedores enquadrados no Simples Nacional[29], mesmo que sejam comerciantes atacadistas. Para a tomada do crédito, o produto deve ser normalmente tributado na TIPI. Não é possível a tomada do crédito para produtos não tributados, de acordo com o disposto a seguir:

Solução de Divergência COSIT 9/2017

ASSUNTO: IMPOSTO SOBRE PRODUTOS INDUSTRIA-LIZADOS – IPI

EMENTA: As aquisições, por estabelecimento industrial, de matéria prima, produto intermediário e material de embalagem com notação "NT" na Tipi, provenientes de estabelecimento atacadista não contribuinte do IPI, não dão direito ao crédito de que trata o art. 227 do RIPI/2010 (grifo nosso).

9.2.1.4 Importação de insumos e produtos para revenda

É assegurado aos contribuintes industriais e equiparados o direito ao crédito do imposto pago no desembaraço aduaneiro

---

29   RIPI/2010 – Artigo 228.

de insumos importados, desde que tais produtos sejam utilizados como insumos. Ademais, os importadores de produtos para revenda podem tomar crédito do IPI pago no desembaraço aduaneiro, uma vez que a saída para o mercado doméstico será normalmente tributada.

RIPI/2010

Art. 226. Os estabelecimentos industriais e os que lhes são equiparados poderão creditar

V – do imposto pago no desembaraço aduaneiro;

Segue o acórdão publicado pela Receita Federal a este respeito:

Acórdão – DRJ 06 – 33624/2023

Assunto: Imposto sobre Produtos Industrializados – IPI
IPI. REVENDA DE PRODUTOS IMPORTADOS. EQUIPARAÇÃO A INDUSTRIAL.

Os estabelecimentos importadores de produtos de procedência estrangeira, que derem saída a esses produtos no mercado interno, são equiparados a industriais e, portanto, contribuintes do IPI.

IPI. PRODUTO IMPORTADO. SAÍDA. EQUIPARAÇÃO A INDUSTRIAL. INCIDÊNCIA DO IMPOSTO. JURISPRUDÊNCIA VINCULANTE. REPERCUSSÃO GERAL E RECURSO REPETITIVO.

"É constitucional a incidência do Imposto sobre Produtos Industrializados – IPI no desembaraço aduaneiro de bem industrializado e na saída do estabelecimento importador para comercialização no mercado interno" [RE 946.648/SC – Repercussão Geral – Tema 906].

"Os produtos importados estão sujeitos a uma nova incidência do IPI quando de sua saída do estabelecimento importador na operação de revenda, mesmo que não tenham sofrido industrialização no Brasil" [REsp 1.403.532/SC – Recurso Repetitivo – Tema 912]

Em regra, o fluxo do IPI na importação é o seguinte: (i) o imposto deve ser pago no momento do registro da Declaração de Importação (DI), que dá início ao despacho aduaneiro; (ii) o fato gerador concretiza-se com o desembaraço aduaneiro dos produtos de procedência estrangeira; e (iii) os créditos relativos ao imposto pago no desembaraço aduaneiro desses produtos são escriturados quando da efetiva entrada deles no estabelecimento industrial ou a ele equiparado, à vista das notas fiscais de entrada nos termos da legislação vigente.

9.3 Impossibilidade de tomada de crédito na aquisição de insumos com alíquota zero, isentos ou não tributados

Em consonância com o princípio da não cumulatividade[30], são reconhecidos como créditos básicos aqueles provenientes de aquisições devidamente tributadas, de matérias-primas, produtos intermediários e materiais de embalagem, adquiridos para emprego no processo industrial.

Na apuração do imposto há uma compensação entre incidente na saída com o cobrado nas aquisições (débito menos crédito). Vejamos solução de consulta da Receita Federal a esse respeito:

> **Solução de Consulta DISIT/SRRF09 90/2010**
>
> Assunto: Imposto sobre Produtos Industrializados – IPI
>
> [...]
>
> A aquisição de MP, PI e ME tributados à alíquota zero, isentos ou não tributados (NT) não gera direito ao creditamento do IPI.
>
> [...]

---

30 CF/88, art. 153, IV, § 3º, II.

Portanto, o direito ao crédito somente é possível se, nas operações de entradas, há o destaque do IPI na Nota Fiscal. Se não houver, não é possível a tomada de crédito.

9.4 Impossibilidade de tomada de crédito na aquisição de partes e peças de máquinas

O Parecer Normativo 3/2018, publicado em dezembro/2018, tece considerações sobre a impossibilidade de apropriação de crédito do IPI na aquisição de partes e peças de máquinas, ainda que se desgastem com o uso.

> **PN RFB 3/2018**
>
> Imposto sobre Produtos Industrializados – IPI
>
> AQUISIÇÃO DE PARTES E PEÇAS DE MÁQUINAS. CRÉDITO DE IPI. IMPOSSIBILIDADE.
>
> Não há direito a crédito de IPI relativo à aquisição de máquinas e de suas partes e peças, ainda que se desgastem com o uso.

Vejamos o Acórdão abaixo, recentemente publicado:

> **Acórdão DRJ08 38612/2023**
>
> [...]
>
> CRÉDITOS DE IPI. AQUISIÇÃO DE PARTES E PEÇAS DE BENS DO ATIVO PERMANENTE.
>
> O crédito de IPI está ligado diretamente ao fato de o insumo participar intrinsecamente do processo produtivo. Como isso não ocorre com as máquinas, equipamentos e instalações, suas partes e peças, não cabe crédito de IPI relativo à aquisição destes materiais. (grifo nosso).
>
> CRÉDITO DE IPI. MATERIAL DE CONSUMO.

As aquisições de materiais de consumo, como detergentes e lubrificantes, não aplicados diretamente no processo de transformação do produto em fabricação integram o custo geral de produção e não podem gerar crédito de IPI.

Portanto, as aquisições de partes e peças que são contabilizadas como uso/consumo ou ativo imobilizado não são passíveis de crédito do IPI.

9.5   Saídas isentas ou com alíquota zero

É possível a tomada do crédito do IPI referente à aquisição de insumos[31] utilizados na fabricação de produtos que sairão do estabelecimento industrial, normalmente tributados, ou com alíquota zero, ou isento, vejamos:

Lei n° 9779/99

[...]

Art. 11. O saldo credor do Imposto sobre Produtos Industrializados - IPI, acumulado em cada trimestre-calendário, decorrente de aquisição de matéria-prima, produto intermediário e material de embalagem, aplicados na industrialização, inclusive de produto isento ou tributado à alíquota zero, que o contribuinte não puder compensar com o IPI devido na saída de outros produtos, poderá ser utilizado de conformidade com o disposto nos arts. 73 e 74 da Lei n° 9.430, de 27 de dezembro de 1996, observadas normas expedidas pela Secretaria da Receita Federal do Ministério da Fazenda.

---

31   Insumos: matérias-primas (MP), produtos intermediários (PI) e materiais de embalagem (ME).

Como podemos observar, o artigo 11 da Lei nº 9.779/99 prevê a possibilidade de utilização de saldo credor mediante compensação ou ressarcimento decorrente de duas hipóteses de crédito do IPI, quais sejam: (i) quando os insumos são utilizados na elaboração de produtos isentos; e (iii) quando são usados na industrialização de produtos tributados à alíquota zero.

> **Solução de Consulta DISIT/SRRF09 90/2010**
>
> Assunto: Imposto sobre Produtos Industrializados – IPI
>
> CRÉDITOS. REGRAS GERAIS. PRODUTO FINAL COM ALÍQUOTA ZERO E NÃO TRIBUTADO.
>
> [...]
>
> O estabelecimento industrial somente poderá se creditar do IPI efetivamente pago na aquisição de matérias-primas (MP), produtos intermediários (PI) e materiais de embalagem (ME) utilizados no processo de industrialização de produto final tributado, ainda que à alíquota zero ou isento.

Além disso, o Ato Declaratório Interpretativo SRF nº 5/2006 e o artigo 256 do RIPI/2010 mencionam expressamente que poderão ser mantidos os créditos do IPI tomados na aquisição dos insumos aplicados na fabricação de produtos normalmente tributados, inclusive com alíquota zero, isentos e imunidade tributária decorrente das operações de exportação.

9.5.1   Saídas para Exportação (imunidade tributária)

Por força constitucional, as saídas para exportação gozam da imunidade tributária, portanto, não há IPI na saída do produto industrializado com destino ao exterior, e ainda é possível manter o crédito tomado por ocasião da aquisição de insumos.

RIPI/2010

Outros Incentivos

Art. 238 – É admitido o crédito do imposto relativo às matérias-primas, aos produtos intermediários e aos materiais de embalagem adquiridos para emprego na industrialização de produtos destinados à exportação para o exterior, saídos com imunidade (Decreto-Lei n° 491, de 1969, art. 5, e Lei n° 8.402, de 1992, art. 1°, inciso II).

[...]

É pacífico o entendimento de que a aquisição de mercadorias realizada para remessa à exportação pode se dar com suspensão, mesmo para Comerciais Exportadoras que não tenham registro especial. Ou seja, não se enquadrem como *trading companies*, bastando, portanto, que tenham tal atividade como objeto social e registro na Secex e RFB como exportadoras.

Vejamos a Solução de Divergência:

Solução de Divergência COSIT 7/2017

ASSUNTO: Imposto sobre Produtos Industrializados – IPI

EMENTA: BENEFÍCIO FISCAL. NATUREZA DO CRÉDITO. IPI. EXPORTAÇÃO.

O benefício fiscal assegurado pelo art. 1°, inciso I, do Decreto-lei n° 1.894, de 1981, não tem natureza jurídica de crédito tributário, mas de crédito financeiro desvinculado da sistemática do IPI. Assim, não são cabíveis a escrituração e a utilização do referido crédito na forma da legislação do IPI vigente.

A empresa comercial que adquira, no mercado interno, produtos de fabricação nacional tributados e os exporte contra pagamento em moeda estrangeira conversível tem direito a crédito financeiro equivalente ao montante de IPI destacado em nota fiscal de venda emitida pelo produtor-vendedor ou comerciante contribuinte do imposto. Na hipótese de aquisição de comerciante não contribuinte do IPI, haverá direito ao crédito se houver incidido o imposto na última saída do produto de estabelecimento industrial ou equiparado a industrial, sendo, nesse caso, o valor do crédito a que faz jus o adquirente exportador igual ao montante do IPI que houver sido pago naquela saída.

9.5.1.1 Manutenção do crédito nas operações de exportação

É possível manter o crédito do IPI referente às aquisições de matéria-prima, produto intermediário e material de embalagem, aplicados na industrialização de produtos destinados ao exterior[32].

> **RIPI/2010 – Artigo 256**
>
> [...]
>
> § 2° O saldo credor de que trata o § 1°, acumulado em cada trimestre-calendário, decorrente de aquisição de matéria-prima, produto intermediário e material de embalagem, aplicados na industrialização, inclusive de produto isento, tributado à alíquota zero, **ou ao abrigo da imunidade em virtude de se tratar de operação de exportação,** nos termos do inciso II do art. 18, que o contribuinte não puder deduzir do imposto devido na saída de outros produtos, poderá ser utilizado de conformidade com o disposto nos arts. 268 e 269 , observadas as normas expedidas pela Secretaria da Receita Federal do Brasil (Lei n° 9.779, de 1999, art. 11) **(grifo nosso).**

O artigo 256 do RIPI/2010 regulamentou a Lei n° 9.779/99, prevendo a possibilidade de compensação ou ressarcimento

---

32   Lei n° 491/69 – Art. 5° É assegurada a manutenção e utilização do crédito do IPI relativo às matérias-primas, produtos intermediários e material de embalagem efetivamente utilizados na industrialização dos produtos exportados e Lei n° 8402/1992, art. 1°, inciso II.

decorrente de saldo credor gerado na aquisição de matéria-prima, produto intermediário e material de embalagem utilizados no processo de fabricação de produtos isentos, alíquota zero ou de imunidade tributária, neste caso, para as operações de exportação.

Ademais, o Ato Declaratório Interpretativo SRF 5/2006 esclareceu que a possibilidade de crédito não se aplica:

a. Para as saídas de produtos classificados como NT – não tributados;

b. Para produtos amparados por imunidades, exceto se for exportação; e

c. Para as operações não consideradas industrialização, conforme artigo 5º do RIPI/2010.

Vejamos:

> **Ato Declaratório Interpretativo SRF nº 5, de 17 de abril de 2006**
>
> [...]
>
> Art. 2º O disposto no art. 11 da Lei nº 9.779, de 11 de janeiro de 1999, no art. 5º do Decreto lei nº 491, de 5 de março de 1969, e no art. 4º da Instrução Normativa SRF nº 33, de 4 de março de 1999, não se aplica aos produtos:
>
> I – com a notação "NT" (não tributados, a exemplo dos produtos naturais ou em bruto) na Tabela de Incidência do Imposto sobre Produtos Industrializados (TIPI), aprovada pelo Decreto nº 4.542, de 26 de dezembro de 2002;
>
> II – amparados por imunidade;
>
> III – excluídos do conceito de industrialização por força do disposto no art. 5º do Decreto nº 4.544, de 26 de dezembro de 2002 – Regulamento do Imposto sobre Produtos Industrializados (RIPI).

Parágrafo único. Excetuam-se do disposto no inciso II os produtos tributados na TIPI que estejam amparados pela imunidade em decorrência de exportação para o exterior.

O gráfico a seguir demonstra as possibilidades de manter o crédito e as hipóteses de estorno, vejamos:

Figura 9.1

Fonte: Elaborada pelos autores.

Ademais, a Solução de Consulta COSIT 291/2023 resume apropriadamente a exigência ou não de estorno de crédito:

Solução de Consulta COSIT 291/2023

Assunto: Imposto sobre Produtos Industrializados – IPI

MATÉRIA-PRIMA. PRODUTO INTERMEDIÁRIO. MATERIAL DE EMBALAGEM. CRÉDITO. ESTORNO. PRODUTOS IMUNES.

O artigo 11 da Lei nº 9.779, de 1999, aplica-se tão só aos produtos industrializados isentos e àqueles tributados à alíquota zero. De modo semelhante, o artigo 5º do Decreto-lei nº 491, de 1969, concede, como incentivo, a manutenção do crédito do IPI relativo a matérias-primas, produtos intermediários e material de embalagem utilizados na industrialização de produtos exportados. Não deverão ser escriturados créditos relativos a matéria-prima, produto intermediário e material de embalagem que, sabidamente, se destinem a emprego na industrialização de produtos não tributados – compreendidos aqueles com notação "NT" na TIPI, os imunes e os que resultem de operação excluída do conceito de industrialização – ou saídos com suspensão, cujo estorno seja determinado por disposição legal. Dispositivo legais: Constituição da República Federativa do Brasil, de 1998, arts. 150 e 153; Lei nº 5.172, de 1966, art. 111; Lei nº 9.779, de 1999, art. 11; Decreto nº 7.212, de 2010, arts. 18, 238, 251, 254 e 256; Instrução Normativa RFB nº 1.928, de 2020, art. 2º e 3º.

9.6   Devolução de mercadorias

A devolução de mercadorias consiste na desistência do comprador, por meio da qual são anulados todos os efeitos fiscais, tributários e financeiros da operação original. A legislação do IPI deixa claro que o estabelecimento que receber produtos em devolução ou retorno poderá se creditar do imposto relativo à operação original:

> **RIPI/2010 – Dos Créditos por Devolução ou Retorno de Produtos**
>
> Art. 229. É permitido ao estabelecimento industrial, ou equiparado a industrial, creditar-se do imposto relativo a produtos tributados recebidos em devolução ou retorno, total ou parcial (Lei nº 4.502, de 1964, art. 30).

Entretanto, há procedimentos para a tomada do crédito, os quais veremos nos tópicos a seguir.

9.6.1   Emissão da Nota Fiscal de devolução

Em operação de devolução de mercadorias para o industrial ou equiparado, o estabelecimento que fizer a devolução deverá emitir nota para acompanhar o produto, declarando os dados da Nota Fiscal original e indicando o IPI relativo *às* quantidades devolvidas e motivo de devolução. Podemos conferir os procedimentos trazidos pelo RIPI/2010:

RIPI/2010 – Dos Créditos por Devolução ou Retorno de Produtos

Procedimentos

Art. 231. O direito ao crédito do imposto ficará condicionado ao cumprimento das seguintes exigências:

I – pelo estabelecimento que fizer a devolução, emissão de nota fiscal para acompanhar o produto, declarando o número, data da emissão e o valor da operação constante do documento originário, bem como indicando o imposto relativo às quantidades devolvidas e a causa da devolução; e

II – pelo estabelecimento que receber o produto em devolução:

a) menção do fato nas vias das notas fiscais originárias conservadas em seus arquivos;

b) escrituração das notas fiscais recebidas, nos livros Registro de Entradas e Registro de Controle da Produção e do Estoque ou em sistema equivalente, nos termos do art. 466; e

c) comprovação, pelos registros contábeis e demais elementos de sua escrita, do ressarcimento do valor dos produtos devolvidos, mediante crédito ou restituição dele, ou substituição do produto, salvo se a operação tiver sido feita a título gratuito.

Parágrafo único. O disposto neste artigo não se aplica à volta do produto, pertencente a terceiros, ao estabelecimento industrial, ou equiparado a industrial, exclusivamente para operações de conserto, restauração, recondicionamento ou reparo, previstas nos incisos XI e XII do art. 5 .

Art. 232. Quando a devolução for feita por pessoa física ou jurídica não obrigada à emissão de nota fiscal, acompanhará o produto carta ou memorando do comprador, em que serão declarados os motivos da devolução, competindo ao vendedor, na entrada, a emissão de nota fiscal com a indicação do número, data da emissão da nota fiscal originária e do valor do imposto relativo às quantidades devolvidas.

Parágrafo único. Quando ocorrer a hipótese prevista no **caput**, assumindo o vendedor o encargo de retirar ou transportar o produto devolvido, servirá a nota fiscal para acompanhá-lo no trânsito para o seu estabelecimento.

Art. 233. Se a devolução do produto for feita a outro estabelecimento do mesmo contribuinte, que o tenha industrializado ou importado, e que não opere exclusivamente a varejo, o que o receber poderá creditar-se pelo imposto, desde que registre a nota fiscal nos livros Registro de Entradas e Registro de Controle da Produção e do Estoque ou em sistema equivalente, nos termos do art. 466.

Art. 234. Na hipótese de retorno de produtos, deverá o remetente, para creditar-se do imposto, escriturá-lo nos livros Registro de Entradas e Registro de Controle da Produção e do Estoque ou em sistema equivalente, nos termos do art. 466, com base na nota fiscal, emitida na entrada dos produtos, a qual fará referência aos dados da nota fiscal originária.

Art. 235. Produtos que, por qualquer motivo, não forem entregues ao destinatário originário constante da nota fiscal emitida na saída da mercadoria do estabelecimento podem ser enviados a destinatário diferente do que tenha sido indicado na nota fiscal originária, sem que retornem ao estabelecimento remetente, desde que este:

I – emita nota fiscal de entrada simbólica do produto, para creditar-se do imposto, com indicação do número e da data de emissão da nota fiscal originária e do valor do imposto nela destacado, efetuando a sua escrituração nos livros Registro de Entradas e Registro de Controle da Produção e do Estoque ou em sistema equivalente, nos termos do art. 466; e

II – emita nota fiscal com destaque do imposto em nome do novo destinatário, com citação do local de onde os produtos devam sair.

Desse modo, considerando que, para o IPI o fato gerador ocorre na saída do produto industrializado e não no estabelecimento que fará a devolução, o legislador estabeleceu que na Nota Fiscal de devolução o valor do IPI deverá ser indicado e não destacado em campo próprio.

Resumindo:

Os quadros abaixo devem ser retirados de tabela. Transformar em texto:

a. Campo "Informações Complementares" do quadro "Dados Adicionais": "Informações Complementares" do quadro "Dados Adicionais":

a1. O número da nota fiscal;

a2. A data de emissão da nota fiscal original;

a3. O valor da operação da nota fiscal original;

a4. A causa da devolução;

a5. O valor do IPI relativo às quantidades devolvidas;

b. Campo "IPI Devolvido":

b1. O percentual do IPI a ser devolvido (o valor máximo deste percentual é 100%, no caso de devolução de quantidade total da mercadoria); e

b2. O valor do IPI.

Observa-se que, com o advento da Nota Fiscal Eletrônica, o valor do IPI da operação de devolução deverá ser informado no campo "IPI Devolvido" que já será adicionado no valor total da nota fiscal[33].

---

33 Notas Técnicas nºs 5/2013 e 2/2016.

9.6.2   Alterações na alíquota do IPI

As alterações na alíquota do IPI eventualmente ocorrida entre a data da saída do produto e a da sua devolução não deverá ser considerada. O estabelecimento que promover a devolução (total ou parcial) indicará a alíquota vigente por ocasião da Nota Fiscal de aquisição.

Vejamos o item 5 do Parecer Normativo RFB nº 22/2013:

> 5. Para este efeito, a variação da alíquota relativa ao produto, no período compreendido entre sua saída do estabelecimento remetente e a devolução, há de ser desconsiderada, fazendo-se a indicação do imposto com aplicação do percentual vigente no momento da ocorrência do fato gerador de que tenha decorrido o débito para o remetente e, no caso de devolução total, a indicação se resumirá em simples transcrição.

9.7   Crédito extemporâneo

É permitida a utilização do crédito do IPI escriturado de modo extemporâneo, desde que dentro do prazo prescricional de 5 anos, contado a partir da data da efetiva entrada dos produtos no estabelecimento industrial ou equiparado. Analisemos os posicionamentos da Receita Federal sobre o prazo:

> **Acórdão DRJ08 – 41417/2023**
>
> Assunto: Imposto sobre Produtos Industrializados – IPI
>
> [...]
>
> Assunto: Normas Gerais de Direito Tributário
>
> [...]
>
> A contagem do prazo quinquenal de decadência se inicia no primeiro dia do exercício seguinte àquele em que o lançamento poderia ter sido efetuado, observadas circunstâncias qualificativas como a fraude, indicadora de dolo.

Solução de Consulta COSIT 369/2017

ASSUNTO: Imposto sobre Produtos Industrializados – IPI

EMENTA: CRÉDITOS BÁSICOS. NÃO CUMULATIVI-DADE. PRAZO PRESCRICIONAL DE 5 ANOS

O prazo prescricional dos créditos do IPI decorrentes da não cumulatividade é de cinco anos, contado da efetiva entrada da matéria-prima, do produto intermediário e do material de embalagem no estabelecimento industrial ou equiparado.

DISPOSITIVOS LEGAIS: Constituição Federal, art. 153, § 3º, inciso II; Lei nº 5.172, de 1966 (Código Tributário Nacional), art. 49; Lei nº 9.779, de 1999, art. 11; Decreto nº 20.910, de 1932, art. 1º; Decreto nº 7.212, de 2010 (Regulamento do IPI), arts. 226, I, e 251; I; Parecer Normativo CST nº 515, de 1971; Solução de Divergência Cosit nº 21, de 2011.

Não há previsão legal para que o montante a ser creditado extemporaneamente seja submetido a qualquer tipo de atualização, portanto deverá ser escriturado pelo seu valor original.

Vejamos o acórdão a seguir:

Acórdão DRJ/JFA 19469/2008

Assunto: Normas de Administração Tributária

CORREÇÃO MONETÁRIA E JUROS. É incabível, por falta de previsão legal, a incidência de atualização monetária ou de juros sobre créditos escriturais do IPI, bem como sobre o saldo credor trimestral acumulado, sejam eles decorrentes dos chamados créditos básicos ou de incentivos fiscais.

Ademais, os documentos fiscais que suportarão o lançamento extemporâneo devem ter sido emitidos de acordo com as regras da legislação, ou seja, devem ser hábeis e idôneos, vejamos:

Acórdão DRJ08 – 41096/2023

Assunto: Imposto sobre Produtos Industrializados – IPI

[...]

CRÉDITOS DE IPI. ESCRITURAÇÃO.

O crédito de IPI pode ser escriturado extemporaneamente, desde que comprovado por documentos hábeis e idôneos. A falta desta comprovação implica a glosa de referidos créditos na apuração do saldo do período.

Acórdão DRJ06 – 33624/2023

Assunto: Imposto sobre Produtos Industrializados – IPI

Período de apuração: 01/01/2018 a 31/12/2019

[...]

IPI. CRÉDITOS DE IPI. ÔNUS DA PROVA.

Ao buscar o reconhecimento de créditos do IPI, incumbe ao requerente a demonstração de que o valor pleiteado goza de liquidez e certeza, devendo produzir as provas necessárias do respectivo fato constitutivo.

9.8   Documento hábil e idôneo

A Nota Fiscal deverá ser emitida pelo contribuinte de acordo com as regras da legislação vigente. O artigo 251 do RIPI/2010 estabelece que o estabelecimento industrial ou equiparado que se beneficia do crédito de IPI efetue a sua escrituração com base em documentos que comprovem a legitimidade daquele crédito. Trata-se da tomada de crédito respaldada por emissão de documentos fiscais hábeis e idôneos. Além disso, o destinatário deverá cumprir as exigências relacionadas à escrituração dos documentos fiscais, vejamos:

RIPI/2010

Art. 257. O direito à utilização do crédito a que se refere o art. 256 está subordinado ao cumprimento das condições estabelecidas para cada caso e das exigências previstas para a sua escrituração neste Regulamento.

9.9 Estorno do crédito do IPI

Se, por um motivo qualquer, não acontecerem as saídas subsequentes do produto industrializado, do estabelecimento industrial ou equiparado, o valor IPI que foi creditado na entrada de insumos deverá ser estornado. O RIPI/2010 estabelece as hipóteses e procedimentos para anulação do crédito, por meio do estorno na apuração, conforme segue:

RIPI/2010

Anulação do Crédito

Art. 254. Será anulado, mediante estorno na escrita fiscal, o crédito do imposto:

I – relativo a matéria-prima, produto intermediário e material de embalagem, que tenham sido:

a) empregados na industrialização, ainda que para acondicionamento, de produtos não tributados;

b) empregados na industrialização, ainda que para acondicionamento, de produtos saídos do estabelecimento industrial com suspensão do imposto nos casos de que tratam os incisos VII, XI, XII e XIII do art. 43[34];

---

34 RIPI/2010 – Artigo 43, são: VII – produtos adquiridos de terceiros no mercado interno e utilizado na industrialização por encomenda, XI e XII – bens do ativo permanente, XIII, as partes e peças destinadas a reparo de produtos com defeito de fabricação, quando a operação for executada gratuitamente por concessionários ou representantes em virtude garantia dada pelo fabricante.

c) empregados na industrialização, ainda que para acondicionamento, de produtos saídos do estabelecimento produtor com a suspensão do imposto determinada no art. 44[35]

d) empregados na industrialização, ainda que para acondicionamento, de produtos saídos do estabelecimento remetente com suspensão do imposto, em hipóteses não previstas nas alíneas "b" e "c", nos casos em que aqueles produtos ou os resultantes de sua industrialização venham a sair de outro estabelecimento industrial ou equiparado a industrial, da mesma empresa ou de terceiros, não tributados;

e) empregados nas operações de conserto, restauração, recondicionamento ou reparo, previstas nos incisos XI e XII do art. 5º[36]; ou

f) vendidos a pessoas que não sejam industriais ou revendedores;

---

35 RIPI/2010 – Artigo 44 – As bebidas alcoólicas e demais produtos de produção nacional, classificados nas Posições 22.04, 22.05, 2206.00 e 22.08 da TIPI , acondicionados em recipientes de capacidade superior ao limite máximo permitido para venda a varejo, sairão obrigatoriamente com suspensão do imposto dos respectivos estabelecimentos produtores, dos estabelecimentos atacadistas e das cooperativas de produtores, quando destinados aos seguintes estabelecimentos :

I – industriais que utilizem os produtos mencionados no **caput** como matéria-prima ou produto intermediário na fabricação de bebidas; II – atacadistas e cooperativas de produtores; e III – engarrafadores dos mesmos produtos.

36 RIPI/2010 – Artigo 5º XI – o conserto, a restauração e o recondicionamento de produtos usados, nos casos em que se destinem ao uso da própria empresa executora ou quando essas operações sejam executadas por encomenda de terceiros não estabelecidos com o comércio de tais produtos, bem como o preparo, pelo consertador, restaurador ou recondicionador, de partes ou peças empregadas exclusiva e especificamente naquelas operações; XII – o reparo de produtos com defeito de fabricação, inclusive mediante substituição de partes e peças, quando a operação for executada gratuitamente, ainda que por concessionários ou representantes, em virtude de garantia dada pelo fabricante;

II – relativo a bens de produção[37] que os comerciantes, equiparados a industrial:

a) venderem a pessoas que não sejam industriais ou revendedores;

b) transferirem para as seções incumbidas de vender às pessoas indicadas na alínea "a"; ou

c) transferirem para outros estabelecimentos da mesma firma, com a destinação das alíneas "a" e "b";

III – relativo a produtos de procedência estrangeira remetidos, pelo importador, diretamente da repartição que os liberou a outro estabelecimento da mesma firma;

IV – relativo a matéria-prima, produto intermediário, material de embalagem, e quaisquer outros produtos que hajam sido furtados ou roubados, inutilizados ou deteriorados ou, ainda, empregados em outros produtos que tenham tido a mesma sorte;

V – relativo a matéria-prima, produto intermediário e material de embalagem empregados na fabricação de produtos que voltem ao estabelecimento remetente com direito ao crédito do imposto nos casos de devolução ou retorno e não devam ser objeto de nova saída tributada; e

VI – relativo a produtos devolvidos, a que se refere o inciso I do art. 231[38].

§ 1º No caso dos incisos I, II, IV e V do *caput*, havendo mais de uma aquisição de produtos e não sendo possível determinar aquela a que corresponde o estorno do imposto, este será calculado com base no preço médio das aquisições.

§ 2º O disposto na alínea "a" do inciso I do *caput* aplica-se, inclusive, a produtos destinados ao exterior.

§ 3º Os estabelecimentos recebedores das matérias-primas, dos produtos intermediários e dos materiais de embalagem que, na hipótese da alínea "d" do inciso I do *caput*, derem

---

37 Vide artigo 610 do RIPI/2010 – definição de bens de produção.
38 RIPI/2010 – Art. 231 – procedimentos para créditos por devolução ou retorno de produtos.

saída a produtos não tributados, deverão comunicar o fato ao remetente, no mesmo período de apuração do imposto, para que, no período seguinte, seja por aquele promovido o estorno.

§ 4º O disposto na alínea "d" do inciso I do **caput** não se aplica à hipótese do inciso I do art. 46 (Lei nº 10.637, de 2002, art. 29, § 5º).

§ 5º Anular-se-á o crédito no período de apuração do imposto em que ocorrer ou se verificar o fato determinante da anulação.

§ 6º Na hipótese do § 5 , se o estorno for efetuado após o prazo previsto e resultar em saldo devedor do imposto, a este serão acrescidos os encargos legais provenientes do atraso.

Seguem posicionamentos recentes da Receita Federal, em situações que obrigam o contribuinte a estornar o crédito tomado por ocasião da entrada, vejamos:

Acórdão DRJ08 – 41969/2024

Assunto: Imposto sobre Produtos Industrializados – IPI

CRÉDITO DE IPI. INSUMO UTILIZADO EM OPERAÇÃO EXCLUÍDA DO CONCEITO DE INDUSTRIALIZAÇÃO. NECESSIDADE DE ESTORNO DO CRÉDITO.

Será anulado, mediante estorno na escrita fiscal, o crédito do imposto relativo a matéria-prima, produto intermediário e material de embalagem que tenham sido empregados em operações excluídas do conceito de industrialização. Assim, quando utilizados em consertos, restaurações, recondicionamentos ou reparos, os créditos correspondentes a tais produtos devem ser estornados.

Solução de Consulta COSIT 207/2023

Assunto: Imposto sobre Produtos Industrializados – IPI

REPARO. EQUIPAMENTO COM DEFEITO DE FABRICAÇÃO. EXECUÇÃO GRATUITA. GARANTIA EM VIGOR DADA PELO FABRICANTE. PARTES E PEÇAS.

SUBSTITUIÇÃO. FATO GERADOR. NÃO OCORRÊN-CIA. CRÉDITOS. ANULAÇÃO.

Não se considera industrialização a operação de reparo de equipamentos, nacionalizados e revendidos no Brasil, que tenham apresentado defeito de fabricação, inclusive mediante a substituição de parte e peças, desde que o reparo seja executado de forma gratuita, ainda que por concessionários ou representantes, em virtude de garantia dada pelo fabricante desses equipamentos. Consequentemente, não haverá incidência do IPI por ocasião da saída do equipamento reparado do estabelecimento executor, ainda que na operação tenham sido empregadas partes e peças. Dessa forma, **fica o estabelecimento executor do reparo obrigado a anular, mediante estorno na sua escrita fiscal, o crédito do imposto, porventura lançado, quando da entrada, em seu estabelecimento, das partes e peças aplicadas na operação de reparo.**(grifo nosso).

[...]

9.9.1 Lançamento do estorno do crédito

Quando houver mais de uma aquisição de produtos e não sendo possível determinar aquela a que corresponde o estorno do imposto, este será calculado com base no preço médio das aquisições[39]. O lançamento do estorno do crédito do IPI deve ser feito no período de apuração em que ocorrer ou se verificar o fato determinante da anulação, ou dentro de 20 dias, se o estabelecimento obrigado à anulação não for contribuinte do imposto. Em caso de estorno efetuado fora do prazo, isto é, fora do período de apuração do fato determinante da anulação e que resulte em saldo devedor, a ele serão acrescidos os seguintes encargos legais provenientes do atraso[40]:

---

39   RIPI/2010 – Art. 254, § 1º.
40   RIPI/2010 – Art. 254, §§ 5º e 6º, art. 553 e art. 554.

a. Juros de mora equivalentes à taxa referencial do Sistema Especial de Liquidação e de Custódia (Selic), acumulada mensalmente, calculados a partir do 1º dia do mês subsequente ao do vencimento até o último dia do mês anterior ao pagamento e de 1% no mês do pagamento; e

b. Multa de mora, calculada a partir do primeiro dia subsequente ao do vencimento, à taxa de 0,33% por dia de atraso, limitada a 20%.

9.9.2 Manutenção do Crédito (saídas de sucatas)

O RIPI/2010, em seu art. 255, permite a manutenção do crédito em virtude da saída de sucata, aparas, resíduos, fragmentos e semelhantes, resultante do emprego de matéria-prima, produto intermediário e material de embalagem, bem como na ocorrência de quebras admitidas no processo industrial.

Por outro lado, devem ser estornados os créditos do IPI pago no desembaraço de produtos importados para revenda, os quais posteriormente sejam destruídos pelo importador, que comercializa sucata resultante deste processo. Veja posicionamento da Receita Federal a este respeito:

> **Solução de Consulta DISIT/SRRF08 324/2008**
>
> Assunto: Imposto sobre Produtos Industrializados – IPI
>
> CRÉDITO. ANULAÇÃO. SAÍDA DE SUCATA RESULTANTE DA DESTRUIÇÃO DE PRODUTOS IMPORTADOS. Devem ser anulados, mediante estorno na escrita fiscal, os créditos relativos ao IPI pago no desembaraço aduaneiro de produtos importados para revenda no mercado interno, os quais, posteriormente, por se tornarem obsoletos, sejam destruídos pelo importador, que comercializa a sucata resultante desse processo.

9.10 Apuração do IPI

Aplicando a não cumulatividade do IPI, há uma relação de créditos/débitos que tem por fundamento entradas e saídas de produtos resultantes do emprego industrial dessas aquisições. A não cumulatividade considera as operações realizadas em um período que, para o IPI, em regra, a apuração é mensal. Sendo os débitos superiores aos créditos, há imposto a recolher. Entretanto, se ocorrer o oposto, não há impostos a pagar, e os créditos remanescentes são transferidos para o período de apuração seguinte[41].

Vejamos:

RIPI/2010

Art. 251. Os créditos serão escriturados pelo beneficiário, em seus livros fiscais, à vista do documento que lhes confira legitimidade:

I – Nos casos dos créditos básicos, incentivados ou decorrentes de devolução ou retorno de produtos, na efetiva entrada dos produtos no estabelecimento industrial, ou equiparado a industrial;

[...] § 1º Não deverão ser escriturados créditos relativos a matéria-prima, produto intermediário e material de embalagem que, sabidamente, se destinem a emprego na industrialização de produtos não tributados - compreendidos aqueles com notação "NT" na TIPI, os imunes, e os que resultem de operação excluída do conceito de industrialização - ou saídos com suspensão, cujo estorno seja determinado por disposição legal.

[...]

---

41 RIPI/2010 – Artigos 256 e 257

9.10.1   Ressarcimento

Se a apuração resultar saldo credor, os valores poderão ser mantidos para posterior dedução de débitos do IPI relativos a períodos de apuração subsequentes. Entretanto, se ao final de cada trimestre-calendário remanescerem créditos do IPI passíveis de ressarcimento depois de efetuadas as deduções e as transferências admitidas na legislação, o contribuinte poderá requerer o ressarcimento do saldo credor ou utilizá-lo na compensação de débitos próprios relativos a tributos administrados pela Receita Federal.[42]

Nos termos do artigo 258 do RIPI/2010, em normas especiais, a concessão de ressarcimento do crédito do imposto pela Secretaria da Receita Federal fica condicionada à verificação da quitação de impostos e contribuições federais do interessado, observado o disposto no art. 269, conforme segue:

> **RIPI/2010**
>
> Art. 269. A restituição ou o ressarcimento do imposto ficam condicionados à verificação da quitação de impostos e contribuições federais do interessado.
>
> Parágrafo único. Verificada pela Secretaria da Receita Federal do Brasil a existência de débitos em nome do contribuinte, será realizada a compensação, total ou parcial, do valor da restituição ou do ressarcimento com o valor do débito.

Vejamos o acórdão que trata a respeito do ressarcimento:

> **Acórdão DRJ/SDR 49234/2020**
>
> Assunto: Imposto sobre Produtos Industrializados – IPI
>
> REGIME NÃO CUMULATIVO DO IPI. CRÉDITO.

---

42   Lei n° 9.363/1996; Lei n° 10.276/2001; IN RFB 2.055/2021, Arts. 40, 41 e 43, caput; Portaria MF 134/1992, art. 1°.

> Na hipótese de remanescerem, ao final do trimestre calendário, créditos do IPI passíveis de ressarcimento depois de efetuadas as deduções e transferências admitidas na legislação, a pessoa jurídica poderá requerer à RFB o ressarcimento do saldo credor ou utilizá-lo na compensação de débitos próprios relativos a tributos administrados pela RFB.
>
> [...]

Em regra, o procedimento para ressarcimento de tributos administrados pela Secretaria Especial da Receita Federal do Brasil (RFB) está disciplinado na Instrução Normativa RFB 2.055/2021.

Alternativamente os créditos remanescentes poderão ser transferidos para outro estabelecimento da pessoa jurídica, desde que se refiram a:

a. Créditos presumidos do IPI apurados pelo estabelecimento matriz da pessoa jurídica, como ressarcimento da contribuição para o PIS-Pasep e da Cofins, previstos nas Leis nºs 9.363/1996 e 10.276/2001; e

b. Créditos decorrentes de estímulos fiscais na área do IPI, de que trata o art. 1º da Portaria MF nº 134/1992.

O pedido de ressarcimento será efetuado pelo estabelecimento matriz da pessoa jurídica mediante utilização do Programa Gerador do Pedido Eletrônico de Restituição, Ressarcimento ou Reembolso e Declaração de Compensação (PER/Dcomp).[43]

No período de apuração em que for apresentado à Receita Federal o pedido de ressarcimento, o estabelecimento que escriturou referidos créditos deverá estornar, em sua escrituração fiscal, o valor do crédito solicitado.

---

43   Instrução Normativa RFB nº 2.055/2021, arts. 44 , *caput*, e 158, Anexos I e IV; Ato Declaratório Executivo Corec nº 3/2018; Ato Declaratório Executivo Corec nº 4/2018; Ato Declaratório Executivo Corec nº 2/2020.

9.11 Conclusão

A CF/88 determina que o IPI será "não cumulativo", assegurado ao contribuinte a possibilidade de compensação do valor a pagar com o imposto incidente nas operações de entradas.[44] Nos termos do RIPI/2010, a não cumulatividade do IPI é efetivada pelo sistema de crédito atribuído ao contribuinte do imposto correspondente aos produtos que entram em seu estabelecimento para ser abatido do que for devido pelos produtos que saem, no mesmo período de apuração, que é mensal para o IPI.

O crédito somente é possível para empresas do Regime Normal, mediante documentos hábeis e idôneos e na entrada da mercadoria do estabelecimento industrial ou equiparado. Para tanto, as entradas devem ser normalmente tributadas, suportadas por documentos adequados, e se dará em relação às aquisições de insumos (matérias-primas, material de embalagem e produtos intermediários), que irão compor o produto industrializado.

Somente as mercadorias que se integrem ao produto final ou as que sofram algum tipo de desgaste em função do contato direto com este são as que podem ser consideradas, no âmbito do IPI, como matérias-primas, produtos intermediários e materiais de embalagem passíveis de tomada de crédito. Os insumos importados também geram direito ao crédito pelo estabelecimento industrial ou equiparado. Além disso, os importadores de produtos para revenda podem tomar crédito do IPI pago no desembaraço aduaneiro, uma vez que, obedecendo o princípio da não cumulatividade, a saída para o mercado doméstico será normalmente tributada.

Não é possível a tomada de crédito nas aquisições para uso/consumo ou bens que farão parte do ativo imobilizado. Em geral, o crédito tomado refere-se a uma saída normalmente

---

44   CF/88 – Art. 153, § 3º, inciso II.

tributada. Se a saída não for tributada (NT), não é possível o crédito, e se foi tomado deve ser estornado. Em 1999, com a publicação da Lei n° 9.779/99, artigo 11[45], ficou permitido o aproveitamento do crédito do IPI decorrente de aquisição de matéria-prima, produto intermediário e material de embalagem, mesmo que as saídas sejam isentas, tributadas à alíquota zero ou, exportação que atendam a imunidade tributária.[46]

Também é possível o crédito nas operações de devolução ou retorno de mercadorias não entregues ao destinatário. Se, por um motivo qualquer, não acontecer as saídas subsequentes do produto industrializado, do estabelecimento industrial ou equiparado, o valor IPI que foi creditado na entrada de insumos deverá ser estornado.

É permitido o crédito extemporâneo, sem qualquer tipo de atualização monetária, no prazo de cinco anos, contado a partir da data da efetiva entrada dos produtos no estabelecimento industrial ou equiparado. Se a apuração resultar saldo credor, os valores poderão ser mantidos para posterior dedução de débitos do IPI relativos a períodos de apuração subsequentes. Caso contrário, se ao final de cada trimestre-calendário remanescerem créditos do IPI passíveis de ressarcimento, o contribuinte poderá requerer o ressarcimento do saldo credor ou utilizá-lo na compensação de débitos próprios relativos a tributos administrados pela Receita Federal.

---

45   O artigo 11 da Lei n° 9779/99, foi regulamentado no artigo 256, § 2° do RIPI/2010 e artigo 5° do Decreto-lei n° 491/69.

46   RIPI/2010 – artigo 18, inciso II.

CAPÍTULO 10
CRÉDITO DE IRPJ E CSLL (SALDO NEGATIVO)

10.1 Introdução

Neste capítulo iremos abordar os conceitos e os procedimentos para recuperar os créditos de IR e CSLL originado pelo saldo negativo. O crédito de Saldo Negativo pode surgir nas empresas tributadas pelo Lucro Real, Lucro Presumido e Arbitrado, nos quais são realizados o confronto entre as antecipações efetuadas e os pagamentos dos impostos ou contribuição calculados no final do período Anual ou Trimestral.

Em linhas gerais, o conceito de antecipações são os pagamentos ou retenções que a empresa sofre durante o período de apuração, seja Anual ou Trimestral:

Exemplos de antecipações que podem gerar saldo negativo:

- Imposto de renda pago no exterior;
- Imposto de renda ou contribuição social retidos na fonte;
- Pagamentos por estimativa;
- Pagamentos de imposto de renda sobre Renda Variável;
- Estimativas compensadas; e
- Estimativas parceladas.

IN 2.055/2021

Art. 27. Os saldos negativos do Imposto sobre a Renda da Pessoa Jurídica (IRPJ) e da Contribuição Social sobre o Lucro Líquido (CSLL) **poderão ser objeto de restituição**, nas seguintes hipóteses:

I – de **apuração anual**, a partir do mês de janeiro do ano-calendário subsequente ao do encerramento do período de apuração;

II – **de apuração trimestral**, a partir do mês subsequente ao do trimestre de apuração; e

III – **de apuração especial decorrente de extinção, cisão parcial, cisão total, fusão ou incorporação**, a partir do 1º (primeiro) dia útil subsequente ao do encerramento do período de apuração.

10.2 Exemplo de créditos originados pelo Saldo Negativo – Lucro Real Anual

Descrição	IRPJ	
Lucro Real Anual	10.000.000,00	
15%	1.500.000,00	
adicional (10 %)	976.000,00	
IRPJ	**2.476.000,00**	IR devido
Antecipações	**(2.200.000,00)**	IR pago durante o ano
IR retido na Fonte	**(800.000,00)**	valores retidos a título de IR
Saldo de IR a Pagar	**(524.000,00)**	Saldo Negativo de IR
Descrição	**CSLL**	
Base da CSLL	10.000.000,00	
9%	900.000,00	
CSLL	**900.000,00**	CS devido

Antecipações	(750.000,00)	CS pago durante o ano
CS retida na Fonte	(250.000,00)	valores retidos a título de CS
Saldo de CSLL a Pagar	**(100.000,00)**	Saldo Negativo do CSLL

> **Nota:**
>
> O Pedido de Restituição e a Declaração de Compensação – PER/Dcomp, **quando tratar de crédito proveniente de "saldo negativo de IRPJ ou de CSLL" somente serão recepcionados pela RFB depois da transmissão da ECF,** na qual se encontre demonstrado o direito creditório, de acordo com o período de apuração.

Para o saldo negativo de **IRPJ ou CSLL** apurado trimestralmente, a restrição será **aplicada somente depois do encerramento do respectivo ano-calendário.** Esta regra se aplica, inclusive, com relação **aos créditos apurados em situações especiais decorrente de extinção, cisão parcial, cisão total, fusão ou incorporação.**

IN 2.055/2021

Art. 28. O pedido de restituição e a declaração de compensação relativos ao saldo negativo de IRPJ ou de CSLL serão recepcionados pela RFB somente depois da confirmação da transmissão da ECF, na qual esteja demonstrado o direito creditório, de acordo com o período de apuração.

§ 1º O disposto no caput aplica-se, inclusive, aos casos de apuração especial decorrente de extinção, cisão parcial, cisão total, fusão ou incorporação.

§ 2º No caso de saldo negativo de IRPJ ou de CSLL apurado trimestralmente, a restrição de que trata o caput será aplicada somente depois do encerramento do respectivo ano-calendário.

Nota:

Lei nº 13.670/ 2018 e seus reflexos na compensação do Saldo Negativo

Não poderão ser objeto de compensação mediante entrega de Per/DComp os débitos relativos ao recolhimento mensal por estimativa do Imposto sobre a Renda das Pessoas Jurídicas (IRPJ) e da Contribuição Social sobre o Lucro Líquido (CSLL), apurados na forma do art. 2º da Lei nº 9.430/1996 (vide nova redação dada ao art. 74, § 3º, IX, Lei nº 9.430/1996).

Instrução Normativa RFB nº 2.055/2021

Art. 76. Além das hipóteses previstas no art. 75 e nas leis específicas de cada tributo, é vedada e será considerada não declarada a compensação que tiver por objeto:

[...]

XVI – os **débitos relativos ao recolhimento mensal por estimativa do IRPJ e da CSLL** apurados na forma do art. 2º da Lei nº 9.430, de 27 de dezembro de 1996;

10.3 Exemplo de créditos originados pelo Saldo Negativo – Lucro Real Trimestral

Figura 10.1

Lucro Real Trimestral

Base de Calculo do IR	**200.000,00**
IRPJ (15%)	30.000,00
Adicional (200.000,00 - 60.000,000 x 10 %)	14.000,00
IR Devido	**44.000,00**

(-) Imposto Pago no Exterior sobre Lucros, Rendimentos e Ganhos de Capital
(-) Imposto de Renda Retido na Fonte   - 100.000,00
(-) Imposto de Renda Mensal Efetivamente Pago por Estimativa

Deduções

Imposto de Renda a Pagar   - **56.000,00**

Caso o saldo desta linha esteja negativo, significa credito de Saldo Negativo

Fonte: Elaborada pelos autores.

ECF – Registro de Apuração

Figura 10.2

1	BASE DE CÁLCULO DO IRPJ	200.000,00
2	IMPOSTO SOBRE O LUCRO REAL	
3	À Alíquota de 15%	30.000,00
4	Adicional	14.000,00
5	DEDUÇÕES	
6	(-)Operações de Caráter Cultural e Artístico	0,00
8	(-)Programa de Alimentação do Trabalhador	0,00
9	(-)Desenvolvimento Tecnológico Industrial / Agropecuário	0,00
10	(-)Atividade Audiovisual	0,00
11	(-)Fundos dos Direitos da Criança e do Adolescente	0,00
12	(-)Fundos Nacional, Estaduais ou Municipais do Idoso (Lei nº 12.213/2010, art. 3º)	0,00
13	(-)Atividades de Caráter Desportivo	0,00
14	(-)Programa Nacional de Apoio à Atenção Oncológica - PRONON (Lei nº 12.715/2012, arts. 1º e 4º)	0,00
15	(-)Programa Nacional de Apoio à Atenção da Saúde da Pessoa com Deficiência - PRONAS/PCD (Lei nº 12.715/2012, arts. 3º e 4º)	0,00
16	(-)Valor da Remuneração da Prorrogação da Licença-Maternidade e da Licença-Paternidade (Lei nº 11.770/2008, art. 5º)	0,00
16.01	(-)Crédito Presumido de 9% Sobre a Parcela dos Lucros Auferidos no Exterior (Art. 28, da Instrução Normativa 1.520/2014)	0,00
16.04	(-)Imposto Sobre a Renda Pago no Exterior pela Controlada Direta ou Indireta, no Caso do Art. 87 da Lei nº 12.973/2014	0,00
16.05	(-)Imposto Sobre a Renda Retido na Fonte no Exterior Incidente Sobre os Dividendos no Caso do Art. 88 da Lei nº 12.973/2014	0,00
17	(-)Isenção e Redução do Imposto	0,00
18	(-)Redução por Reinvestimento	0,00
19	(-)Imposto Pago no Exterior sobre Lucros, Rendimentos e Ganhos de Capital	0,00
20	(-)Imposto de Renda Retido na Fonte	100.000,00
21	(-)Imposto de Renda Retido na Fonte por Órgãos, Autarquias e Fundações Federais (Lei nº 9.430/1996, art. 64)	0,00
22	(-)Imposto de Renda Retido na Fonte pelas Demais Entidades da Administração Pública Federal (Lei nº 10.833/2003, art. 34)	0,00
23	(-)Imposto Pago Incidente sobre Ganhos no Mercado de Renda Variável	0,00
24	(-)Imposto de Renda Mensal Efetivamente Pago por Estimativa	
25	(-)Parcelamento Formalizado de IR sobre a Base de Cálculo Estimada	
26	IMPOSTO DE RENDA A PAGAR	-56.000,00
27	IMPOSTO DE RENDA SOBRE A DIFERENÇA ENTRE O CUSTO ORÇADO E O CUSTO EFETIVO	0,00
28	IMPOSTO DE RENDA POSTERGADO DE PERÍODOS DE APURAÇÃO ANTERIORES	0,00

Registro de Apuração da ECF

Fonte: Elaborada pelos autores.

Além de garantir a validação dos saldos entre as apuração e ECF, a RFB irá solicitar abertura e composição das Retenções sofridas durante o período e Pagamentos realizados durante o Ano ou Trimestre na PER/Dcomp e Registros complementares da ECF.

Exemplo:

CNPJ Fonte pagadora	22.222.222/0001-91
Competência	dez/17
Código Darf	3426
Rendimento	444.444,44
Retenção	100.000,00

Registro Y570

Figura 10.3 – Registo Y570 – Demonstrativo do Imposto de Renda E CSLL Retidos na Fonte

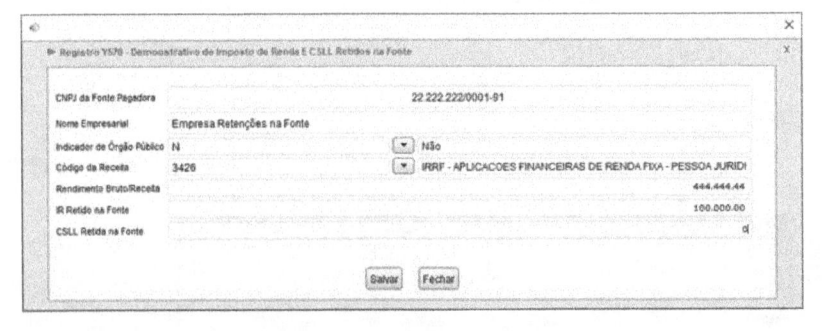

Fonte: Elaborada pelos autores.

NOTA:

Os dados da Retenção devem estar de acordo com Informe de rendimento fornecidos pela fonte pagadora e obrigações acessórias, como a DIRF e Reinf – Evento 4000.

> Outro ponto de destaque são as correções da Taxa Selic, a legislação permite a correção Selic sobre os créditos de Saldo negativo de IRPJ e CSLL a partir do mês seguinte ao encerramento da Apuração. Por exemplo: Lucro Real anual a partir de janeiro, Lucro Real Trimestral a partir do mês seguinte do trimestre.

PER/DCOMP Programa – Saldo negativo

Competência	4 TRI – 2017
Data da Compensação	Mai/19
Valor	56.000,00
Correção Selic	5.185,60
Total do Crédito	61.185,60

Correção Selic:

Figura 10.4

Mês/Ano	2011	2012	2013	2014	2015	2016	2017	2018	2019
Janeiro	0,86%	0,89%	0,60%	0,85%	0,94%	1,06%	1,09%	0,58%	0,54%
Fevereiro	0,84%	0,75%	0,49%	0,79%	0,82%	1,00%	0,87%	0,47%	0,49%
Março	0,92%	0,82%	0,55%	0,77%	1,04%	1,16%	1,05%	0,53%	0,47%
Abril	0,84%	0,71%	0,61%	0,82%	0,95%	1,06%	0,79%	0,52%	0,52%
Maio	0,99%	0,74%	0,60%	0,87%	0,99%	1,11%	0,93%	0,52%	1,00%
Junho	0,96%	0,64%	0,61%	0,82%	1,07%	1,16%	0,81%	0,52%	
Julho	0,97%	0,68%	0,72%	0,95%	1,18%	1,11%	0,80%	0,54%	
Agosto	1,07%	0,69%	0,71%	0,87%	1,11%	1,22%	0,80%	0,57%	
Setembro	0,94%	0,54%	0,71%	0,91%	1,11%	1,11%	0,64%	0,47%	
Outubro	0,88%	0,61%	0,81%	0,95%	1,11%	1,05%	0,64%	0,54%	
Novembro	0,86%	0,55%	0,72%	0,84%	1,06%	1,04%	0,57%	0,49%	
Dezembro	0,91%	0,55%	0,79%	0,96%	1,16%	1,12%	0,54%	0,49%	

Selic 9,26 %

Fonte: Elaborada pelos autores.

Nota:

Depois do envio da ECF e validação das informações, os créditos de Saldo negativo de IRPJ e CSLL poderão ser Restituídos (Deposito em Conta Corrente) ou compensados via processo administrativo PER/DCOMP.

Figura 10.5 - Novo documento

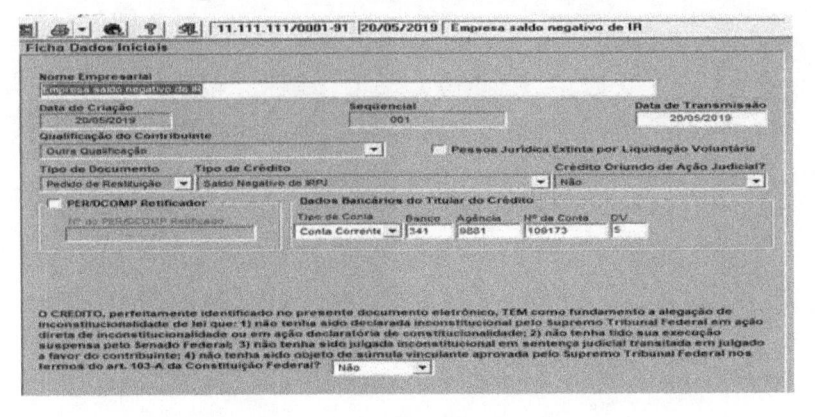

Fonte: PER/DCOMP Programa. Simulação elaborada pelos autores.

Figura 10.6 – Ficha de Dados Iniciais

Fonte: PER/DCOMP Programa. Simulação elaborada pelos autores.

Figura 10.7 – PER/DCOMP 6.8a

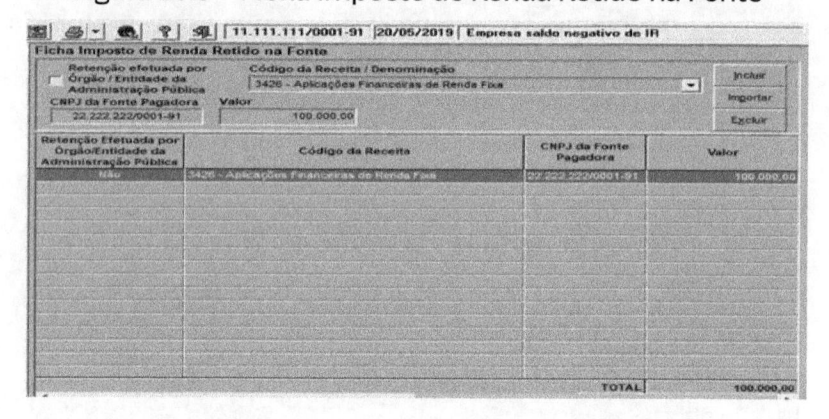

Fonte: PER/DCOMP Programa. Simulação elaborada pelos autores.

Figura 10.8 – Ficha Imposto de Renda Retido na Fonte

Fonte: PER/DCOMP. Simulação elaborada pelos autores.

Programa Declaração de Compensação

Figura 10.9 – Novo Documento

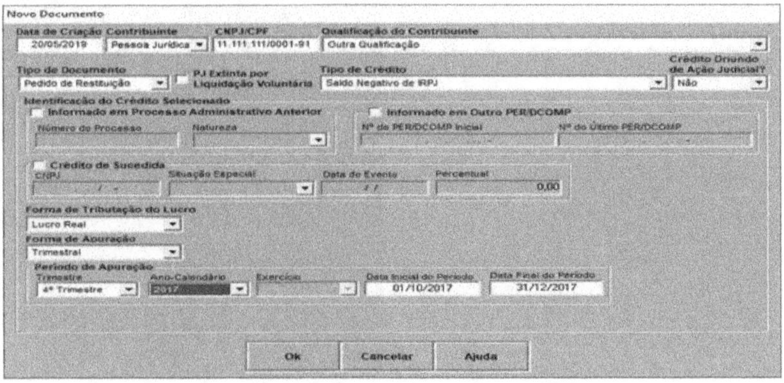

Fonte: PER/DCOMP. Simulação elaborada pelos autores.

Figura 10.10 – Ficha Saldo Negativo de IRPJ

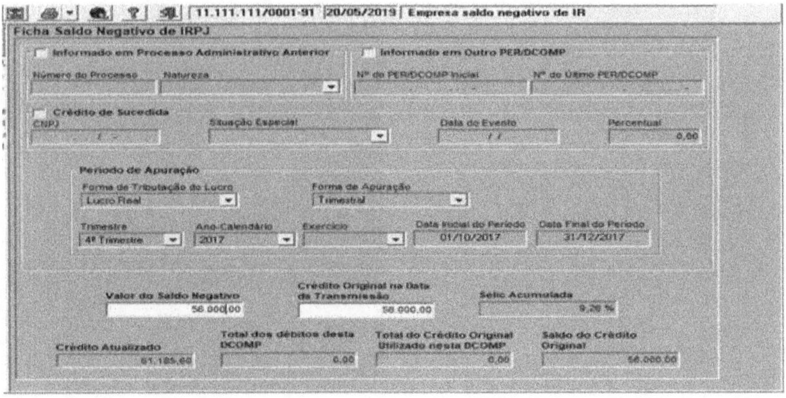

Fonte: PER/DCOMP. Simulação elaborada pelos autores.

Figura 10.11 – Ficha Débito – IRRF

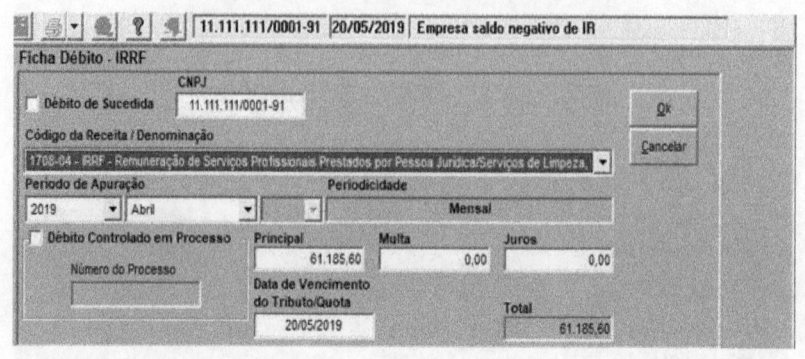

Figura 10.12

```
                              PER/DCOMP 6.8a
11.111.111/0001-91                                              Página 2
Ficha - Saldo Negativo de IRPJ                          00200615

Informado em Processo Administrativo Anterior: NÃO
Número do Processo:        .      /  -                          Natureza:
Informado em Outro PER/DCOMP: NÃO
Nº do PER/DCOMP Inicial:
Nº do Último PER/DCOMP:
Crédito de Sucedida: NÃO                       CNPJ:  .   .  /  -
Situação Especial:
Data do Evento:  /  /                                          Percentual:
Forma de Tributação do Lucro: Lucro Real
Forma de Apuração: Trimestral            Período de Apuração:  4º Trimestre / 2017
Data Inicial do Período: 01/10/2017          Data Final do Período: 31/12/2017
Valor do Saldo Negativo                                        56.000,00
Crédito Original na Data da Transmissão                        56.000,00
Selic Acumulada                                                    9,26%
Crédito Atualizado                                             61.185,60
Total dos débitos desta DCOMP                                  61.185,60
Total do Crédito Original Utilizado nesta DCOMP                56.000,00
Saldo do Crédito Original                                          0,00
```

Figura 10.13

DÉBITO IRRF   00200615

Débito de Sucedida: NÃO   CNPJ: 11.111.111/0001-91

Grupo de Tributo: IMPOSTO SOBRE A RENDA RETIDO NA FONTE
Código da Receita/Denominação: 1708-04 IRRF - Remuneração de Serviços Profissionais
                                        Prestados por Pessoa Jurídica/Serviços de
                                        Limpeza, Conservação, Segurança e Locação de
                                        Mão-de-Obra Prestados por Pessoa Jurídica
Período de Apuração: Abr. / 2019   Periodicidade: Mensal
Data de Vencimento do Tributo/Quota: 20/05/2019
Débito Controlado em Processo: NÃO

Principal   61.185,60
Multa   0,00
Juros   0,00
Total   61.185,60

Fonte: Simulação elaborada pelos autores.

Figura 10.14

CRÉDITO

CNPJ Detentor do Crédito: 11.111.111/0001-91
Tipo de Crédito: Saldo Negativo de IRPJ
Período de Apuração/Exercício/Ano-Calendário: 4° Trim. / 2017
Ação Judicial: NÃO
Informado em Processo Administrativo Anterior: NÃO
Informado em PER/DCOMP Anterior: NÃO
Total do Crédito Original Utilizado nesta DCOMP   56.000,00

DÉBITOS COMPENSADOS

CNPJ Detentor do Débito: 11.111.111/0001-91
Grupo de Tributo: IRRF
Código da Receita: 1708-04 IRRF - Remuneração de Serviços Profissionais Prestados por
                           Pessoa Jurídica/Serviços de Limpeza, Conservação, Segurança
                           e Locação de Mão-de-Obra Prestados por Pessoa Jurídica
Período de Apuração/Exercício/Ano-Calendário: Abr. / 2019
Data de Vencimento: 20/05/2019
Número do Processo:
Principal   61.185,60
Multa   0,00
Juros   0,00
Total   61.185,60

TOTAL   **61.185,60**

Fonte: PER/DCOMP. Simulação elaborada pelos autores.

Exemplo de Saldo Negativo na Per/Dcomp WEB

Figura 10.15 – PER/DCOMP – Pedido Eletrônico de Ressarcimento ou Reembolso e Declaração de Compensação

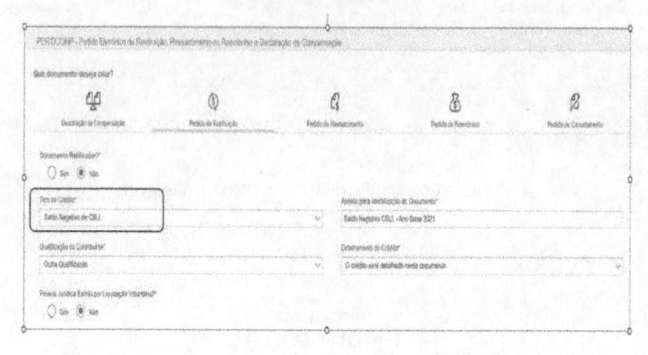

Fonte: PER/DCOMP Web. Simulação elaborada pelos autores.

Figura 10.16 – PER/DCOMP – Pedido Eletrônico de Ressarcimento ou Reembolso e Declaração de Compensação – Abas "Informar Crédito e Identificação de Crédito"

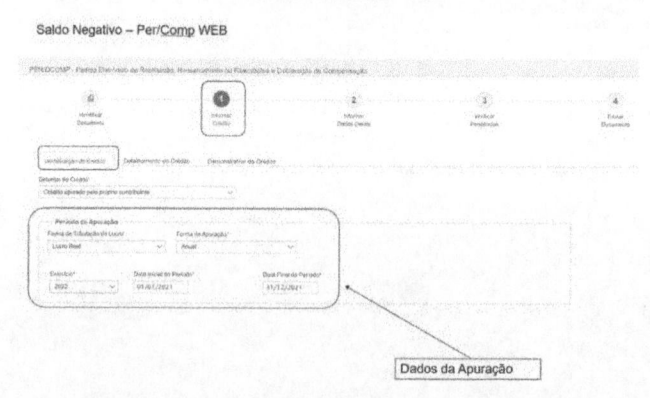

Fonte: PER/DCOMP Web. Simulação elaborada pelos autores .

Figura 10.17 – Abas "Detalhamento do Crédito" e "Pagamentos"

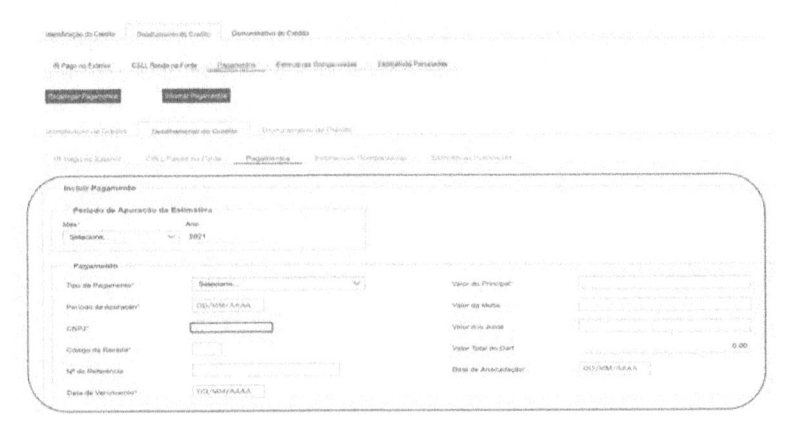

Fonte: PER/DCOMP Web. Simulação elaborada pelos autores .

Figura 10.18 – Aba "Detalhamento de Crédito" Pagamentos

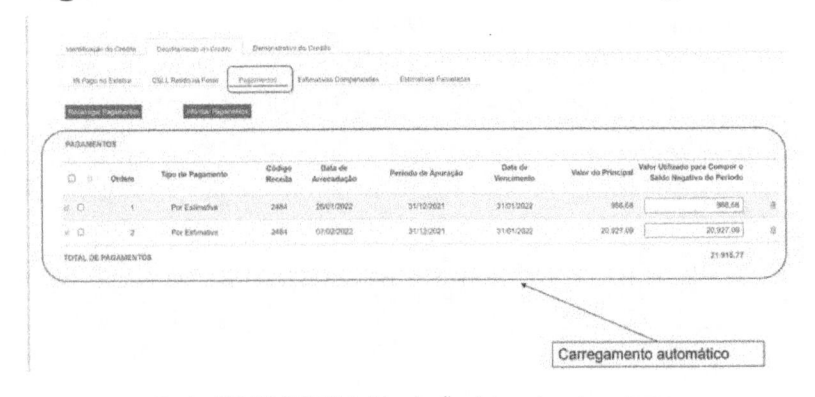

Fonte: PER/DCOMP Web. Simulação elaborada pelos autores .

Figura 10.19 PER/DCOMP – Pedido Eletrônico de Restituição, Ressarcimento ou Reembolso e Declaração de Compensação

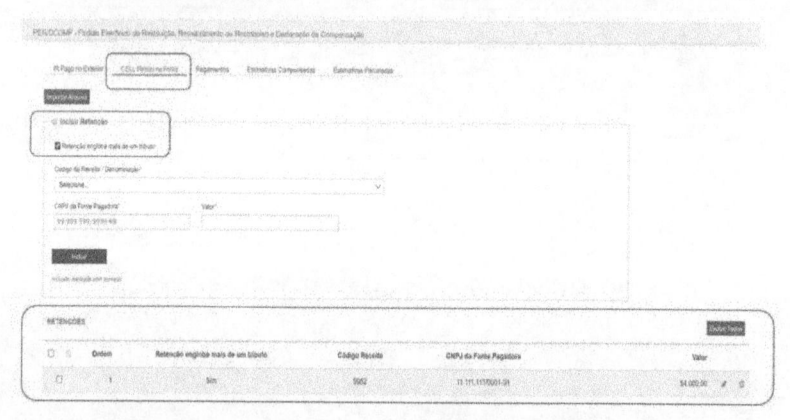

Fonte: PER/DCOMP Web. Simulação elaborada pelos autores.

Figura 10.20 – PER/DCOMP – Pedido Eletrônico de Restituição, Ressarcimento ou Reembolso e Declaração de Compensação – Aba "CSLL Retido na Fonte"

Fonte: PER/DCOMP Web. Simulação elaborada pelos autores.

Figura 10.21 – PER/DCOMP – Pedido Eletrônico de Restituição, Ressarcimento ou Reembolso e Declaração de Compensação

Fonte: PER/DCOMP Web. Simulação elaborada pelos autores.

Exemplo Prático de Preenchimento de PER/DCOMP de Saldo Negativo

Neste tópico iremos fazer um pedido de Restituição de Créditos de Saldo Negativo de IRPJ através do Programa PER/DComp.

> **Nota:**
>
> Para facilitar a didática vamos ilustrar o preenchimento do crédito de Saldo negativo de IRPJ via PER/DCOMP programa.
>
> Pela facilidade da busca das informações pré-preenchidas dentro do sistema da Receita Federal, é recomendável fazer via PER/Dcomp WEB. Inclusive a Receita Federal vem forçando os contribuintes usarem esta ferramenta por meio de bloqueios na hora do envio das informações via PER/Dcomp Programa, como, por exemplo, na versão 7.0 do programa.

Per/Dcomp Programa – Saldo Negativo para empresas do Lucro Real Trimestral

Apuração de IRPJ:

	1º Trimestre	Março
Contábil	Receita	6.640.000
	Custo	-3.662.000
	Lucro Bruto	2.978.000
	Despesa Indedutível	-3.331.000
	Receitas não tributadas	2.993.000
Ajustes	Lucro Líquido antes do IRPJ e CSLL	2.640.000
	Ajustes – Adições	331.000
	Ajustes Exclusões	-2.993.000
	Lucro Real	-22.000
Alíquotas	A Alíquota de 15%	0
	Adicional = (Lucro Real – 60.000 x 10 %)	0
	IRPJ (15 % + Adicional)	0
Deduções Incentivos	DEDUÇÕES IRPJ	
	(–) Operações de Caráter Cultural e Artístico	0
	(–) Programa de Alimentação do Trabalhador	0
	Outros Incentivos	0
	Total IRPJ	0
IRPJ a Recolher	Imposto de Renda Devido no Tri	0
	(–) Imposto de Renda Retido na Fonte	-150.000
	IRPJ a Pagar	-150.000

Dados da Retenção

Fonte Pagadora: JPC ARL

CNPJ: 33.333.333/0001-91

Valor do Rendimento: R$ 1.000.000.00

Código: 5706

IRRF: R$ 150.000,00

Com base nas informações acima iremos efetuar o preen-chimento do PER/Dcomp de Saldo Negativo.

1) PER/DCOMP: Tipo de crédito

Figura 10.22 – Novo Documento

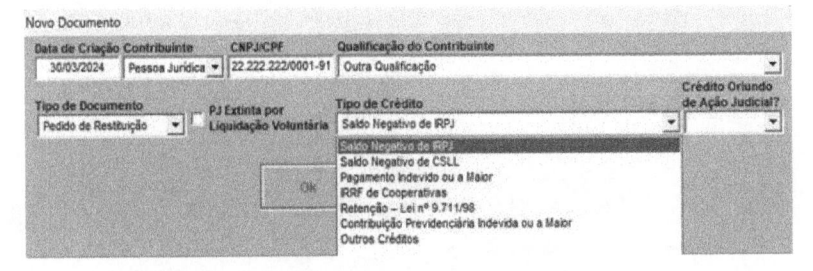

Fonte: PER/DCOMP Programa. Simulação elaborada pelos autores.

2) PER/DCOMP: Dados da Pessoa Jurídica e Regime de Tributação

Figura 10.23 – Novo Documento

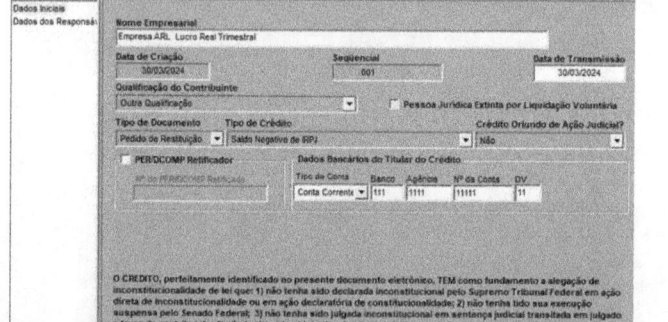

Fonte: PER/DCOMP Programa. Simulação elaborada pelos autores.

Dados Cadastrais

Figura 10.24 – Ficha Dados Iniciais

Fonte: PER/DCOMP Programa. Simulação elaborada pelos autores.

Responsáveis

Figura 10.25 – Ficha Dados dos Responsáveis da Pessoa Jurídica

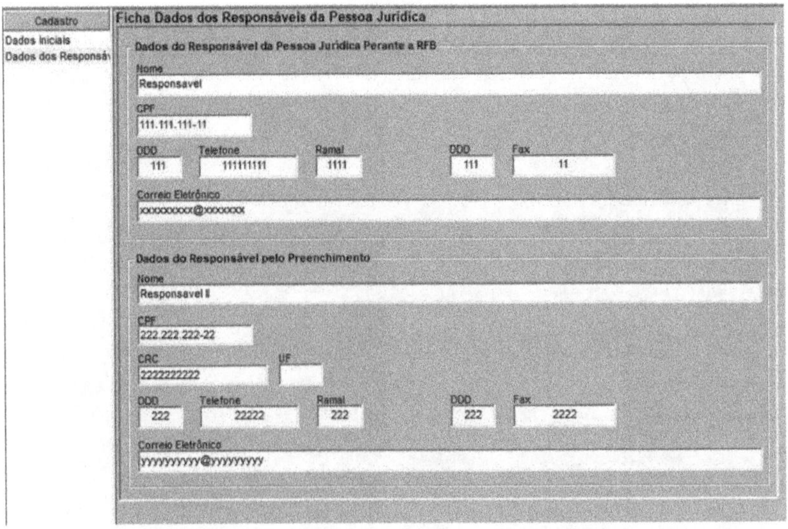

Fonte: PER/DCOMP Programa. Simulação elaborada pelos autores.

Dados do Crédito:

Apuração:

Figura 10.26

	1º Trimestre	Março
Contábil	Receita	6.640.000
	Custo	-3.662.000
	Lucro Bruto	2.978.000
	Despesa Indedutível	-3.331.000
	Receitas não Tributadas	2.993.000
Ajustes	Lucro Líquido antes do IRPJ e CSLL	2.640.000
	Ajustes - Adições	331.000
	Ajustes Exclusões	-2.993.000
	Lucro Real	-22.000
Alíquotas	A Alíquota de 15%	0
	Adicional = Lucro Real - 60.000 x 10 %)	0
	IRPJ (15 % + Adicional)	0
Deduções Incentivos	DEDUÇÕES IRPJ	
	(-)Operações de Caráter Cultural e Artístico	0
	(-)Programa de Alimentação do Trabalhador	0
	Outros Incentivos	0
	Total IRPJ	0
IRPJ a Recolher	Imposto de Renda Devido no Tri	0
	(-)Imposto de Renda Retido na Fonte	-150.000
	IRPJ a Pagar	-150.000

Fonte: PER/DCOMP Programa. Simulação elaborada pelos autores.

ECF:

Figura 10.27 – Registro N630 – Apuração Do IRPJ Com Base no Lucro Real

REGISTRO - N630
Registro N630 - Apuração Do IRPJ Com Base no Lucro Real   Sped

Anual

Código	Descrição	Conteúdo
3	À Alíquota de 15%	0,00
4	Adicional	0,00
5	DEDUÇÕES	
6	(-)Operações de Caráter Cultural e Artístico	0,00
8	(-)Programa de Alimentação do Trabalhador	0,00
9	(-)Desenvolvimento Tecnológico Industrial / Agropecuário	0,00
10	(-)Atividade Audiovisual	0,00
11	(-)Fundos dos Direitos da Criança e do Adolescente	0,00
12	(-)Fundos Nacional, Estaduais ou Municipais do Idoso (Lei nº 12.213/2010, art. 3º)	0,00
13	(-)Atividades de Caráter Desportivo	0,00
14	(-)Programa Nacional de Apoio à Atenção Oncológica - PRONON (Lei nº 12.715/2012, arts. 1º e 4º)	0,00
15	(-)Programa Nacional de Apoio à Atenção da Saúde da Pessoa com Deficiência - PRONAS/PCD (Lei nº 12.715/2012, arts. 3º e 4º)	0,00
16	(-)Valor da Remuneração da Prorrogação da Licença-Maternidade e da Licença-Paternidade (Lei nº 11.770/2008, art. 5º)	0,00
16.01	(-)Crédito Presumido de 9% Sobre a Parcela dos Lucros Auferidos no Exterior (Art. 28, da Instrução Normativa 1.520/2014)	0,00
16.04	(-)Imposto Sobre a Renda Pago no Exterior pela Controlada Direta ou Indireta, no Caso do Art. 87 da Lei nº 12.973/2014	0,00
16.05	(-)Imposto Sobre a Renda Retido na Fonte no Exterior incidente Sobre os Dividendos no Caso do Art. 88 da Lei nº 12.973/2014	0,00
16.06	(-) Programa Rota 2030 - Mobilidade e Logística - Despesa Operacional do Período (Art. 11 da Lei nº 13.755/2018)	0,00
16.07	(-) Programa Rota 2030 - Mobilidade e Logística - Parcela Excedente de Períodos Anteriores (Art. 11, § 3º da Lei nº 13.755/2018)	0,00
17	Isenção e Redução do Imposto	0,00
18	(-)Redução por Reinvestimento	0,00
19	(-)Imposto Pago no Exterior sobre Lucros, Rendimentos e Ganhos de Capital	0,00
20	(-)Imposto de Renda Retido na Fonte	150.000,00
21	(-)Imposto de Renda Retido na Fonte por Órgãos, Autarquias e Fundações Federais (Lei nº 9.430/1996, art. 64)	0,00
22	(-)Imposto de Renda Retido na Fonte pelas Demais Entidades da Administração Pública Federal (Lei nº 10.833/2003, art. 34)	0,00
23	(-)Imposto Pago Incidente sobre Ganhos no Mercado de Renda Variável	0,00
24	(-)Imposto de Renda Mensal Efetivamente Pago por Estimativa	0,00
25	(-)Imposto de Renda Efetivamente Parcelado Referente a Estimativas Mensais	0,00
26	IMPOSTO DE RENDA A PAGAR	-150.000,00

Fonte: PER/DCOMP Programa. Simulação elaborada pelos autores.

No exemplo acima, a linha 26 representa o Crédito de Saldo Negativo. A lógica para este nome é que, em linhas gerais, a Receita Federal espera o valor positivo para ela, ou seja, Saldo a Pagar. Entretanto, quando o contribuinte recolhe ou sofre retenções maiores do que seu débito, o seu saldo fica negativo sobre a ótica da Receita Federal. Em resumo, a linha 26 indica crédito para o contribuinte, o qual ele pode solicitar a restituição ou compensação.

> **Nota:**
>
> A linha 20 "Imposto de Renda Retido na Fonte" deve estar de acordo com os informes de rendimentos, DIRF, EFD Reinf e o Registro Y570 da ECF.

PER/DCOMP: Pedido de Restituição (Informações do Crédito):

Após análise e cruzamento das informações acima, o contribuinte tem a segurança para informar os dados do Crédito na Respectiva Per/Dcomp.

Figura 10.28 – PER/DCOMP 6.9b – Ficha Saldo negativo de IRPJ

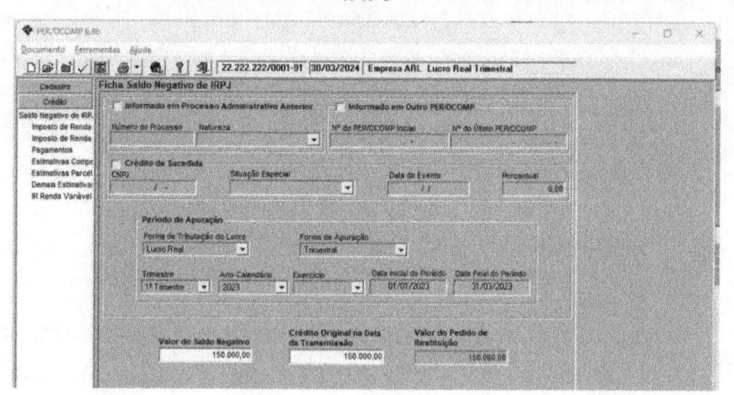

Fonte: PER/DCOMP Programa. Simulação elaborada pelos autores.

Valor do Saldo Negativo: informar o valor do saldo negativo de IRPJ apurado no período a que se refere o crédito objeto do Pedido Eletrônico de Restituição ou a Declaração de Compensação, conforme informado na ECF (O valor informado nesse campo não deverá ter acréscimo de juros Selic).

Crédito Original na Data da Transmissão: informar o valor original (sem acréscimo de juros Selic) do crédito relativo ao saldo negativo de IRPJ que, à data do envio do Pedido Eletrônico de Restituição ou da Declaração de Compensação, será detido pela pessoa jurídica em nome da qual está sendo formulado o pedido ou a declaração (saldo negativo de IRPJ, deduzido dos valores já restituídos ou já utilizados na compensação de débitos relativos aos tributos e contribuições administrados pela RFB, até a data de envio do documento).

> **Nota:**
>
> Quando nenhuma parcela do saldo negativo de IRPJ do período a que se refere o crédito tiver sido restituída ou utilizada na compensação de débitos relativos aos tributos e contribuições administrados pela RFB, o valor informado no campo "Crédito Original na Data da Transmissão" deverá ser igual ao do campo "Valor do Saldo Negativo".

Valor do Pedido de Restituição: é preenchido automaticamente pelo programa com o valor informado no preenchimento do campo "Crédito Original na Data da Transmissão".

Informações das Retenções do Imposto de Renda Retido na Fonte

Ficha Imposto de Renda Retido na Fonte

Essa ficha será disponibilizada ao contribuinte dentro da pasta "Crédito", na hipótese de elaboração de Pedido Eletrônico de Restituição ou de Declaração de Compensação de crédito relativo ao saldo negativo do Imposto de Renda da Pessoa Jurídica

(IRPJ) que não tenha sido objeto de reconhecimento judicial e que não tenha sido informado em processo administrativo ou PER/DCOMP anterior.

A ficha "Imposto de Renda Retido na Fonte" deverá ser preenchida com os dados relativos ao imposto de renda retido em todos os pagamentos efetuados ao contribuinte detentor do crédito, no período de apuração a que se refere o saldo negativo de IRPJ objeto do Pedido Eletrônico de Restituição ou da Declaração de Compensação, desde que referidos pagamentos tenham integrado à base de cálculo do IRPJ, conforme informado na Escrituração Contábil Fiscal (ECF).

As retenções efetuadas no período de apuração a que se refere o crédito por uma mesma Fonte Pagadora, a título de um mesmo código de receita, deverão ser somadas e informadas uma única vez.

1. **Retenção Efetuada por Órgão/Entidade da Administração Pública**: campo a ser assinalado na hipótese de o contribuinte pretender informar dados relativos ao imposto de renda retido por órgão público em pagamento por ele efetuado;

2. **Código da Receita/Denominação**: selecionar o código da receita a título do qual foi efetuada a retenção do imposto de renda, dentre as opções oferecidas pelo Programa PER/DCOMP;

3. **CNPJ da Fonte Pagadora**: informar o número de inscrição no Cadastro Nacional da Pessoa Jurídica (CNPJ) da pessoa jurídica que efetuou a retenção do imposto de renda;

4. **Valor**: informar o valor do imposto de renda retido.

Figura 10.29 – PER/DCOMP 6.9b – Ficha Imposto de Renda Retido na Fonte

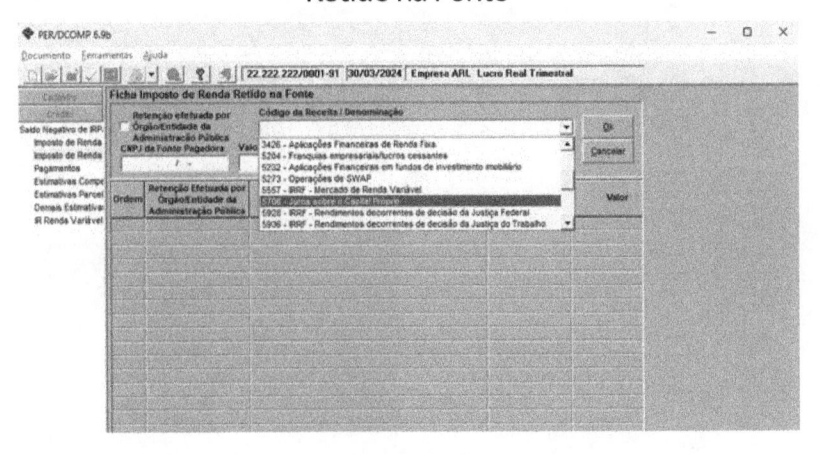

Fonte: PER/DCOMP Programa. Simulação elaborada pelos autores.

Figura 10.30 – PER/DCOMP 6.9b – Ficha Imposto de Renda Retido na Fonte

Fonte: PER/DCOMP Programa. Simulação elaborada pelos autores.

Nota:

Esta ficha deve estar de acordo com a linha 20 "Imposto de Renda Retido na Fonte" do Registro N630 da EFC e com os informes de rendimentos, DIRF, EFD Reinf.

Figura 10.31 – Ficha Imposto de Renda Retido na Fonte

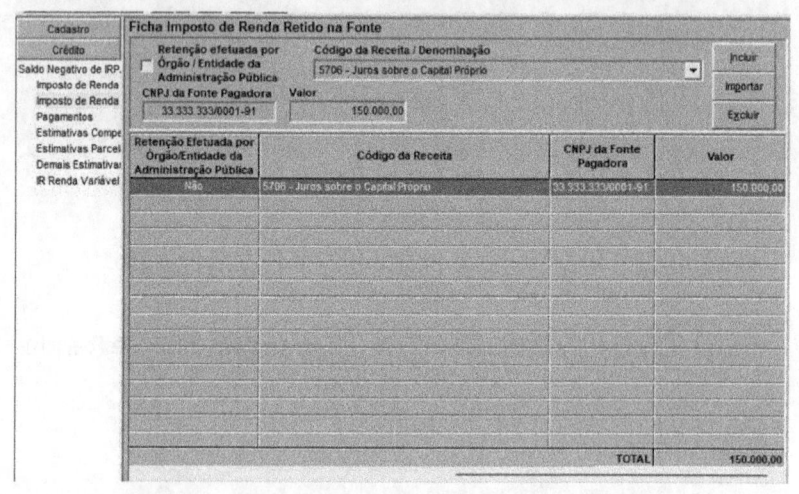

Fonte: PER/DCOMP Programa. Simulação elaborada pelos autores.

Nota:

Nessa ficha deve estar de acordo com a linha 20 "Imposto de Renda Retido na Fonte" do Registro N630 da ECF e com os informes de rendimentos, DIRF, EFD-Reinf.

Exemplo de Per/Dcomp – Saldo Negativo para empresas do Lucro Real Anual

A solicitação dos créditos de Saldo Negativo para empresas do Lucro Real Anual é mais complexa porque são requisitadas informações de Pagamentos e Retenções ocorridas durante o ano. Ressalta-se que existem treze apurações para a Sistemática do Lucro Real Anual, ou seja, 12 meses de estimativa (Registro N620 da ECF) e a 13ª apuração que representa o Fechamento Anual (Registro N630 da ECF).

> **Nota:**
>
> O Registro N630 tem como característica informar os valores das Retenções na Fonte que não foram utilizadas durante o ano e os valores efetivamente pagos.

Para facilitar o entendimento vamos preencher uma Per/Dcomp de Saldo de Negativo de IRPJ Lucro Real Anual mediante uma apuração hipotética do ano X1.

Dados da Apuração

Fechamento Anual

Descrição	ECF Registro N630 Anual X1
LAIR	12.500.000,00
Adição	4.711.882,36
Exclusão	−6.558.588,24
Lucro Real	10.653.294,12
Alíquota 15%	1.597.994,12

Adicional 10%	1.041.329,41
Total IRPJ	**2.639.323,53**
Estimativas Pagas	-2.891.323,53
Imposto Retido na Fonte	-100.000,00
Imposto de Renda a Pagar	**-352.000,00**

> **Nota:**
>
> Conforme demonstrado na Apuração, a empresa tem Crédito de Saldo Negativo de IRPJ no Valor de R$ 352.000,00.

Racional do Cálculo

Débito de IRPJ no Período	2.639.323,53
Pagamentos – DARF	-2.191.323,53
Retenções na Fonte de IRRF	-800.000,00
Saldo	**-352.000,00**

Dados dos Pagamentos			
DARF	**Período**	**Vencimento**	**Valor**
2362	Abr/X1	Mai/X1	441.323,53
2362	Jun/X1	Jul/X1	500.000,00
2362	Set/X1	Out/X1	450.000,00
2362	Nov/X1	Dez/X1	800.000,00
	Total Pago		**2.191.323,53**

Dados do IRRF durante o Ano

Resumo Por Ano

CNPJ da Fonte Pagadora	Código da Receita	Rendimento	IRRF
44.444.444/0001-91	3426	1.900.000,00	380.000,00
55.555.555/0001-91	5706	2.800.000,00	420.000,00
Total no Ano		**4.700.000,00**	**800.000,00**

Resumo Por Período

Período	CNPJ da Fonte Pagadora	Código da Receita	Rendimento	IRRF	Comentário
Mai/X1	44.444.444/0001-91	3426	1.000.000,00	200.000,00	Consumido na Estimativa
Jul/X1	55.555.555/0001-91	5706	2.133.333,33	320.000,00	Consumido na Estimativa
Out/X1	44.444.444/0001-91	3426	900.000,00	180.000,00	Consumido na Estimativa
Dez/X1	55.555.555/0001-91	5706	666.666,67	100.000,00	Informado no Registro N630
Total Pago			**4.700.000,00**	**800.000,00**	

Apuração do Lucro Real Anual (Estimativa mensal por meio do Balanço de Suspenção e Redução)

Registros N620 da ECF

Figura 10.32 – Registros N620 da ECF

Registros N620 da ECF

	Descrição	Jan/X1	Fev/X1	Mar/X1	Abr/X1	Mai/X1	Jun/X1	Jul/X1	Ago/X1	Set/X1	Out/X1	Nov/X1	Dez/X1
Ajustes	LAIR	1.000.000	1.400.000	1.850.000	4.000.000	5.500.000	6.500.000	8.500.000	9.500.000	12.500.000	11.500.000	13.500.000	12.500.000
	Adição	20.000	500.000	600.000	785.294	605.294	2.075.882	1.363.882	1.403.882	1.903.882	2.903.882	4.711.882	4.711.882
	Exclusão	-1.500.000	-2.000.000	-2.500.000	-2.700.000	-3.500.000	-3.962.588	-3.962.588	-5.462.588	-6.686.588	-5.958.588	-6.558.588	-6.558.588
	Lucro Real	-480.000	-100.000	-50.000	2.085.294	2.605.294	4.613.294	5.901.294	5.441.294	7.717.294	8.445.294	11.653.294	10.653.294
Apuração	Alíquota 15%	0	0	0	312.794	390.794	691.994	885.194	816.194	1.157.594	1.266.794	1.747.994	1.597.994
	Adicional 10%	0	0	0	128.529	250.529	449.329	576.129	528.129	753.729	824.529	1.143.329	1.041.329
	Total IRPJ	0	0	0	441.324	641.324	1.141.324	1.461.324	1.344.324	1.911.324	2.091.324	2.891.324	2.639.324
	IR devido em meses Anteriores	0	0	0	0	-441.324	-641.324	-1.141.324	-1.461.324	-1.461.324	-1.911.324	-2.091.324	-2.891.324
	IR devido (antes das Retenções)	0	0	0	441.324	200.000	500.000	320.000	-117.000	450.000	180.000	800.000	-252.000
	Imposto Retido na Fonte	0	0	0	0	-200.000	0	-320.000	0	0	-180.000	0	0
	IR devido no Mês	0	0	0	441.324	0	500.000	0	-117.000	450.000	0	800.000	-252.000

		Jan/X1	Fev/X1	Mar/X1	Abr/X1	Mai/X1	Jun/X1	Jul/X1	Ago/X1	Set/X1	Out/X1	Nov/X1	Dez/X1
DCTF	Debito	0	0	0	441.324	0	500.000	0	0	450.000	0	800.000	0
	DARF	0	0	0	441.324	0	500.000	0	0	450.000	0	800.000	0

Fonte: Elaborada pelos autores.

Apuração do Lucro Real Anual (Estimativa mensal através do Balanço de Suspenção e Redução)

Registros N630 da ECF

Figura 10.33

Descrição	ECF Registro N630 Anual X1
LAIR	12.500.000,00
Adição	4.711.882,36
Exclusão	-6.558.588,24
Lucro Real	10.653.294,12
Aliquota 15%	1.597.994,12
Adicional 10%	1.041.329,41
Total IRPJ	2.639.323,53
Estimativas Pagas	-2.891.323,53
Imposto Retido na Fonte	-100.000,00
Imposto de Renda a Pagar	-352.000,00
Debito de IRPJ no Periodo	2.639.323,53
Pgto DARF	-2.191.323,53
Retenções na Fonte de IRRF	-800.000,00
Saldo	-352.000,00

Fonte: Elaborada pelos autores.

PER/Dcomp

Conforme mencionado anteriormente, para facilitar a didática vamos ilustrar o preenchimento do crédito de Saldo negativo de IRPJ via PER/DCOMP programa.

Tipo de Operação: Restituição

Figura 10.34 – Novo Documento

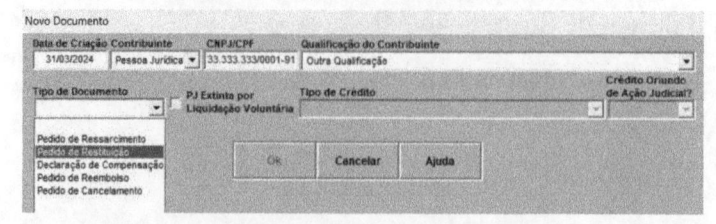

Fonte: PER/DCOMP Programa. Simulação elaborada pelos autores.

Tipo de Crédito: Saldo Negativo de IRPJ

Figura 10.35 – Novo Documento

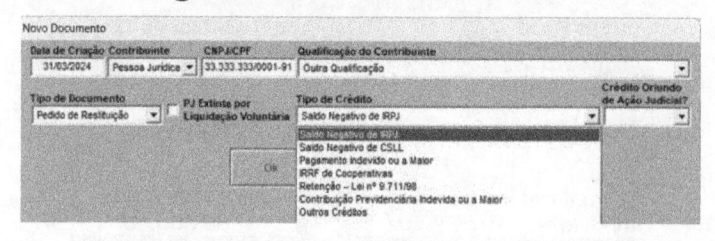

Fonte: PER/DCOMP Programa. Simulação elaborada pelos autores.

Regime de Tributação e Período

Figura 10.36 – Novo Documento

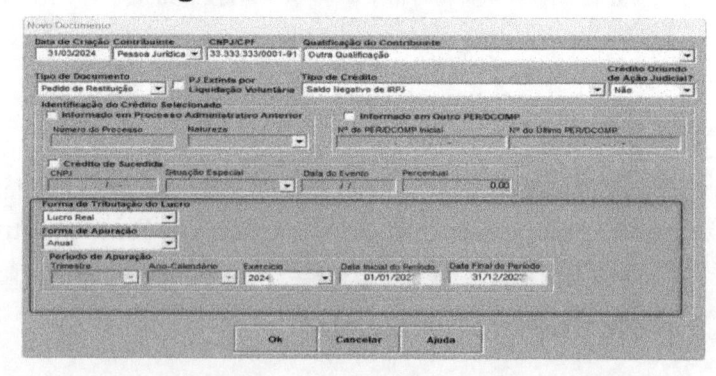

Fonte: PER/DCOMP Programa. Simulação elaborada pelos autores.

Dados Cadastrais

Figura 10.37 – Ficha Dados Iniciais

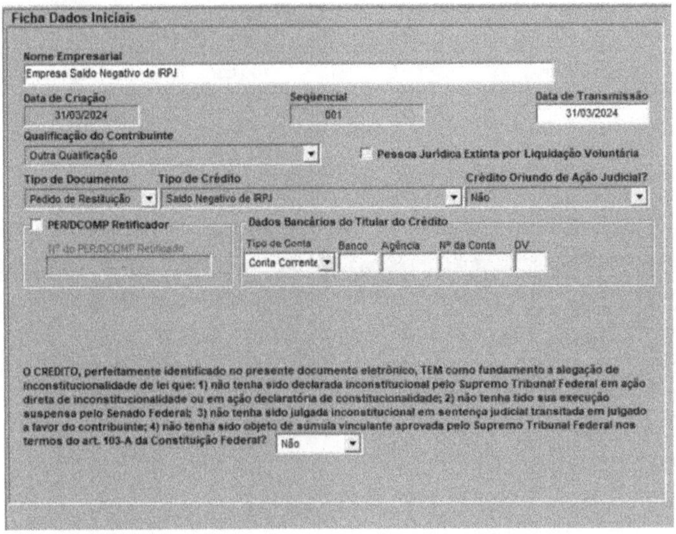

Fonte: PER/DCOMP Programa. Simulação elaborada pelos autores.

Informações do Crédito

Figura 10.38 – Ficha Saldo Negativo de IRPJ

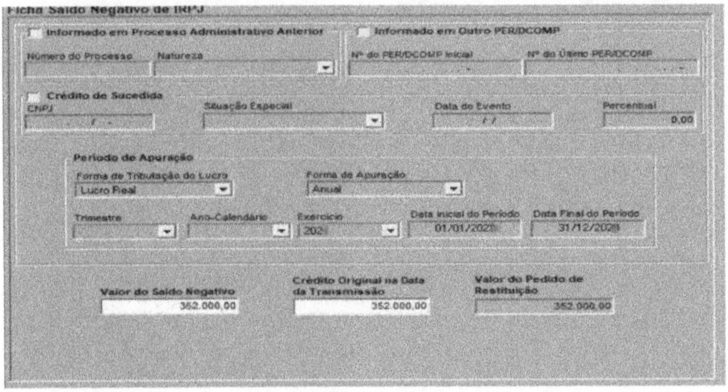

Fonte: PER/DCOMP Programa. Simulação elaborada pelos autores.

Informações das Retenções Sofridas durante o Ano

CNPJ da Fonte Pagadora	Código da Receita	Rendimento	IRRF
44.444.444/0001-91	3426	1.900.000,00	380.000,00
55.555.555/0001-91	5706	2.800.000,00	420.000,00
Total no Ano		**4.700.000,00**	**800.000,00**

Figura 10.39 – Ficha Imposto de Renda Retido na Fonte

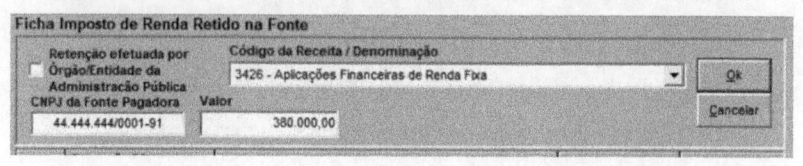

Fonte: PER/DCOMP Programa. Simulação elaborada pelos autores.

Figura 10.40 – Ficha Imposto de Renda Retido na Fonte

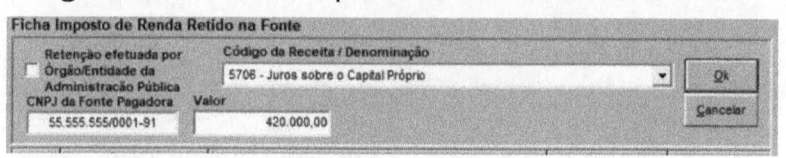

Fonte: PER/DCOMP Programa. Simulação elaborada pelos autores.

Figura 10.41 – Ficha Imposto de Renda Retido na Fonte

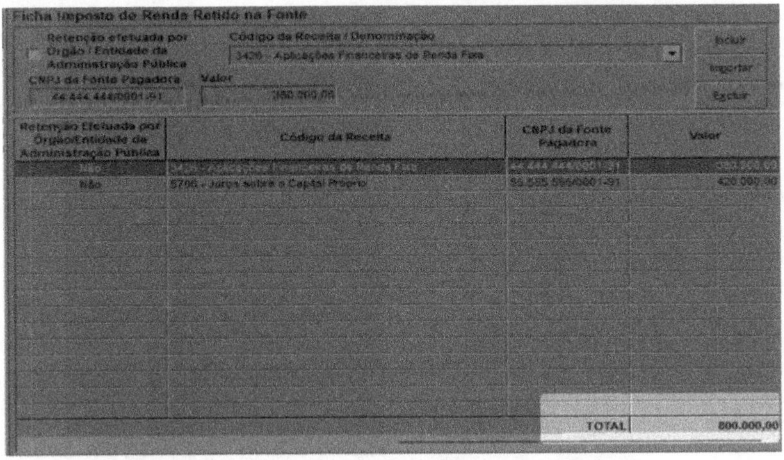

Fonte: PER/DCOMP Programa. Simulação elaborada pelos autores.

Informações dos Pagamentos realizados

	Dados dos Pagamentos		
DARF	**Período**	**Vencimento**	**Valor**
2362	Abr/X1	Mai/X1	441.323,53
2362	Jun/X1	Jul/X1	500.000,00
2362	Set/X1	Out/X1	450.000,00
2362	Nov/X1	Dez/X1	800.000,00
	Total Pago		**2.191.323,53**

Resumo dos Pagamentos

Figura 10.42 – PER/DCOMP 6.9b – Ficha Pagamento

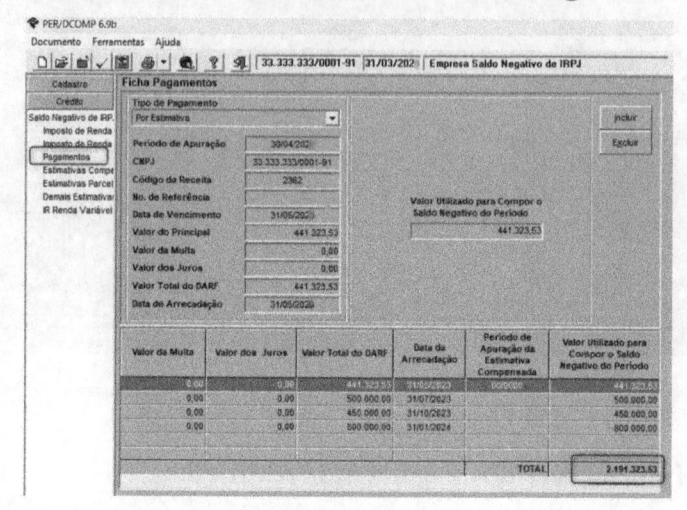

Fonte: PER/DCOMP Programa. Simulação elaborada pelos autores.

Abertura dos Pagamentos

Figura 10.43

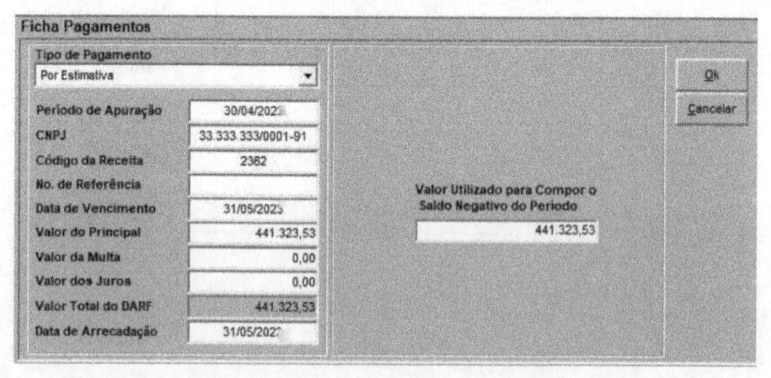

Fonte: PER/DCOMP Programa. Simulação elaborada pelos autores.

Figura 10.44

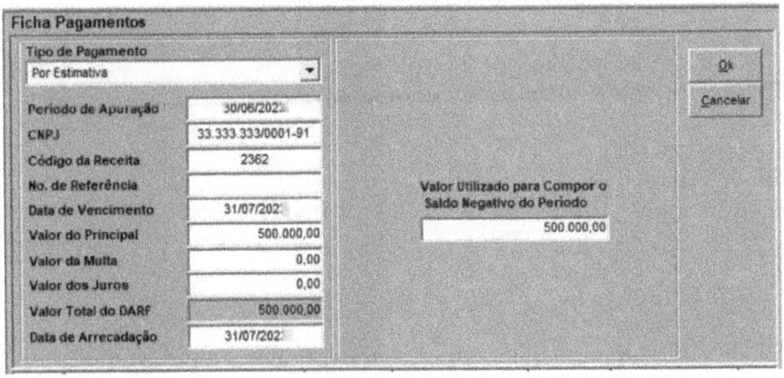

Fonte: PER/DCOMP Programa. Simulação elaborada pelos autores.

Figura 10.45

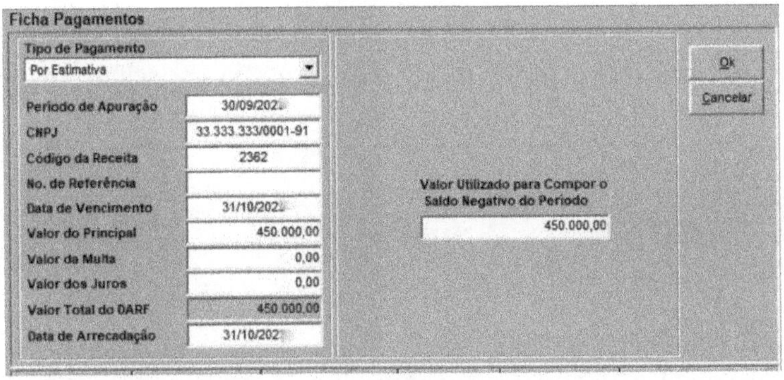

Fonte: PER/DCOMP Programa. Simulação elaborada pelos autores.

Figura 10.46

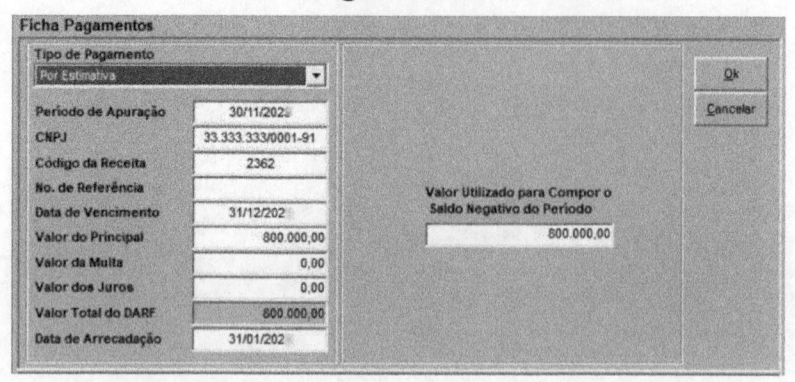

Fonte: PER/DCOMP Programa. Simulação elaborada pelos autores.

> **Nota:**
>
> No Per/Dcomp WEB as informações de pagamento já estão pré-preenchidas, o Contribuinte deve selecionar os pagamentos que vão compor o Saldo Negativo.

Exemplo:

Figura 10.47 – Detalhamento do Crédito – Aba "Pagamento"

Nota: No Per/Dcomp WEB as informações de pagamento já estão pré preenchidas, onde o Contribuinte deve selecionar os pagamentos que vão compor o Saldo Negativo.

Exemplo:

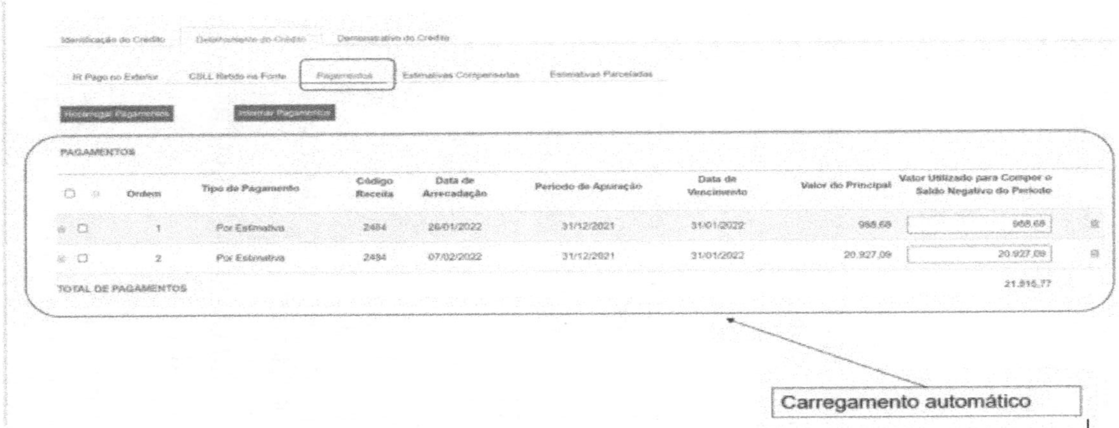

		Ordem	Tipo de Pagamento	Código Receita	Data de Arrecadação	Período de Apuração	Data de Vencimento	Valor do Principal	Valor Utilizado para Compor o Saldo Negativo do Período	
●	☐	1	Por Estimativa	2484	26/01/2022	31/12/2021	31/01/2022	988,68	988,68	
●	☐	2	Por Estimativa	2484	07/02/2022	31/12/2021	31/01/2022	20.927,09	20.927,09	
		TOTAL DE PAGAMENTOS							21.915,77	

Carregamento automático

Fonte: PER/DCOMP Web. Simulação elaborada pelos autores.

10.4 Resumo com as principais dúvidas sobre a utilização dos créditos de Saldo Negativo de IRPJ e CSLL

Para facilitar o entendimento sobre os créditos originados por Saldo Negativo de IRPJ e CSLL, separamos um resumo com as principais dúvidas sobre a utilização desses créditos:

10.4.1 Quem tem direito aos créditos de Saldo negativo (IRPJ e CSLL)?

As pessoas jurídicas tributadas pelo lucro real, presumido ou arbitrado que sofrer retenção indevida ou excessiva de imposto de renda sobre rendimentos que integram a base de cálculo do IRPJ.

10.4.2 Qual a forma de solicitação dos crédito de Saldo Negativo?

a. PER/DCOMP Programa;

b. PER/DCOMP WEB;

c. PER/DCOMP Formulário.

10.4.3 Os créditos de saldo negativo de IRPJ e CSLL podem ser corrigidos pela Selic? Caso positivo a partir de quando?

Sim, os saldos negativos do IRPJ poderão ser corrigidos pela Selic a partir de:

a. Apuração Anual: a partir do mês de janeiro do ano-calendário subsequente ao do encerramento do período de apuração;

b. Apuração trimestral: a partir do mês subsequente ao do trimestre de apuração.

10.4.4 Quando os créditos de saldo negativo de IRPJ e CSLL podem ser utilizados?

O Pedido de Restituição e a Declaração de Compensação proveniente de "saldo negativo de IRPJ ou de CSLL" somente serão recepcionados pela RFB depois da transmissão da ECF, na qual se encontre demonstrado o direito creditório, de acordo com o período de apuração.

No caso de saldo negativo de IRPJ ou de CSLL apurado trimestralmente, a restrição será aplicada somente depois do encerramento do respectivo ano-calendário.

> **Nota:**
>
> Esta regra se aplica, inclusive em relação a créditos apurados em situações especiais decorrente de extinção, cisão parcial, cisão total, fusão ou incorporação (IN 2.055/2021).

10.4.5 Quais débitos podem ser compensados com os créditos de Saldo Negativo de IRPJ e CSLL?

Em linhas gerais, todos os débitos administrados pela Receita Federal, exceto aqueles com restrições trazidas pela legislação, como IRPJ e CSLL do Lucro Real anual (Estimativa e Anual) e Débitos previdenciários antes do eSocial.

> **Nota:**
>
> É importante consultar a legislação vigente para verificar as restrições dos débitos objeto de compensação.

10.4.6 Débito de IRPJ e CSLL podem ser compensados com outros créditos via Dcomp?

Geralmente sim, por exemplo: Crédito de PIS e Cofins Ressarcimento contra Débitos de IRPJ e CSLL Lucro Real Trimestral.

A Legislação **não permite a liquidação dos débitos de IRPJ e CSLL do Lucro Real anual (Estimativa e Anual)** contra outros créditos passíveis de PER/Dcomp, ou seja, débitos de Lucro Real anual devem ter o desembolso de caixa.

> **Nota:**
>
> É importante consultar a legislação vigente para verificar as restrições dos créditos e débitos objeto de compensação.

10.4.7 Quais os principais cruzamentos de Informações e obrigações acessórias a Receita Federal utiliza para validar as informações?

Os Principais Cruzamentos são:

a. ECD;

b. EFD (Apuração e Y570);

c. DCTF;

d. Pagamentos (DARFs/Código/Período/CNPJ);

e. Informe de Rendimento;

f. DIRF;

g. EFD Reinf;

h. Per/Dcomp.

> **Nota:**
>
> Algumas informações têm cruzamentos automáticos e outras requer análise do Auditor, como, por exemplo: Lançamentos Contábeis

10.5 Principais dicas para garantir a qualidade das informações no PER/DCOMP

1. Analisar e conhecer a origem e o motivador desses Créditos, por exemplo:

- IRPJ originado de Saldo Negativo;
- PIS/Cofins originado de créditos vinculados a saídas não tributadas;
- IRRF pago a maior ou indevidamente.

2. Avaliar se os créditos ou débitos a serem compensados estão em processo administrativo com a Receita Federal (Fiscalização/Autuação) e verificar se há restrições ou limites para serem observados.

3. Certificar que as informações das Apurações e Obrigações acessórias estão refletindo os créditos informados na PER/Dcomp, exemplo:

- Apuração Fiscal da Empresa;
- EFD-Contribuições;

- EFD, ICMS, IPI;
- DCTF;
- ECF;
- DCTF;
- DARF (Código, Período, Vencimento, Valor, CNPJ etc.).

4. Créditos originados de pagamentos via DARF devem ser confrontados com a DCTF e os comprovantes disponibilizados no Sítio da Receita Federal.

5. Após envio do pedido ou compensação dos Créditos via PER/DCOMP é recomendado criar uma rotina de acompanhamento desses processos e verificar o status no Sitio ou APP da Receita Federal, exemplo de Status:

- **Auto Regularização:** processo apresentou possível inconsistência e a RFB permite que o contribuinte realize as retificações das obrigações acessórias caso seja necessário;
- **Despacho Decisório emitido**: processo apresentou inconsistência e o contribuinte poderá explicar as inconsistências mediante processo Administrativo "Manifestação de Inconformidade";
- **Em Análise:** processo está sendo analisado pela RFB;
- **Análise Concluída:** RFB concluiu as análises do Processo.

CAPÍTULO 11
BREVES CONSIDERAÇÕES SOBRE A RECUPERAÇÃO DE CRÉDITOS DO SIMPLES NACIONAL

11.1 Introdução

Os contribuintes optantes pela apuração na sistemática do Simples Nacional tinham muitas dificuldades para recuperar os créditos originados de pagamentos indevidos ou maior. Diante disso, surgiu a necessidade de a Receita Federal facilitar o processo de solicitação desses créditos, ou seja, uma ferramenta semelhante ao Per/Dcomp.

Neste tópico iremos abordar o Sistema que permite ao contribuinte optante pelo Simples Nacional ou pelo SIMEI solicitar a restituição de pagamentos recolhidos indevidamente ou a maior.

Figura 11.1 – Sistema Eletrônico de Restituição do Simples Nacional

Selecione a opção "Solicitar Restituição" para iniciar o pedido de restituição.

> Sistema Eletrônico de Restituição do Simples Nacional

Empresa

| Solicitar Restituição | Consultar Pedido de Restituição | Cancelar Pedido de Restituição | Alterar Dados Bancários do Pedido de Restituição |

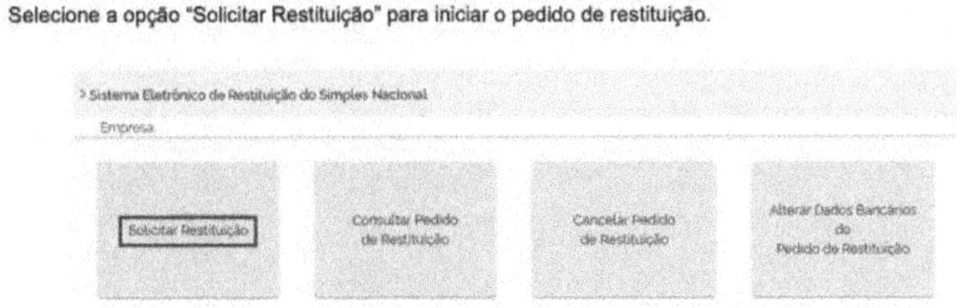

Fonte: Site Simples Nacional.

> **Nota:**
>
> A restituição do ICMS ou do ISS deve ser solicitada no âmbito do respectivo ente federado, ou seja, esse sistema é aplicado para os tributos administrados pela Receita Federal e recolhidos na modalidade do Simples Nacional (IRPJ, CSLL, INSS, PIS, Cofins e IPI).

11.2 Sistema que permite ao contribuinte optante pelo Simples Nacional ou optante pelo SIMEI, solicitar a restituição de pagamentos recolhidos indevidamente ou a maior

O aplicativo "Pedido Eletrônico de Restituição" é um sistema que permite ao contribuinte optante pelo Simples Nacional ou pelo SIMEI solicitar a restituição de pagamentos recolhidos indevidamente ou a maior relativos aos tributos federais apurados no Simples Nacional ou SIMEI e recolhidos em DAS, de acordo com o disposto na Lei Complementar nº 123/2006 (e alterações) e na Resolução CGSN nº 140/2018.

> **Nota:**
>
> O aplicativo está disponível no portal do Simples Nacional na internet e no portal e-CAC da RFB, não necessitando ser instalado ou atualizado no computador do usuário.

Figura 11.2

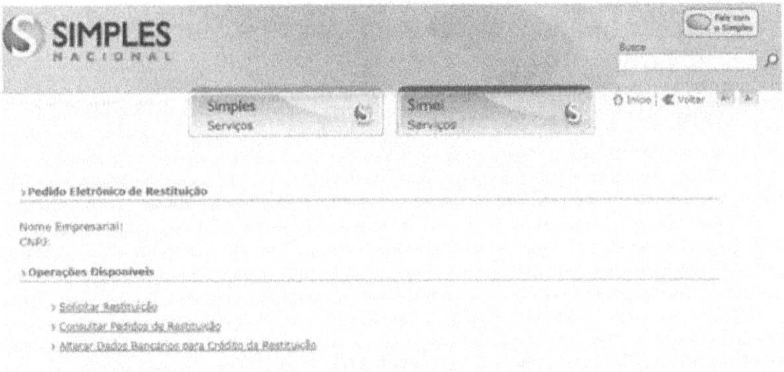

Fonte: Site Simples Nacional.

11.3   Principais perguntas para solicitar a Restituição (Empresas optantes pelo Simples Nacional ou pelo SIMEI)

É possível realizar compensação de valor recolhido a maior ou indevidamente no Simples Nacional?

Sim. O contribuinte pode realizar a compensação de pagamentos recolhidos indevidamente ou em montante superior ao devido, relativos aos créditos apurados no Simples Nacional com débitos também apurados neste regime para com o mesmo ente federado e relativos ao mesmo tributo.

A compensação é realizada por meio do aplicativo "Compensação a Pedido", que está disponível no portal do Simples Nacional, menu Simples – Serviços – Restituição e Compensação, sendo processada de forma imediata.

Tributos passíveis de restituição:

Para optantes do **Simples Nacional**, os tributos federais passíveis de restituição são:

IRPJ, CSLL, INSS, PIS, Cofins e IPI.

Nota:

Para o **MEI**, o único tributo federal que poderá ser restituído será o **INSS**.

A restituição do ICMS e do ISS somente poderá ser solicitada no âmbito do respectivo ente federado.

Posso aproveitar créditos apurados no Simples Nacional para extinção de débitos incorridos fora desse sistema de tributação?

Os créditos apurados no Simples Nacional não poderão ser utilizados para extinção de outros débitos contraídos com as Fazendas Públicas, salvo por ocasião da compensação de ofício oriunda de deferimento em processo de restituição ou após a exclusão da empresa desse sistema.

(Base legal: art. 21, § 10, da Lei Complementar nº 123, de 2006)

Nota:

Ao informar os dados do pagamento realizado indevidamente ou a maior no Simples Nacional, o aplicativo exibe uma tela contendo todos os débitos passíveis de compensação.

No momento da compensação, tanto o crédito quanto o débito serão atualizados até a data correspondente. Para os casos em que não é possível, o contribuinte pode optar pelo pedido de restituição.

Exemplo:

A empresa XXX EPP Ltda, estabelecida no município de São Paulo, que realiza comercialização de mercadorias, informou a maior receita bruta no aplicativo de cálculo, tendo gerado recolhimento a maior de ICMS e Contribuição Previdenciária Patronal (CPP). Sendo assim, deverá solicitar restituição de ICMS junto à Secretaria da Fazenda do Estado de São Paulo e de CPP junto à Receita Federal do Brasil, observando as normas estabelecidas na legislação de cada ente.

Não sou mais optante pelo Simples Nacional. Posso utilizar o aplicativo Pedido Eletrônico de Restituição?

Sim. Empresas que já foram optantes pelo Simples Nacional poderão utilizar o aplicativo para solicitar a restituição de pagamentos indevidos ou a maior relativos a tributos federais apurados nesse regime.

11.4 Exemplo de Restituição para optantes do Simples Nacional (Pagamento a Maior ou Indevido)

Figura 11.3 – Sistema Eletrônico de Restituição do Simples Nacional

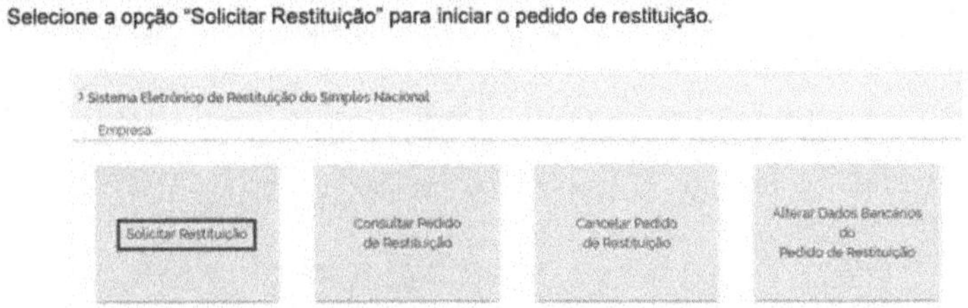

Selecione a opção "Solicitar Restituição" para iniciar o pedido de restituição.

Fonte: Site Simples Nacional.

> **Nota:**
>
> O Contribuinte pode selecionar o recebimento dos créditos via PIX, a chave será o CNPJ indicado como titular da conta.

Figura 11.4 – Informe o Período de Apuração

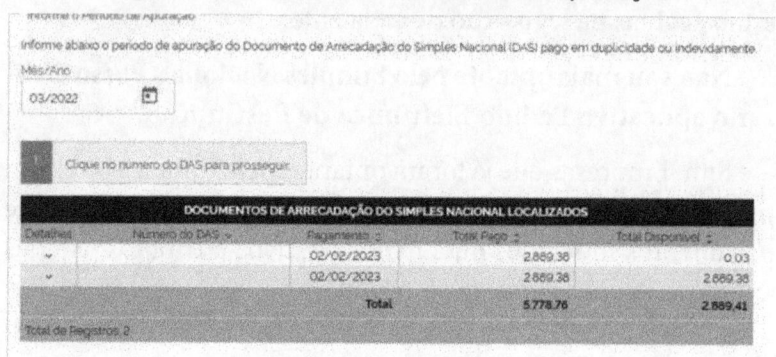

Fonte: Site Simples Nacional.

> **Nota:**
>
> Clique no número do DAS e será mostrado o detalhamento do pagamento, os valores de tributos federais passíveis de restituição.

Figura 11.5 – Dados de Pagamento

Dados do Pagamento
Número do DAS:
Período de Apuração: **03/2022**
Data do Pagamento: **02/02/2023**

Informe o valor do pedido de restituição

Atenção:

- Somente os tributos federais podem ser restituídos no Portal do Simples Nacional. Para os demais tributos, ISS e ICMS, a restituição deverá ser solicitada junto ao respectivo ente federado.

- A solicitação de restituição deve ter algum valor informado na coluna de **Pedido de Restituição** para poder prosseguir.

			TRIBUTOS			
Tributo	UF	Município	Pago	Utilizado	Disponível	Pedido de Restituição
IRPJ			398.33	0.00	398.33	398.33 ✕
CSLL			224.25	0.00	224.25	224.25 ✕
COFINS			377.17	0.00	377.17	377.17 ✕
PIS			81.63	0.00	81.63	81.63 ✕
INSS			930.34	0.00	930.34	930.34 ✕
IPI			58.17	0.00	58.17	58.17 ✕
ICMS	PR		498.00	0.00	498.00	-
ISS	PR	CURITIBA	321.49	0.00	321.49	-
		Total	2.889.38	0.00	2.889.38	2.069.89

Fonte: Site Simples Nacional.

Figura 11.6 – Dados de Pagamento

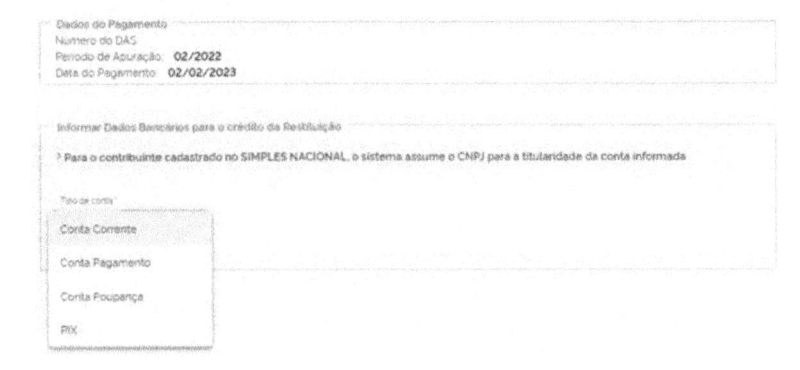

Dados do Pagamento
Número do DAS:
Período de Apuração: **02/2022**
Data do Pagamento **02/02/2023**

Informar Dados Bancários para o crédito da Restituição

² Para o contribuinte cadastrado no SIMPLES NACIONAL, o sistema assume o CNPJ para a titularidade da conta informada

Tipo de conta

Conta Corrente

Conta Pagamento

Conta Poupança

PIX

Fonte: Site Simples Nacional.

Figura 11.7 – Dados de Pagamento

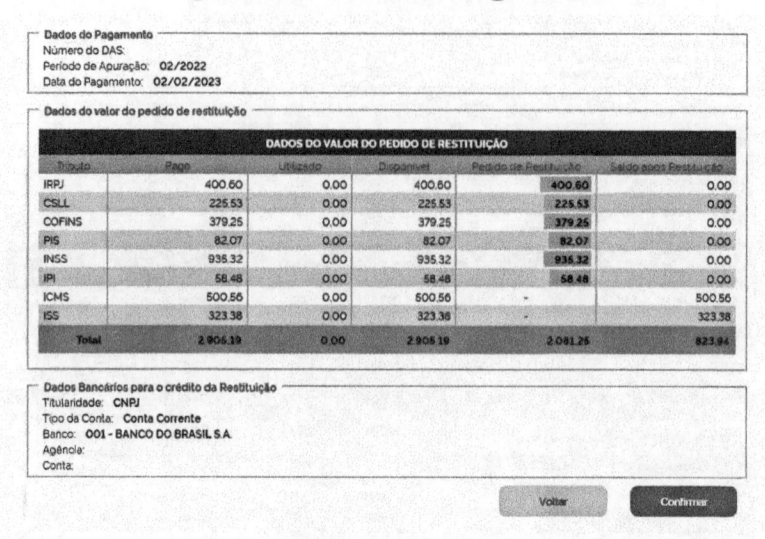

Fonte: Site Simples Nacional.

Figura 11.8 – Pedido de Restituição

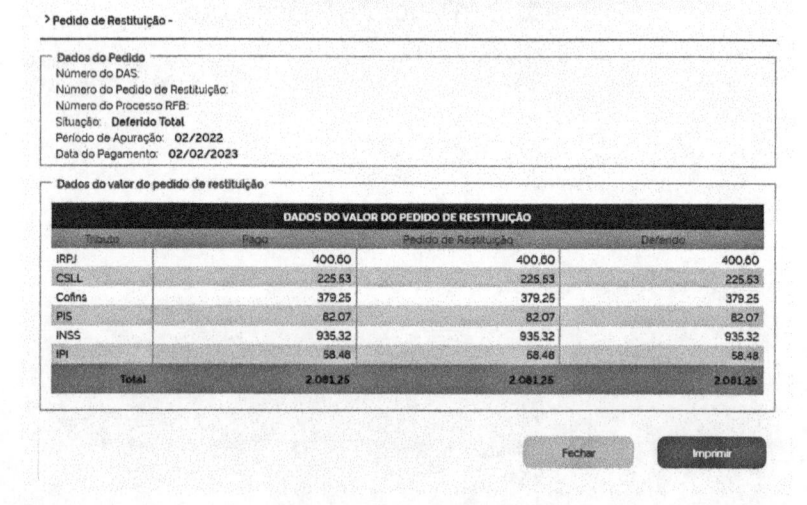

Fonte: Site Simples Nacional.

11.5   Exemplo de Restituição para SIMEI (Pagamento a Maior ou Indevido)

Figura 11.9 – Sistema Eletrônico de Restituição SIMEI

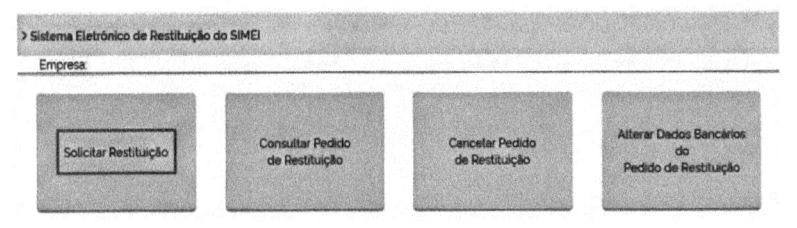

Fonte: Sistema Eletrônico de Restituição do SIMEI.

Figura 11.10 – Selecionar DAS

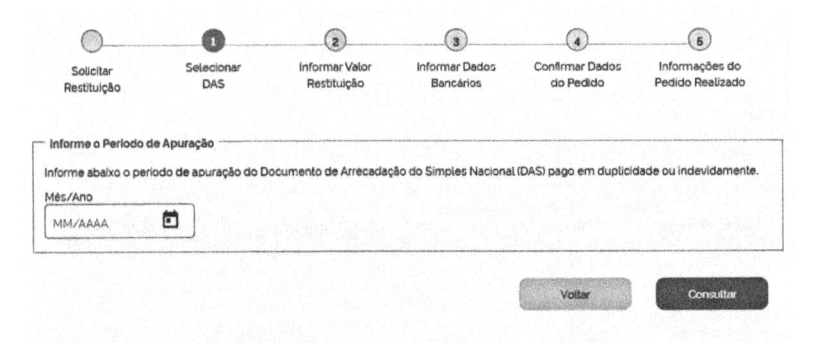

Fonte: Sistema Eletrônico de Restituição do SIMEI.

Figura 11.11 – Informe o Período de Apuração

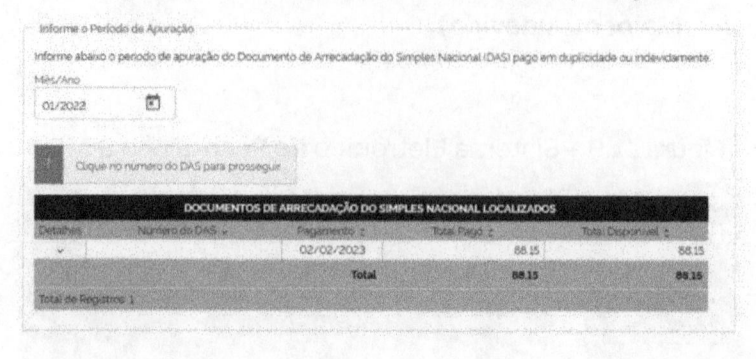

Fonte: Sistema Eletrônico de Restituição do SIMEI.

Figura 11.12 – Dados do pagamento

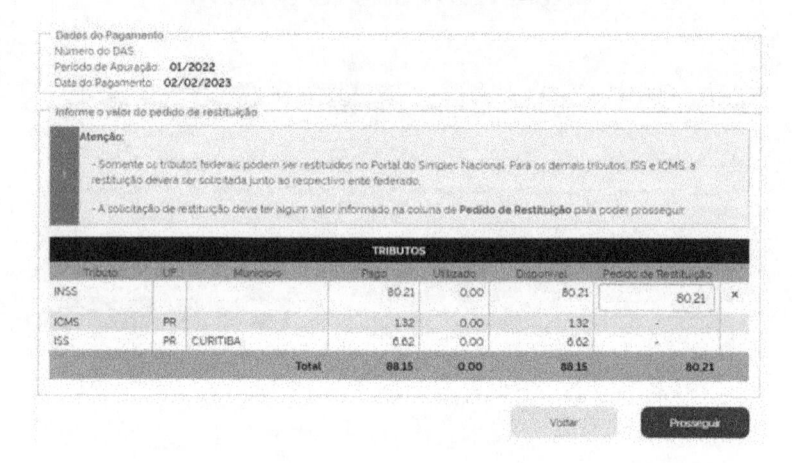

Fonte: Sistema Eletrônico de Restituição do SIMEI.

> **Nota:**
>
> Os dados bancários para Crédito da Restituição para os optantes do SIMEI poderão ser utilizados em conta de titularidade da Pessoa Jurídica associada ao CNPJ ou da Pessoa Física, associada ao CPF do responsável. Indique se a conta para pagamento da restituição é de titularidade da pessoa jurídica (CNPJ do MEI) ou da pessoa física (CPF do empresário).
>
> O Contribuinte pode selecionar o recebimento dos créditos via PIX, a chave será o CNPJ indicado como titular da conta.

CAPÍTULO 12
TECNOLOGIA E RECUPERAÇÃO DE CRÉDITOS TRIBUTÁRIOS

Como verificamos no Capítulo 7, o uso da tecnologia para a recuperação de créditos tributários é uma ferramenta útil que pode otimizar e reduzir o tempo do processo com responsabilidade e ética. Veja a tecnologia como sua aliada e não como uma ferramenta que vai acabar com as suas possibilidades.

12.1 Benefícios trazidos pela tecnologia

Aqui, citamos os principais benefícios da utilização da tecnologia que pode ajudar os profissionais e empresas na recuperação tributária:

Agilidade: a tecnologia automatiza tarefas repetitivas e complexas, reduzindo significativamente o tempo necessário para identificar, analisar e recuperar créditos.

Precisão: softwares e ferramentas tecnológicas minimizam erros humanos, garantindo maior confiabilidade nos cálculos e na análise de dados.

Segurança: a tecnologia garante a organização e o armazenamento seguro de informações fiscais, protegendo dados confidenciais.

Eficiência: a automatização de tarefas libera tempo para que profissionais se concentrem em atividades estratégicas de maior valor.

Redução de custos: a otimização dos processos de recuperação de créditos diminui custos operacionais e aumenta a rentabilidade.

Softwares de controle fiscal: softwares especializados em controle fiscal são ferramentas essenciais para a recuperação de créditos tributários. Eles oferecem recursos como:

- Escrituração fiscal digital: automatização da escrituração fiscal, garantindo maior segurança e confiabilidade das informações.

- Apuração de tributos: cálculo preciso dos tributos a serem pagos, evitando erros e pagamentos indevidos.

- Identificação de créditos: busca automatizada por créditos tributários passíveis de recuperação, com base em diversos critérios.

- Análise de riscos: avaliação dos riscos fiscais da recuperação de créditos, auxiliando na tomada de decisões.

- Geração de relatórios: criação de relatórios detalhados sobre a situação fiscal da empresa, facilitando o acompanhamento dos processos de recuperação.

Inteligência Artificial (IA): a IA pode ser utilizada para automatizar tarefas complexas, como a análise de documentos fiscais e a identificação de créditos.

Big Data: a análise de grandes volumes de dados fiscais pode auxiliar na identificação de padrões e oportunidades de recuperação de créditos.

Cloud Computing: o armazenamento de dados fiscais na nuvem facilita o acesso e a análise das informações, além de garantir a segurança dos dados.

12.2 Recomendações para o uso de ferramentas

Fazemos as recomendações a seguir para que o processo se torne fácil, responsável e atinja um resultado positivo para as partes envolvidas:

- Avaliação das necessidades da empresa, com a escolha do software ou ferramenta mais adequada às necessidades e ao porte da organização;
- Pesquisa de fornecedores confiáveis;
- Treinamento dos profissionais, capacitando-os para o uso dos softwares e ferramentas de forma eficaz;
- Manter-se atualizado com o acompanhamento das alterações na legislação tributária e das novas tecnologias disponíveis para a recuperação de créditos.

O uso da tecnologia é opcional e sabemos que nem todos os profissionais têm habilidade para utilização, por diversos motivos que podem estar fora do seu controle. E está tudo bem! No entanto, com a transformação digital que estamos vivendo, essa habilidade, aliada à expertise em áreas e assunto, é uma ferramenta poderosa que pode auxiliar profissionais e empresas na otimização dos processos de recuperação de créditos tributários, aumentando a eficiência, a assertividade e a segurança na busca por valores a serem restituídos ou compensados. A escolha da ferramenta adequada, com a capacitação de profissionais e a atualização constante, é essencial para o sucesso na recuperação de créditos.

CAPÍTULO 13
EQUIPES DE GESTÃO DO CRÉDITO TRIBUTÁRIO E DO DIREITO CREDITÓRIO – EQRAT

A Receita Federal, por meio da **Portaria RFB nº 13/2021**, disciplinou a atuação das Equipes de Gestão do Crédito Tributário e do Direito Creditório (Eqrat) para a troca de informações e para permitir que as Divisões Regionais de Gestão do Crédito Tributário e do Direito Creditório (Dirac) e as Delegacias tenham uma visão integral do contribuinte.

Essa Portaria merece atenção, especialmente quanto ao art. 13 que trata da Equipe de Execução do Direito Creditório (Eqcre), que tem a competência para realizar as atividades de execução do direito creditório, especialmente quanto a:

- Gerir e executar as atividades relativas à operacionalização de restituição, compensação, ressarcimento e reembolso;
- Preparar, instruir e controlar os processos administrativos de contencioso do direito creditório.

Diante dessas informações, fica o alerta de que a recuperação de crédito não se resume apenas à entrega da PER/DCOMP, mas cabe o seu acompanhamento pelos próximos 5 anos, pelo menos.

13.1 Homologação do procedimento de compensação – DCOMP – Responsabilidade

O art. 65 da IN RFB n° 2055/2021, traz uma informação imprescindível sobre a compensação:

Figura 13.1

Art. 65. A compensação declarada à RFB extingue o crédito tributário, sob condição resolutória da ulterior homologação do procedimento.

Parágrafo único. A declaração de compensação constitui confissão de dívida e instrumento hábil e suficiente para a exigência dos débitos indevidamente compensados.

Fonte: Receita Federal. IN RFB 2.055/2021.

Ou seja, não é porque a DCOMP foi apresentada que a Receita Federal não tem o direito de fazer a análise. Portanto, cuidado com a responsabilidade ao realizar a restituição ou a compensação.

13.2 Processo administrativo

A PER/DCOMP é um instrumento que faz parte do processo administrativo fiscal e a legislação que a rege precisa ser bem estudada e compreendida, para que a sua utilização não gere dúvidas.

Aqui relacionamos algumas informações importantes sobre a compensação:

- Parecer Normativo COSIT n° 2/2018: normas gerais de direito tributário. Extinção de estimativas por compensação. Antecipação. Fato jurídico tributário. 31 de dezembro. Cobrança. Tributo devido.
- Parecer Normativo COSIT n° 2/2015: normas gerais de direito tributário. Retificação da DCTF depois da

transmissão do PER/DCOMP e ciência do despacho decisório. Possibilidade. Imprescindibilidade da retificação da DCTF para comprovação do pagamento indevido ou a maior.

- Parecer Normativo COSIT nº 8/2014: normas gerais de direito tributário. Revisão e retificação de ofício – de lançamento e de débito confessado, respectivamente – em sentido favorável ao contribuinte. cabimento. especificidades.

CAPÍTULO 14
INFORMAÇÕES ÚTEIS

Neste capítulo, relacionamos algumas informações úteis, mas que muitas vezes são esquecidas pelo fato de termos um turbilhão de dados a serem analisados.

14.1 Impactos da NCM na recuperação de créditos

A Receita Federal define que a Nomenclatura Comum do Mercosul (NCM) é regional para categorização de mercadorias adotada pelo Brasil, sendo utilizada em todas as operações de comércio exterior dos países do Mercosul. A NCM toma por base o Sistema Harmonizado (SH), que é uma expressão condensada de "Sistema Harmonizado de Designação e de Codificação de Mercadorias" mantido pela Organização Mundial das Alfândegas (OMA), que foi criada para melhorar e facilitar o comércio internacional e seu controle estatístico. Sendo fundamental para tributação, é utilizada além do Comércio Exterior por servir de base para classificar fiscalmente as mercadorias e determinar a tributação (IPI, PIS, Cofins, ICMS).

14.1.1 Classificação correta da mercadoria

Algumas legislações utilizam a NCM para determinar a tributação. Para o PIS e a Cofins, um exemplo clássico é o que segue:

LEI Nº 10.925, DE 23 DE JULHO DE 2004.

Reduz as alíquotas do PIS/PASEP e da COFINS incidentes na importação e na comercialização do mercado interno de fertilizantes e defensivos agropecuários e dá outras providências.

[...]

Art. 1º Ficam reduzidas a 0 (zero) as alíquotas da contribuição para o PIS/PASEP e da Contribuição para o Financiamento da Seguridade Social – COFINS incidentes na importação e sobre a receita bruta de venda no mercado interno de: (Vigência) (Vide Decreto nº 5.630, de 2005)

[...]

XXIII – óleo de soja classificado na posição 15.07 da Tipi e outros óleos vegetais classificados nas posições 15.08 a 15.14 da Tipi; (Incluído pela Lei nº 12.839, de 2013).

Dentre os produtos trazidos pela Lei, alguns fazem parte da cesta básica, como o óleo de soja, com a NCM especificada, que tem o benefício da alíquota zero dessas contribuições.

Ressalta-se que, em caso de mudança da NCM é importante avaliar a descrição do produto, que precisa permanecer o mesmo, considerando que a legislação brasileira raramente é atualizada para agregar a NCM nova. Nesse sentido, observe as Soluções de Consulta a seguir, as quais ratificam essa informação:

Figura 14.1

SOLUÇÃO DE CONSULTA COSIT Nº 220, DE 21 DE DEZEMBRO DE 2021

(Publicado(a) no DOU de 28/12/2021, seção 1, página 36)

Multivigente Vigente Original Relacional

Assunto: Contribuição para o Financiamento da Seguridade Social - Cofins

AUTOPEÇAS SUJEITAS À TRIBUTAÇÃO CONCENTRADA. VENDAS EFETUADAS POR PESSOA JURÍDICA VAREJISTA OU ATACADISTA OPTANTE PELO SIMPLES NACIONAL. ALTERAÇÃO DO CÓDIGO NCM/TIPI INCLUÍDO NO REGIME MONOFÁSICO. SEGREGAÇÃO DE RECEITAS.

Enquanto preservada a eficácia do diploma legal que estabelece a tributação monofásica para mercadorias identificadas por seus códigos de classificação fiscal, o mero desdobramento de um código da NCM/TIPI, sem alteração da abrangência do código originário, não afeta o regime de tributação das mercadorias que nele se classificam.

Assim, desde que atendidos os requisitos da legislação de regência, a redução a zero de alíquota prevista no § 2º do art. 3º da Lei nº 10.485, de 2002, permanece aplicável à Cofins incidente sobre as receitas auferidas pelos comerciantes varejistas e atacadistas dos produtos classificados no código NCM/TIPI 8507.10.10, por se tratar tal código de mero desdobramento do código NCM/TIPI 8507.10.00, incluído no Anexo I da mencionada Lei.

Fonte: Receita Federal, COSIT N° 220, DE 2021.

Figura 14.2

SOLUÇÃO DE CONSULTA DISIT/SRRF04 Nº 4019, DE 15 DE MARÇO DE 2019

(Publicado(a) no DOU de 21/03/2019, seção 1, página 23)

Multivigente   Vigente   Original   Relacional

Assunto: Contribuição para o Financiamento da Seguridade Social - Cofins

TRIBUTAÇÃO CONCENTRADA. REDUÇÃO DA BASE DE CÁLCULO. EXTINÇÃO DO CÓDIGO NCM BENEFICIADO. PREVALÊNCIA DO DISPOSTO NA LEI.

A forma de apuração e tributação da Cofins estabelecida pelo art. 1º da Lei nº 10.485, de 2002, relativa aos produtos originariamente classificados sob o código 8424.81 não sofre alteração pelo fato de tais produtos terem sido objeto de nova classificação fiscal, após a edição da IN RFB nº 1.666, de 2016, e da Resolução Camex nº 125, de 2016.

Tendo sido atendidos os demais pressupostos contidos na legislação de regência para a redução da base de cálculo da Cofins, a que se refere o art. 2º, inciso I, da Lei nº 10.485, de 2002, a alteração da classificação fiscal, ocorrida com a edição da IN RFB nº 1.666, de 4.11.2016, e da Resolução Camex nº 125, de 15.12.2016, relativa aos produtos originariamente referidos na NCM pelo código 8424.81, não influi no gozo do benefício fiscal em comento.

Dispositivos Legais: Lei nº 10.485, de 2002, art. 1º e art. 2º, inciso I; Lei nº 12.793, de 2014, art. 103.

Dispositivos Infralegais: IN RFB nº 1.666, de 2016; Resolução Camex nº 125, de 2016.

Fonte: DISIT/SRRF04 N° 4019, DE 2019.

A NCM correta interfere tanto na tributação, como no crédito.

Imagine um produto classificado com NCM incorreta que gera o benefício de alíquota zero do PIS e da Cofins para quem vende, deixando de gerar crédito para o adquirente, mas que na verdade deveria ser tributada pelo vendedor, com desconto de crédito para o adquirente.

Esse erro afeta toda a cadeia com os principais possíveis motivos:

- Desconhecimento ou dúvida da legislação;
- Redução indevida da carga tributária (evasão fiscal);
- Classificação indevida no começo da cadeia.

Perceba que a classificação correta da NCM é essencial para manter a empresa em conformidade fiscal, para evitar problemas com os fiscos e garantir o direito à recuperação de créditos.

14.2 Notas Explicativas e recuperação de créditos

O CPC 26 (R1), que trata da apresentação das demonstrações contábeis, em seus itens 112 a 138, estabelece a estrutura e informações que devem constar nas Notas Explicativas.

De forma objetiva, as notas explicativas devem:

- Apresentar informação acerca da base para a elaboração das demonstrações contábeis e das políticas contábeis específicas utilizadas;
- Divulgar a informação requerida pelos Pronunciamentos Técnicos, Orientações e Interpretações do CPC que não tenha sido apresentada nas demonstrações contábeis; e
- Prover informação adicional que não tenha sido apresentada nas demonstrações contábeis, mas que seja relevante para sua compreensão.

As notas explicativas devem ser apresentadas, tanto quanto seja praticável, de forma sistemática. Na determinação de forma sistemática, a entidade deve considerar os efeitos sobre a compreensibilidade e comparabilidade das suas demonstrações contábeis. Cada item das demonstrações contábeis deve ter referência cruzada com a respectiva informação apresentada nas notas explicativas. Considerando essas informações, mesmo que toda a recuperação de créditos tenha sido tratada em contas contábeis específicas, as Notas Explicativas, podemos considerar, como a "cereja do bolo". Elas demonstram a seriedade, transparência e confiabilidade da empresa na recuperação de crédito.

Vejamos um exemplo retirado de dado público, disponível na internet de uma grande companhia do setor de bebidas:

Figura 14.3

1.2.3 Créditos Tributários – 2022 e 2023

Após a decisão do Supremo Tribunal Federal ("STF") no julgamento do RE 574.706/PR, proferida em 2017 e ratificada em maio de 2021, que declarou inconstitucional a inclusão do ICMS na base de cálculo do PIS e da COFINS, em setembro de 2021 a Procuradoria da Fazenda Nacional ("PGFN") publicou o Parecer PGFN 14.483/2021 em que trouxe o entendimento do órgão acerca dos procedimentos que devem ser observados pela Administração Tributária com relação ao tema, especialmente no que se refere aos impactos da referida exclusão nos créditos de PIS e COFINS registrados pelos adquirentes nas operações de entrada. Em virtude desses eventos, a Companhia concluiu em 2022 análises que permitiram o reconhecimento contábil de R$1,2 bilhão, no mesmo período, a título de créditos tributários decorrentes da exclusão do ICMS da base de cálculo do PIS e da COFINS em operações com subsidiárias.

Além disso, em 13 de dezembro de 2023 o Superior Tribunal de Justiça ("STJ") concluiu o julgamento do Tema 1.125, confirmando o entendimento de que o ICMS recolhido sob a sistemática de substituição tributária também deve ser excluído das bases de cálculo do PIS e da COFINS dos contribuintes substituídos. O acórdão desta decisão ainda está pendente de publicação. No que diz respeito a este tema, no período de 2017 a 2023, a Companhia e suas controladas reconheceram créditos tributários no valor de R$1,4 bilhão, tendo sido aproximadamente R$407,1 milhões reconhecidos de forma extemporânea no exercício de 2023 (R$ 218 milhões foram registrados em outras receitas operacionais e R$189,1 milhões no resultado financeiro).

Essas informações são úteis para os sócios, acionistas e *stakeholders* que podem acompanhar a integridade da empresa. Lembrando que qualquer empresa deve manter a contabilidade.

CAPÍTULO 15
TABELAS IMPORTANTES

Dedicamos este capítulo para orientar sobre as tabelas importantes, seja para tributação ou apuração de créditos.

15.1 SPED – EFD-Contribuições

As tabelas indicadas nos quadros a seguir são utilizadas no programa da EFD-Contribuições e nas apurações de PIS e Cofins.

Quadro 15.1

SPED – EFD-Contribuições
http://sped.rfb.gov.br/
Página Inicial> Módulos> EFD Contribuições> Downloads> Tabelas de Códigos
Tabela 4.3.3 – Tabela Código da Situação Tributária Referente ao PIS/Pasep – CST-PIS
Tabela 4.3.4 – Tabela Código da Situação Tributária Referente à Cofins – CST-COFINS
Tabela 4.3.7 – Tabela Código de Base de Cálculo do Crédito
Tabela 4.3.10 – Tabela Produtos Sujeitos à Alíquotas Diferenciadas: Incidência Monofásica e por Pauta (Bebidas Frias) (CST 02 e 04)
Tabela 4.3.13 – Produtos Sujeitos à Alíquota Zero da Contribuição Social (CST 06)
Tabela 4.3.14 – Tabela Operações com Isenção da Contribuição Social (CST 07)
Tabela 4.3.15 – Tabela Operações sem Incidência da Contribuição Social (CST 08)
Tabela 4.3.16 – Tabela Operações com Suspensão da Contribuição Social (CST 09)
Tabela CFOP – Operações Geradoras de Créditos

15.2 Código da Situação Tributária – CST

Os Códigos da Situação Tributária (CST) serão utilizados pelos contribuintes:

- Na elaboração dos arquivos digitais da EFD-ICMS/IPI;
- Na geração do conteúdo das Notas Fiscais Eletrônicas (NF-e);
- Na elaboração da EFD-Contribuições.

Quadro 15.2

Código da Situação Tributária – CST
Instrução Normativa RFB nº 1009/2010
Tabela I
Código da Situação Tributária referente ao Imposto sobre Produtos Industrializados (CST-IPI)
Tabela II
Código da Situação Tributária referente ao PIS/PASEP (CST-PIS)
Tabela III
Código da Situação Tributária referente à COFINS (CST-COFINS)

15.3 ICMS

No quadro a seguir, são mencionados os códigos que influenciam o ICMS.

Quadro 15.3

Substituição tributária	https://www.confaz.fazenda.gov.br/legislacao/portal-nacional-da-substituicao-tributaria
Código Especificador da Substituição Tributária - CEST	https://www.confaz.fazenda.gov.br/legislacao/convenios/2015/CV092_15
Código Fiscal de Operações e de Prestações – CFOP	https://www.confaz.fazenda.gov.br/legislacao/ajustes/sinief/cfop_cvsn_70_vigente

CAPÍTULO 16
PANORAMA GERAL DA REFORMA TRIBUTÁRIA BRASILEIRA

A reforma tributária aprovada pela Emenda Constitucional nº 132/2023 – originária da Proposta de Emenda à Constituição (PEC) 45/2019 – estabeleceu a simplificação dos tributos sobre as operações de consumo, direcionada para: ICMS, ISS, IPI, PIS e Cofins, com cobrança única dividida para os âmbitos federal, estadual/municipal.

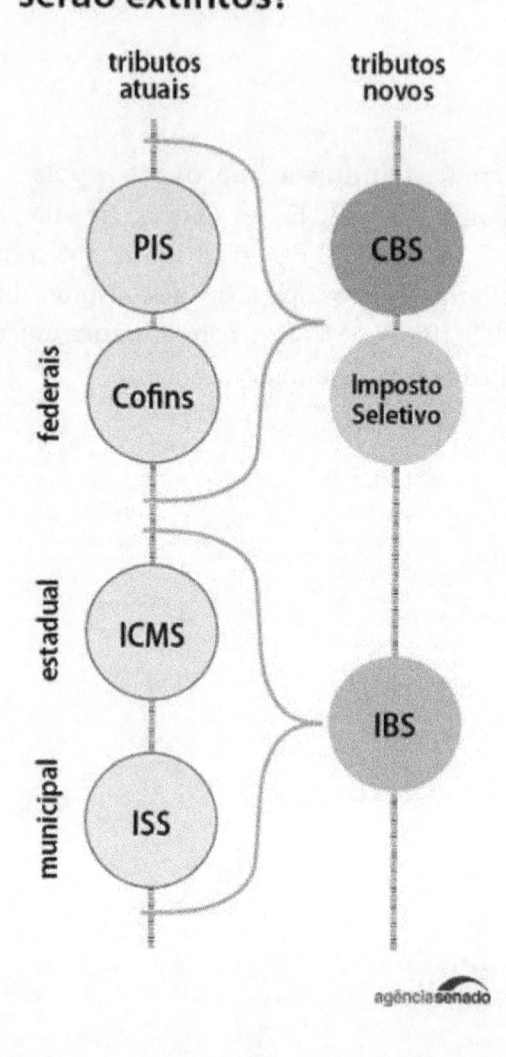

Figura 16.1

Fonte: Senado Notícias, 2023.

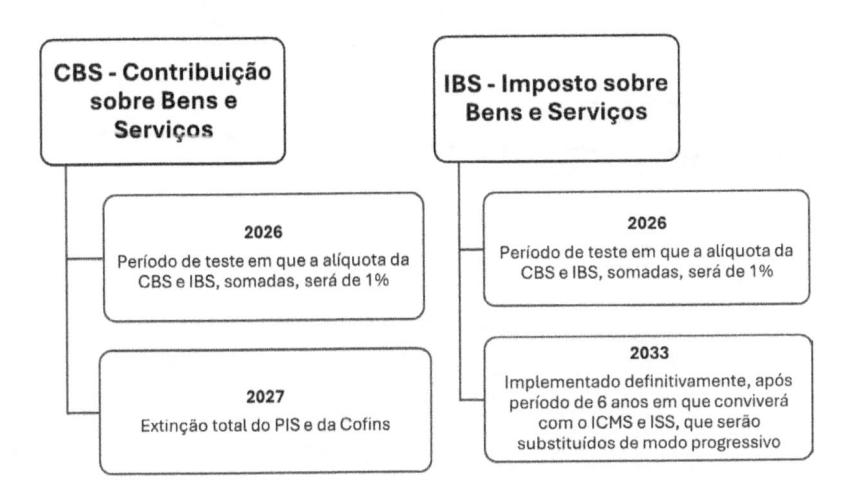

A CBS e o IBS terão as mesmas regras, as mesmas incidências e as mesmas exceções à alíquota geral, estimada em 27,5%.

Figura 16.2

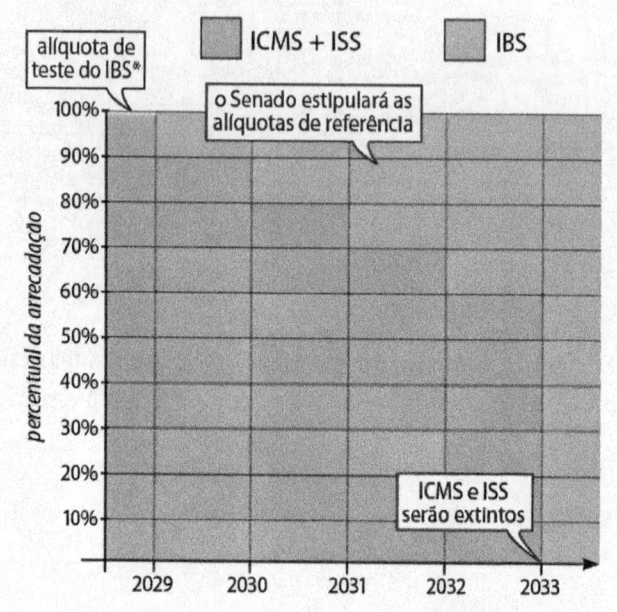

Fonte: Senado Notícias, 2023.

Figura 16.3

Quando os novos impostos valerão?

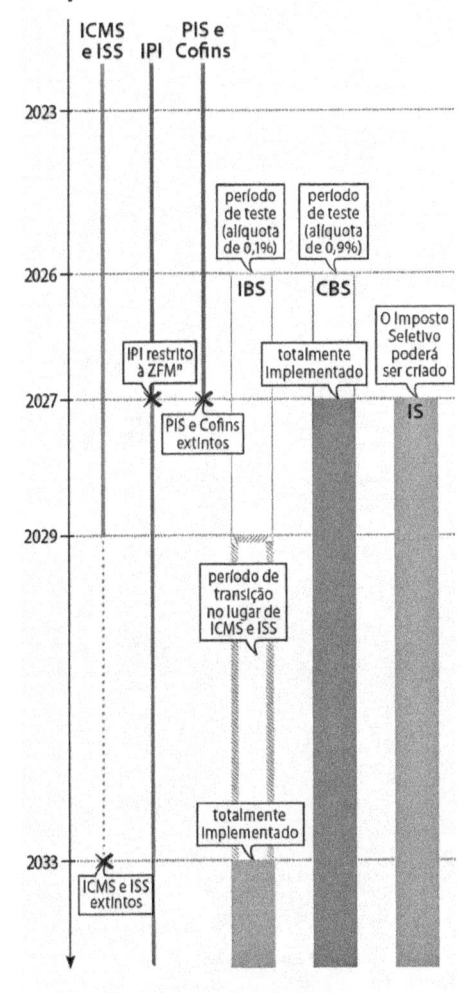

*Após 2027 o IPI continuará para produtos incentivados na Zona Franca de Manaus, mas será zerado para todos os outros produtos.

Fonte: Senado Notícias, 2023

Figura 16.4

Como funciona um imposto do tipo IVA

Etapa 1

O produtor rural cobra pelo algodão o valor de R$ 40 e sobre esse valor é adicionado o IVA* de R$ 10. O valor final da venda é de R$ 50.

IVA pago: R$ 10

QTD.	DESCRIÇÃO	VL. ITEM R$
01	SACO DE ALGODÃO	40,00
	IVA DEVIDO:	10,00
	TOTAL:	**50,00**

Etapa 2

A tecelagem compra o algodão e produz um tecido precificado em R$ 68. Ao valor final é somado o IVA de R$ 17. Mas nesse caso, como já foram pagos R$ 10 de IVA na etapa anterior de produção no campo, a tecelagem pode abater esse valor e pagar apenas R$ 7 de imposto.

IVA pago: **17-10 = R$ 7**

QTD.	DESCRIÇÃO	VL. ITEM R$
01	TECIDO	68,00
	IVA DEVIDO:	17,00
	TOTAL:	**85,00**

Etapa 3

A fábrica de roupas transforma o tecido em uma camisa. O valor dessa camisa é de R$ 104, o IVA calculado é de R$ 26,00, do qual podem ser abatidos R$ 17.

IVA pago: **26-17 = R$ 9**

QTD.	DESCRIÇÃO	VL. ITEM R$
01	CAMISA	104,00
	IVA DEVIDO:	26,00
	TOTAL:	**130,00**

Etapa 4

A loja compra a camisa por R$ 130 e cobra R$ 152. Somando-se o IVA de R$ 38, o valor da camisa será de R$ 190 para o consumidor final.

IVA pago: **38-26 = R$ 12**

QTD.	DESCRIÇÃO	VL. ITEM R$
01	CAMISA	152,00
	IVA DEVIDO:	38,00
	TOTAL:	**190,00**

Obs.: Foi usada uma alíquota hipotética de 25%.

IVA total

Somando-se os valores de IVA efetivamente pagos, obtemos o mesmo valor de R$ 38 cobrados do consumidor na etapa final:

$$10 + 7 + 9 + 12 = R\$ 38$$

*IVA: Imposto sobre Valor Agregado, que, pela reforma será desdobrado. Serão extintos cinco tributos – ISS, ICMS, IPI, Cofins e a Contribuição para o PIS – e autorizada a instituição de dois, sendo um com receita destinada à União (Contribuição sobre Bens e Serviços – CBS) e outro com receita compartilhada entre Estados e Municípios (Imposto sobre Bens e Serviços – IBS). Fonte: Ministério da Fazenda. Os valores foram alterados em relação ao modelo original.

Fonte: Senado Notícias, 2023.

16.1   Síntese do conteúdo da EC nº 132/2023

A Câmara dos Deputados publicou em fevereiro/2024 a Nota Técnica e Quadro comparativo elaborados por consultores legislativos, que traz dados e informações bem interessantes.

Figura 16.5

emenda_constitucional_nunes.pdf	271.8Kb	Adobe/PDF	
quadro_comparativo_nunes.pdf	830.8Kb	Adobe/PDF	

Fonte: Portal Câmara dos Deputados, 2024.

Disponível no QR Code abaixo ou no endereço eletrônico: https://bd.camara.leg.br/bd/handle/bdcamara/41709.

16.2   Leis Complementares: regulamentação

A Emenda Constitucional nº 132/2023 determinou prazos específicos para a concretização da Reforma Tributária:

- **180 dias:** a partir da publicação da EC, o Congresso Nacional deve receber projetos de lei que regulamentem e implementem todas as alterações previstas.
- **90 dias:** dentro desse mesmo prazo de 180 dias, o Congresso precisa receber propostas que reformulem a tributação da renda e da folha de salários.

16.3   Desafios e oportunidades da reforma tributária

A Emenda Constitucional nº 132/2023 promulgada em dezembro trouxe consigo a promessa de uma ampla reforma tributária no Brasil. Além do objetivo de simplificar o sistema, aumentar a justiça fiscal e estimular o crescimento econômico, a reforma representa um marco histórico para o país.

Contudo, como toda nova legislação complexa, a EC 132 suscita diversos desafios e abre um leque de oportunidades que precisam ser cuidadosamente analisados e debatidos.

16.3.1   Desafios da implementação da reforma tributária

Além da complexidade da legislação, tem o fato de que o sistema tributário brasileiro é um dos mais complicados do mundo com diversos tributos, leis e normas esparsas em diferentes âmbitos. Tal complexidade dificulta a compreensão e o cumprimento das obrigações fiscais por parte dos contribuintes, além de gerar insegurança jurídica e aumentar os custos de compliance.

Outros desafios constatados:

- **Curto prazo:** a EC 132 estabelece um prazo de 180 dias para o Congresso Nacional aprovar as leis complementares que regulamentarão a reforma. Esse prazo pressiona os parlamentares a tomarem decisões complexas em um tempo limitado, o que pode levar à aprovação de leis com falhas ou que não atendam plenamente aos objetivos da reforma.

- **Resistências e interesses em conflito:** a reforma tributária toca em diversos interesses, tanto do setor público quanto do privado. É natural que haja resistência por parte de grupos que se beneficiam do sistema atual, o que pode dificultar a aprovação e a implementação das mudanças. Será fundamental um amplo diálogo entre os diferentes setores da sociedade para construir um consenso em torno da reforma.

- **Falta de clareza em alguns pontos:** a EC 132 não define todos os detalhes da reforma, delegando a tarefa de regulamentação ao Congresso Nacional. Essa falta de clareza pode dificultar o planejamento tributário.

16.3.2 Quando existem desafios, também existem oportunidades!

Profissionais de diversas área de atuação podem detectar oportunidades com a reforma tributária, a seguir:

1. Contadores, Contabilistas, Auditores

- **Especialistas em planejamento tributário estratégico:** a complexa estrutura da reforma torna crucial a atuação de especialistas em planejamento tributário estratégico. Esses profissionais serão responsáveis por analisar as mudanças na legislação e desenvolver estratégias personalizadas para que empresas otimizem sua carga tributária de forma legal e eficiente.

- **Especialistas em contabilidade digital:** a reforma também impulsiona a necessidade de profissionais especializados em contabilidade digital. Com a transformação digital e a crescente adoção de tecnologias na gestão fiscal, os profissionais que dominam ferramentas e softwares contábeis serão altamente requisitados para auxiliar empresas na adaptação à nova realidade.

- **Especialistas em Compliance Fiscal:** o aumento da rigidez e da fiscalização com a reforma torna essencial a presença de especialistas em compliance fiscal. Esses profissionais serão responsáveis por garantir que as empresas estejam em conformidade com as novas regras e evitem sanções e penalidades.

2. Advogados e Consultores:

- **Especialistas nas área tributária e fiscal:** a complexa natureza da reforma tributária, considerando a sua transição, gera a procura por especialistas nas áreas tributária e fiscal. Esses profissionais serão responsáveis por assessorar empresas e indivíduos em questões jurídicas relacionadas à nova legislação, como interpretações da lei, recuperação de tributos, processos administrativos e judiciais.

- **Especialistas empresariais:** as mudanças na legislação tributária também impactam diversos aspectos empresariais, como contratos, fusões e aquisições, incorporações e planejamento sucessório. Advogados com expertise em Direito Empresarial que se atualizarem sobre a reforma tributária estarão aptos a oferecer assessoria completa e especializada para empresas de diferentes portes.

3. Profissionais das áreas de gestão empresarial e financeira:

- **Consultores em gestão tributária:** empresas de todos os portes precisarão de consultores em gestão tributária para auxiliá-las na análise dos impactos da reforma em seus negócios e na implementação das mudanças necessárias. Esses profissionais serão responsáveis por avaliar os riscos e oportunidades da reforma, desenvolvimento de estratégias de adaptação e otimização fiscal, e implementação de soluções específicas.

- **Gestores financeiros:** a área financeira das empresas, exige que gestores financeiros estejam atualizados sobre as novas regras e seus impactos nos resultados da empresa. Profissionais com expertise em planejamento financeiro, análise de investimentos e gestão de riscos serão altamente requisitados para auxiliar empresas a se adaptarem à nova realidade fiscal e tomarem decisões estratégicas mais assertivas.

Com esse panorama geral da reforma tributária que apresentamos para você, fica evidente que teremos um longo caminho a percorrer. Mas os passos a serem dados podem ser menos dolorosos quando nos empenhamos em antecipar as possibilidades.

Deste modo, encerramos o nosso livro com a certeza de que fizemos um trabalho digno e responsável, que demandou muitos meses de pesquisa e seleção de dados para apresentar o melhor conteúdo possível.

Agradecemos o interesse em nosso trabalho!

Arlindo, Elaine e Márcia

REFERÊNCIAS

AQUISIÇÃO. *In*: Dicionário Online Caudas Aulete. Lexikon Editora Digital LTDA-EPP. *Dicionário Online*. Disponível em: <https://www.aulete.com.br/aquisi%C3%A7%C3%A3o>. Acesso em: 24 mai. 2024.

ATALIBA, Geraldo. *República e Constituição*. 2. ed. São Paulo: Malheiros, 2001.

BRASIL. [Constituição (1988)]. *Constituição da República Federativa do Brasil de 1988*. Brasília, DF: Presidência da República. Disponível em: <https://www.planalto.gov.br/ccivil_03/constituicao/constituicao.htm>. Acesso em: 24 mai. 2024.

BRASIL. Decreto Nº 7.212, de 15 de junho de 2010. *Regulamenta a cobrança, fiscalização, arrecadação e administração do Imposto sobre Produtos Industrializados – IPI*. Disponível em: <https://www.planalto.gov.br/ccivil_03/_ato2007-2010/2010/decreto/d7212.htm>. Acesso em: 28 mai. 2024.

BRASIL. Decreto Nº 9.580, de 22 de novembro de 2018. *Regulamenta a tributação, a fiscalização, a arrecadação e a administração do Imposto sobre a Renda e Proventos de Qualquer Natureza*. Disponível em: <https://www.planalto.gov.br/ccivil_03/_ato2015-2018/2018/decreto/d9580.htm>. Acesso em: 27 mai. 2024.

BRASIL. Emenda Constitucional nº 132, de 20 de dezembro de 2023. *Altera o Sistema Tributário Nacional*. Disponível em: <https://www.planalto.gov.br/ccivil_03/constituicao/emendas/emc/emc132.htm>. Acesso em: 24 mai. 2024.

BRASIL. *Lei Complementar nº 160/2017*. Dispõe sobre convênio que permite aos Estados e ao Distrito Federal deliberar sobre a remissão dos créditos tributários, constituídos ou não, decorrentes das isenções, dos incentivos e dos benefícios fiscais ou financeiro-fiscais instituídos em desacordo com o disposto na alínea "g" do inciso XII do § 2o do art. 155 da Constituição Federal e a reinstituição das respectivas isenções, incentivos e benefícios fiscais ou financeiro-fiscais; e altera a Lei nº 12.973, de 13 de maio de 2014. Lcp 160. Disponível em: <https://www.planalto.gov.br/ccivil_03/leis/lcp/lcp160.htm>. Acesso em: 28 mai. 2024.

BRASIL. *Lei Complementar Nº 70, de 30 de dezembro de 1991*. Institui contribuição para financiamento da Seguridade Social, eleva a alíquota da contribuição social sobre o lucro das instituições financeiras e dá outras providências. Disponível em: <https://www.planalto.gov.br/ccivil_03/leis/lcp/lcp70.htm>. Acesso em: 24 mai. 2024.

BRASIL. *Lei Complementar Nº 171, de 27 de dezembro de 2019*. Altera a Lei Complementar nº 87, de 13 de setembro de 1996 (Lei Kandir), para prorrogar prazos em relação à apropriação dos créditos do imposto estadual sobre operações relativas à circulação de mercadorias e sobre prestações de serviços de transporte interestadual e intermunicipal e de comunicação (ICMS). Disponível em: https://www.planalto.gov.br/ccivil_03/leis/lcp/lcp171.htm. Acesso em: 31 mai. 2024.

BRASIL. *Lei Complementar Nº 24, de 07 de janeiro de 1975*. Dispõe sobre os convênios para a concessão de isenções do imposto sobre operações relativas à circulação de mercadorias, e dá outras providências. Legislação Federal – Senado Federal. Disponível em: <https://legis.senado.leg.br/norma/540729/publicacao/15758220>. Acesso em: 27 mai. 2024.

BRASIL. *Lei Complementar Nº 7, de 7 de setembro de 1970*. Institui o Programa de Integração Social, e dá outras providências.Lcp07. Disponível em: <https://www.planalto.gov.br/ccivil_03/leis/LCP/Lcp07.htm>. Acesso em: 24 mai. 2024.

BRASIL. *Lei Complementar Nº 87, de 13 de setembro de 1996*. Dispõe sobre o imposto dos Estados e do Distrito Federal sobre operações relativas à circulação de mercadorias e sobre prestações de serviços de transporte interestadual e intermunicipal e de comunicação, e dá outras providências. (Lei Kandir). Disponível em: <https://www.planalto.gov.br/ccivil_03/leis/lcp/lcp87.htm>. Acesso em: 27 mai. 2024.

BRASIL. *Lei Nº 10.637, de 30 de dezembro de 2002*. Dispõe sobre a não-cumulatividade na cobrança da contribuição para os Programas de Integração Social (PIS) e de Formação do Patrimônio do Servidor Público (Pasep), nos casos que especifica; sobre o pagamento e o parcelamento de débitos tributários federais, a compensação de créditos fiscais, a declaração de inaptidão de inscrição de pessoas jurídicas, a legislação aduaneira, e dá outras providências. Disponível em: <https://www.planalto.gov.br/ccivil_03/leis/2002/l10637.htm>. Acesso em: 26 mai. 2024.

BRASIL. *Lei Nº 10.833, de 29 de dezembro de 2003*. Altera a Legislação Tributária Federal e dá outras providências. Disponível em: <https://www.planalto.gov.br/ccivil_03/leis/2003/l10.833.htm>. Acesso em: 24 maio. 2024.

BRASIL. *Lei Nº 5.172, de 25 de outubro de 1966*. Dispõe sobre o Sistema Tributário Nacional e institui normas gerais de direito tributário aplicáveis à União, Estados e Municípios. Disponível em: <https://www.planalto.gov.br/ccivil_03/leis/l5172compilado.htm>. Acesso em: 24 mai. 2024.

BRASIL. *Lei Nº 8.218, de 29 de agosto de 1991*. Dispõe sobre Impostos e Contribuições Federais, Disciplina a Utilização de Cruzados Novos, e dá outras Providências. Disponível em: <https://www.planalto.gov.br/ccivil_03/leis/l8218.htm>. Acesso em: 26 mai. 2024.

BRASIL. *Lei Nº 10.865, de 30 de abril de 2004*. Dispõe sobre a Contribuição para os Programas de Integração Social e de Formação do Patrimônio do Servidor Público e a Contribuição para o Financiamento da Seguridade Social incidentes sobre a importação de bens e serviços e dá outras providências. Disponível em: <http://www.planalto.gov.br/ccivil_03/_Ato2004-2006/2004/Lei/L10.865.htm#:~:text=LEI%20N%C2%BA%20 10.865%2C%20DE%2030%20DE%20ABRIL%20DE%202004&text=Disp%C3%B5e%20 sobre%20a%20Contribui%C3%A7%C3%A3o%20para,servi%C3%A7os%20e%20d%- C3%A1%20outras%20provid%C3%AAncias.>. Acesso em: 24 mai. 2024.

BRASIL. *Lei Nº 10.925, de 23 de julho de 2004*. Reduz as alíquotas do PIS/PASEP e da Cofins incidentes na importação e na comercialização do mercado interno de fertilizantes e defensivos agropecuários e dá outras providências. Disponível em: <https://www.planalto.gov.br/ccivil_03/_ato2004-2006/2004/lei/l10.925.htm>. Acesso em: 24 mai. 2024.

BRASIL. *Lei Nº 11.033, de 21 de dezembro de 2004*. Altera a tributação do mercado financeiro e de capitais; institui o Regime Tributário para Incentivo à Modernização e à Ampliação da Estrutura Portuária – REPORTO; altera as Leis nºs 10.865, de 30 de abril de 2004, 8.850, de 28 de janeiro de 1994, 8.383, de 30 de dezembro de 1991, 10.522, de 19 de julho de 2002, 9.430, de 27 de dezembro de 1996, e 10.925, de 23 de julho de 2004; e dá outras providências. Disponível em: <https://www.planalto.gov.br/ccivil_03/_ato2004-2006/2004/lei/l11033.htm>. Acesso em: 24 mai. 2024.

BRASIL. *Lei Nº 11.727, de 23 de junho de 2008*. Dispõe sobre medidas tributárias destinadas a estimular os investimentos e a modernização do setor de turismo, a reforçar o sistema de proteção tarifária brasileiro, a estabelecer a incidência de forma concentrada da Contribuição para o PIS/Pasep e da Contribuição para o Financiamento da Seguridade Social – Cofins na produção e comercialização de álcool; altera as Leis nos 10.865, de 30 de abril de 2004, 11.488, de 15 de junho de 2007, 9.718, de 27 de novembro de 1998, 11.196, de 21 de novembro de 2005, 10.637, de 30 de dezembro de 2002, 10.833, de 29 de dezembro de 2003, 7.689, de 15 de dezembro de 1988, 7.070, de 20 de dezembro de 1982, 9.250, de 26 de dezembro de 1995, 9.430, de 27 de dezembro de 1996, 9.249, de 26 de dezembro de 1995, 11.051, de 29 de dezembro de 2004, 9.393, de 19 de dezembro de 1996, 8.213, de 24 de julho de 1991, 7.856, de 24 de outubro de 1989, e a Medida Provisória no 2.158-35, de 24 de agosto de 2001; e dá outras providências. Disponível em: <https://www.planalto.gov.br/ccivil_03/_ato2007-2010/2008/lei/l11727.htm>. Acesso em: 24 mai. 2024.

BRASIL. *Lei Nº 12.058, de 13 de outubro de 2009*. Dispõe sobre a prestação de apoio financeiro pela União aos entes federados que recebem recursos do Fundo de Participação dos Municípios - FPM, no exercício de 2009, com o objetivo de superar dificuldades financeiras emergenciais; altera as Leis nos 11.786, de 25 de setembro de 2008, 9.503, de 23 de setembro de 1997, 11.882, de 23 de dezembro de 2008, 10.836, de 9 de janeiro de 2004, 11.314, de 3 de julho de 2006, 11.941, de 27 de maio de 2009, 10.925, de 23 de julho de 2004, 9.636, de 15 de maio de 1998, 8.036, de 11 de maio de 1990, 8.212, de 24 de julho de 1991, 10.893, de 13 de julho de 2004, 9.454, de 7 de abril de 1997, 11.945, de 4 de junho de 2009, 11.775, de 17 de setembro de 2008, 11.326, de 24 de julho de 2006, 8.427, de 27 de maio de 1992, 8.171, de 17 de janeiro de 1991, 5.917, de 10 de setembro de 1973, 11.977, de 7 de julho de 2009, 11.196, de 21 de novembro de 2005, 9.703, de 17 de novembro de 1998, 10.865, de 30 de abril de 2004, 9.984, de 17 de julho de 2000, e 11.772, de 17 de setembro de 2008, a Medida Provisória no 2.197-43, de 24 de agosto de 2001, e o Decreto-Lei no 1.455, de 7 de abril de 1976; revoga a Lei no 5.969, de 11 de dezembro de 1973, e o art. 13 da Lei no 11.322, de 13 de julho de 2006; e dá outras providências. Disponível em: <https://www.planalto.gov.br/ccivil_03/_ato2007-2010/2009/lei/l12058.htm>. Acesso em: 24 mai. 2024.

BRASIL. *Lei Nº 12.350, de 20 de dezembro de 2010*. Dispõe sobre medidas tributárias referentes à realização, no Brasil, da Copa das Confederações Fifa 2013 e da Copa do Mundo Fifa 2014; promove desoneração tributária de subvenções governamentais destinadas ao fomento das atividades de pesquisa tecnológica e desenvolvimento de inovação tecnológica nas empresas; altera as Leis nos 11.774, de 17 de setembro de 2008, 10.182, de 12 de fevereiro de 2001, 9.430, de 27 de dezembro de 1996, 7.713, de 22 de dezembro de 1988, 9.959, de 27 de janeiro de 2000, 10.887, de 18 de junho de 2004, 12.058, de 13 de outubro de 2009, 10.865, de 30 de abril de 2004, 10.931, de 2 de agosto de 2004, 12.024, de 27 de agosto de 2009, 9.504, de 30 de setembro de 1997, 10.996, de 15 de dezembro de 2004, 11.977, de 7 de julho de 2009, e 12.249, de 11 de junho de 2010, os Decretos-Leis nos 37, de 18 de novembro de 1966, e 1.455, de 7 de abril de 1976; revoga dispositivos das Leis nos 11.196, de 21 de novembro de 2005, 8.630, de 25 de fevereiro de 1993, 9.718, de 27 de novembro de 1998, e 10.833, de 29 de dezembro de 2003; e dá outras providências. Disponível em: <https://www.planalto.gov.br/ccivil_03/_ato2007-2010/2010/Lei/L12350.htm>. Acesso em: 24 mai. 2024.

BRASIL. *Lei Nº 13.097, de 19 de janeiro de 2015*. Reduz a zero as alíquotas da Contribuição para o PIS/PASEP, da Cofins, da Contribuição para o PIS/Pasep-Importação e da Cofins-Importação incidentes sobre a receita de vendas e na importação de partes utilizadas em aerogeradores; prorroga os benefícios previstos nas Leis n º 9.250, de 26 de dezembro de 1995, 9.440, de 14 de março de 1997, 10.931, de 2 de agosto de 2004, 11.196, de 21 de novembro de

2005, 12.024, de 27 de agosto de 2009, e 12.375, de 30 de dezembro de 2010; altera o art. 46 da Lei nº 12.715, de 17 de setembro de 2012, que dispõe sobre a devolução ao exterior ou a destruição de mercadoria estrangeira cuja importação não seja autorizada; altera as Leis n º 9.430, de 27 de dezembro de 1996, 12.546, de 14 de dezembro de 2011, 12.973, de 13 de maio de 2014, 9.826, de 23 de agosto de 1999, 10.833, de 29 de dezembro de 2003, 10.865, de 30 de abril de 2004, 11.051, de 29 de dezembro de 2004, 11.774, de 17 de setembro de 2008, 10.637, de 30 de dezembro de 2002, 12.249, de 11 de junho de 2010, 10.522, de 19 de julho de 2002, 12.865, de 9 de outubro de 2013, 10.820, de 17 de dezembro de 2003, 6.634, de 2 de maio de 1979, 7.433, de 18 de dezembro de 1985, 11.977, de 7 de julho de 2009, 10.931, de 2 de agosto de 2004, 11.076, de 30 de dezembro de 2004, 9.514, de 20 de novembro de 1997, 9.427, de 26 de dezembro de 1996, 9.074, de 7 de julho de 1995, 12.783, de 11 de janeiro de 2013, 11.943, de 28 de maio de 2009, 10.848, de 15 de março de 2004, 7.565, de 19 de dezembro de 1986, 12.462, de 4 de agosto de 2011, 9.503, de 23 de setembro de 1997, 11.442, de 5 de janeiro de 2007, 8.666, de 21 de junho de 1993, 9.782, de 26 de janeiro de 1999, 6.360, de 23 de setembro de 1976, 5.991, de 17 de dezembro de 1973, 12.850, de 2 de agosto de 2013, 5.070, de 7 de julho de 1966, 9.472, de 16 de julho de 1997, 10.480, de 2 de julho de 2002, 8.112, de 11 de dezembro de 1990, 6.530, de 12 de maio de 1978, 5.764, de 16 de dezembro de 1971, 8.080, de 19 de setembro de 1990, 11.079, de 30 de dezembro de 2004, 13.043, de 13 de novembro de 2014, 8.987, de 13 de fevereiro de 1995, 10.925, de 23 de julho de 2004, 12.096, de 24 de novembro de 2009, 11.482, de 31 de maio de 2007, 7.713, de 22 de dezembro de 1988, a Lei Complementar nº 123, de 14 de dezembro de 2006, o Decreto-Lei nº 745, de 7 de agosto de 1969, e o Decreto nº 70.235, de 6 de março de 1972; revoga dispositivos das Leis n º 4.380, de 21 de agosto de 1964, 6.360, de 23 de setembro de 1976, 7.789, de 23 de novembro de 1989, 8.666, de 21 de junho de 1993, 9.782, de 26 de janeiro de 1999, 10.150, de 21 de dezembro de 2000, 9.430, de 27 de dezembro de 1996, 12.973, de 13 de maio de 2014, 8.177, de 1º de março de 1991, 10.637, de 30 de dezembro de 2002, 10.833, de 29 de dezembro de 2003, 10.865, de 30 de abril de 2004, 11.051, de 29 de dezembro de 2004 e 9.514, de 20 de novembro de 1997, e do Decreto-Lei nº 3.365, de 21 de junho de 1941; e dá outras providências. Disponível em: <https://www.planalto.gov.br/ccivil_03/_ato2015-2018/2015/lei/l13097.htm>. Acesso em: 24 mai. 2024.

BRASIL. *Lei No 4.502, de 30 de novembro de 1964*. Dispõe Sôbre o Impôsto de Consumo e reorganiza a Diretoria de Rendas Internas. L4502. Disponível em: <https://www.planalto.gov.br/ccivil_03/leis/L4502.htm>. Acesso em: 28 mai. 2024.

BRASIL. *Lei Nº 5.172, de 25 de outubro de 1966*. Dispõe sobre o Sistema Tributário Nacional e institui normas gerais de direito tributário aplicáveis à União, Estados e Municípios. Disponível em: <https://www.planalto.gov.br/ccivil_03/leis/l5172compilado.htm>. Acesso em: 26 mai. 2024.

BRASIL. *Lei nº 6.404, de 15 de dezembro de 1976*. Dispõe sobre as Sociedades por Ações. Disponível em: <https://www.planalto.gov.br/ccivil_03/leis/l6404consol.htm>. Acesso em: 24 maio. 2024.

BRASIL. *Lei Nº 9.430, de 27 de dezembro de 1996*. Dispõe sobre a legislação tributária federal, as contribuições para a seguridade social, o processo administrativo de consulta e dá outras providências. Disponível em: <https://www.planalto.gov.br/ccivil_03/leis/l9430.htm>. Acesso em: 26 mai. 2024.

BRASIL. *Lei Nº 9.715, de 25 de novembro de 1998.* Dispõe sobre as contribuições para os Programas de Integração Social e de Formação do Patrimônio do Servidor Público – PIS/PASEP, e dá outras providências. Disponível em: <https://www.planalto.gov.br/ccivil_03/leis/l9715.htm>. Acesso em: 24 maio. 2024.

BRASIL. *Lei Nº 9.718, de 27 de novembro de 1998.* Altera a Legislação Tributária Federal. Disponível em: <https://www.planalto.gov.br/ccivil_03/leis/l9718compilada.htm>. Acesso em: 24 mai. 2024.

BRASIL. *Lei Nº 9.779, de 19 de janeiro de 1999.* Altera a legislação do Imposto sobre a Renda, relativamente à tributação dos Fundos de Investimento Imobiliário e dos rendimentos auferidos em aplicação ou operação financeira de renda fixa ou variável, ao Sistema Integrado de Pagamento de Impostos e Contribuições das Microempresas e das Empresas de Pequeno Porte - SIMPLES, à incidência sobre rendimentos de beneficiários no exterior, bem assim a legislação do Imposto sobre Produtos Industrializados - IPI, relativamente ao aproveitamento de créditos e à equiparação de atacadista a estabelecimento industrial, do Imposto sobre Operações de Crédito, Câmbio e Seguros ou Relativas a Títulos e Valores Mobiliários - IOF, relativamente às operações de mútuo, e da Contribuição Social sobre o Lucro Líquido, relativamente às despesas financeiras, e dá outras providências. Disponível em: <https://www.planalto.gov.br/ccivil_03/leis/l9779.htm>. Acesso em: 24 mai. 2024.

BRASIL. Ministério da Fazenda. Confaz. *Convênio ICMS 78/92.* Publicado no DOU 04.08.92. Autoriza os Estados e o Distrito Federal a não exigir o imposto nas doações de mercadorias, por contribuintes do imposto, à Secretaria da Educação. Ratificação Nacional DOU de 16.07.92 pelo Ato COTEPE-ICMS 02/92. Disponível em: https://www.confaz.fazenda.gov.br/legislacao/convenios/1992/CV078_92#:~:text=Autoriza%20os%20Estados%20e%20o,imposto%2C%20%C3%A0%20Secretaria%20da%20Educa%C3%A7%C3%A3o.&text=Publicado%20no%20DOU%2004.08.92-,COTEPE%2DICMS%2002%2F92. Acesso em: 31. Mai. 2024.

BRASIL. Ministério da Fazenda. Confaz. *Convênio nº 190/2017.* Convênio ICMS 190/17, de 15 de dezembro de 2017. Ementa: Dispõe, nos termos autorizados na Lei Complementar nº 160, de 7 de agosto de 2017, sobre a remissão de créditos tributários, constituídos ou não, decorrentes das isenções, dos incentivos e dos benefícios fiscais ou financeiro-fiscais instituídos em desacordo com o disposto na alínea "g" do inciso XII do § 2º do art. 155 da Constituição Federal, bem como sobre as correspondentes reinstituições. Disponível em: https://app1.sefaz.mt.gov.br/Sistema/Legislacao/legislacaotribut.nsf/7c7b6a9347c-50f55032569140065ebbf/1702f6e9befda8ee842581fa00580761?OpenDocument. Acesso em: 31 mai. 2024.

BRASIL. Ministério da Fazenda. *Confaz. Convênio S/Nº, de 15 de dezembro de 1970.* Publicado no DOU de 18.02.71. Disponível em: <https://www.confaz.fazenda.gov.br/legislacao/ajustes/sinief/cvsn_70>. Acesso em: 27 mai. 2024.

BRASIL. Ministério da Fazenda. Conselho Administrativo de Recursos Fiscais. Jurisprudência/ Acórdãos. Assunto: *Contribuição para o Financiamento da Seguridade Social – Cofins.* Período de apuração: 01/07/2010 a 30/09/2010. Disponível em: <https://carf.fazenda.gov.br/sincon/public/pages/ConsultarJurisprudencia/listaJurisprudencia.jsf?idAcordao=7401419>. Acesso em: 24 mai. 2024.

BRASIL. Receita Federal. *Ato Declaratório Interpretativo RFB Nº 15, de 26 de setembro de 2007.* Disponível em: <http://normas.receita.fazenda.gov.br/sijut2consulta/link.action?idAto=5661>. Acesso em: 24 mai. 2024.

BRASIL. Receita Federal. *Ato Declaratório Interpretativo SRF Nº 5, de 17 de abril de 2006.* Dispõe sobre a aplicação do art. 11 da Lei nº 9.779, de 11 de janeiro de 1999, combinado com o art. 5º do Decreto-lei nº 491, de 5 de março de 1969, e o art. 4º da Instrução Normativa SRF nº 33, de 4 de março de 1999. ADI SRF no 5/2006. Disponível em: <http://normas.receita.fazenda.gov.br/sijut2consulta/link.action?idAto=5594>. Acesso em: 29 mai. 2024.

BRASIL. Receita Federal. *Consulta Solução de Consulta DISIT/SRRF07 nº 7030.* Assunto: Imposto sobre a Renda de Pessoa Jurídica – IRPJ Lucro Real. Créditos Decorrentes de Decisão Judicial. Indébito Tributário. Compensação de Débitos. Reconhecimento da Receita. Disponível em: http://normas.receita.fazenda.gov.br/sijut2consulta/link.action?idAto=135605. Acesso em: 31 mai. 2024.

BRASIL. Receita Federal. *COSIT Nº 46, de 03 de fevereiro de 2023.* Assunto: Contribuição para o Financiamento da Seguridade Social – Cofins Não Cumulatividade. Créditos. Insumos. Comércio Varejista. Disponível em: <http://normas.receita.fazenda.gov.br/sijut-2consulta/link.action?idAto=129425>. Acesso em: 31 mai. 2024.

BRASIL. Receita Federal. *Instrução Normativa RFB Nº 1252, de 01 de março de 2012.* Dispõe sobre a Escrituração Fiscal Digital da Contribuição para o PIS/Pasep, da Contribuição para o Financiamento da Seguridade Social (Cofins) e da Contribuição Previdenciária sobre a Receita (EFD-Contribuições). Disponível em: <http://normas.receita.fazenda.gov.br/sijut-2consulta/link.action?visao=anotado&idAto=37466>. Acesso em: 26 mai. 2024.

BRASIL. Receita Federal. *Instrução Normativa RFB Nº 1441, de 20 de janeiro de 2014.* Extingue o Demonstrativo de Apuração de Contribuições Sociais (Dacon) relativo a fatos geradores ocorridos a partir de 1º de janeiro de 2014. Disponível em: <http://normas.receita.fazenda.gov.br/sijut2consulta/link.action?idAto=49288#:~:text=IN%20RFB%20n%C2%BA%201441%2F2014&text=Extingue%20o%20Demonstrativo%20de%20Apura%C3%A7%C3%A3o,1%C2%BA%20de%20janeiro%20de%202014.&text=O%20SECRET%C3%81RIO%20DA%20RECEITA%20FEDERAL,o%20inciso%20III%20do%20art.>. Acesso em: 26 mai. 2024.

BRASIL. Receita Federal. *Instrução Normativa RFB Nº 1911, de 11 de outubro de 2019.* Regulamenta a apuração, a cobrança, a fiscalização, a arrecadação e a administração da Contribuição para o PIS/Pasep, da Cofins, da Contribuição para o PIS/Pasep Importação e da Cofins-Importação. Disponível em: https://www.gov.br/mme/pt-br/assuntos/secretarias/sntep/reidi/INRFBN19112019.pdf. Acesso em: 26 mai. 2024.

BRASIL. Receita Federal. *Instrução Normativa RFB Nº 2055, de 06 de dezembro de 2021.* Dispõe sobre restituição, compensação, ressarcimento e reembolso, no âmbito da Secretaria Especial da Receita Federal do Brasil. Disponível em: <http://normas.receita.fazenda.gov.br/sijut2consulta/link.action?visao=anotado&idAto=122002>. Acesso em: 29 mai. 2024.

BRASIL. Receita Federal. *Instrução Normativa RFB Nº 2121, de 15 de dezembro de 2022.* Consolida as normas sobre a apuração, a cobrança, a fiscalização, a arrecadação e a administração da Contribuição para o PIS/Pasep, da Cofins, da Contribuição para o PIS/Pasep-Importação e da Cofins-Importação. Disponível em: <http://normas.receita.fazenda.gov.br/sijut2consulta/link.action?idAto=127905#:~:text=IN%20RFB%20n%C2%BA%202121%2F2022&text=Consolida%20as%20normas%20sobre%20a,Importa%C3%A7%C3%A3o%20e%20da%20Cofins%2DImporta%C3%A7%C3%A3o>. Acesso em: 31 mai. 2024.

BRASIL. Receita Federal. *Instrução Normativa RFB Nº 2121, de 15 de dezembro de 2022.* Consolida as normas sobre a apuração, a cobrança, a fiscalização, a arrecadação e a administração da Contribuição para o PIS/Pasep, da Cofins, da Contribuição para o PIS/Pasep-Importação e da Cofins-Importação. Disponível em: <http://normas.receita.fazenda.gov.br/sijut2consulta/link.action?idAto=127905#:~:text=IN%20RFB%20n%C2%BA%20 2121%2F2022&text=Consolida%20as%20normas%20sobre%20a,Importa%C3%A7%-C3%A3o%20e%20da%20Cofins%2DImporta%C3%A7%C3%A3o.>. Acesso em: 24 mai. 2024.

BRASIL. Receita Federal. *Instrução Normativa RFB nº 2152, de 14 de julho de 2023.* Altera a Instrução Normativa RFB nº 2.121, de 15 de dezembro de 2022, que consolida as normas sobre a apuração, a cobrança, a fiscalização, a arrecadação e a administração da Contribuição para o PIS/Pasep, da Cofins, da Contribuição para o PIS/Pasep-Importação e da Cofins-Importação. Disponível em: <http://normas.receita.fazenda.gov.br/sijut2consulta/link. action?idAto=132085#:~:text=IN%20RFB%20n%C2%BA%202152%2F2023&text=Altera%20 a%20Instru%C3%A7%C3%A3o%20Normativa%20RFB,Importa%C3%A7%C3%A3o%20 e%20da%20Cofins%2DImporta%C3%A7%C3%A3o.>. Acesso em: 27 mai. 2024.

BRASIL. Receita Federal. *Instrução Normativa SRF Nº 594, de 26 de dezembro de 2005.* Dispõe sobre a incidência da Contribuição para o PIS/Pasep, da Cofins, da Contribuição para o PIS/Pasep-Importação e da Cofins-Importação sobre as operações de comercialização no mercado interno e sobre a importação dos produtos de que tratam as Leis nº 9.990, de 2000, nº 10.147, de 2000, nº 10.485, de 2002, nº 10.560, de 2002, nº 11.116, de 2005. Disponível em: <http://normas.receita.fazenda.gov.br/sijut2consulta/link.action?visao=anotado&idAto=15520>. Acesso em: 24 mai. 2024.

BRASIL. Receita Federal. *Manutenção e peças de reposição de máquinas utilizadas na fabricação de bens.* Frete das peças de reposição de máquinas utilizadas na fabricação de bens. Combustíveis e lubrificantes de máquinas do processo produtivo. Modelos e ferramentas consumidos no processo de fabricação. Frete internacional relativo a entrega de produtos vendidos. Aluguel de prédios, máquinas e equipamentos. Combustíveis de caldeiras. Direito a crédito. Disponível em: <http://normas.receita.fazenda.gov.br/sijut2consulta/link.action?idAto=83156>. Acesso em: 29 mai. 2024.

BRASIL. Receita Federal. *Normas.* Disponível em: <http://normas.receita.fazenda.gov.br/sijut2consulta/consulta.action>. Acesso em: 31 mai. 2024.

BRASIL. Receita Federal. *Parecer Normativo COSIT Nº 2, de 03 de dezembro de 2018.* Normas gerais de direito tributário. Extinção de estimativas por compensação. Antecipação. Fato jurídico tributário. 31 de dezembro. Cobrança. Tributo devido. Disponível em: <http://normas.receita.fazenda.gov.br/sijut2consulta/link.action?idAto=97020>. Acesso em: 31 mai. 2024.

BRASIL. Receita Federal. *Parecer Normativo COSIT Nº 2, de 28 de agosto de 2015.* Assunto. Normas gerais de direito tributário. Retificação da DCTF depois da transmissão do PER/DCOMP e ciência do despacho decisório. Possibilidade. Imprescindibilidade da retificação da DCTF para comprovação do pagamento indevido ou a maior. Disponível em: <http://normas.receita.fazenda.gov.br/sijut2consulta/link.action?idAto=67487>. Acesso em: 31 mai. 2024.

BRASIL. Receita Federal. *Parecer Normativo COSIT Nº 22, de 06 de setembro de 2013.* Assunto: Imposto sobre Produtos Industrializados – IPI. Alíquota. Devolução de produtos. Disponível em: <http://normas.receita.fazenda.gov.br/sijut2consulta/link.action?idAto=45713>. Acesso em: 29 mai. 2024.

BRASIL. Receita Federal. *Parecer Normativo COSIT Nº 3, de 04 de dezembro de 2018.* Imposto sobre Produtos Industrializados – IPI Aquisição de Partes e Peças de Máquinas. Crédito de IPI. Impossibilidade. Disponível em: <http://normas.receita.fazenda.gov.br/sijut-2consulta/link.action?idAto=97055>. Acesso em: 29 mai. 2024.

BRASIL. Receita Federal. *Parecer Normativo COSIT Nº 5, de 17 de dezembro de 2018.* Assunto. Apresenta as principais repercussões no âmbito da Secretaria da Receita Federal do Brasil decorrentes da definição do conceito de insumos na legislação da Contribuição para o PIS/Pasep e da Cofins estabelecida pela Primeira Seção do Superior Tribunal de Justiça no julgamento do Recurso Especial 1.221.170/PR. Ementa. Contribuição para o PIS/PASEP. Cofins. Créditos da não cumulatividade. Insumos. Definição estabelecida no Resp 1.221.170/PR. Análise e aplicações. Disponível em: <http://normas.receita.fazenda.gov.br/sijut2consulta/link.action?idAto=97407>. Acesso em: 24 mai. 2024.

BRASIL. Receita Federal. *Parecer Normativo COSIT Nº 5, de 17 de dezembro de 2018.* Assunto: Apresenta as principais repercussões no âmbito da Secretaria da Receita Federal do Brasil decorrentes da definição do conceito de insumos na legislação da Contribuição para o PIS/Pasep e da Cofins estabelecida pela Primeira Seção do Superior Tribunal de Justiça no julgamento do Recurso Especial 1.221.170/PR. Ementa. Contribuição para o pis/pasep. Cofins. Créditos da não cumulatividade. Insumos. Definição estabelecida no Resp 1.221.170/pr. Análise e aplicações. Disponível em: <http://normas.receita.fazenda.gov.br/sijut2consulta/link.action?idAto=97407>. Acesso em: 24 mai. 2024.

BRASIL. Receita Federal. *Parecer Normativo COSIT Nº 8, de 03 de setembro de 2014.* Assunto. Normas gerais de direito tributário. Revisão e retificação de ofício – de lançamento e de débito confessado, respectivamente – em sentido favorável ao contribuinte. Cabimento. Especificidades. Disponível em: <http://normas.receita.fazenda.gov.br/sijut2consulta/link.action?idAto=55808>. Acesso em: 31 mai. 2024.

BRASIL. Receita Federal. *Portaria ALF/SPO Nº 13, de 27 de maio de 2021.* Disciplina os procedimentos relacionados ao agendamento de posicionamento de cargas nos recintos alfandegados jurisdicionados pela ALF/SPO e pelas DRF da 8ª RF e à verificação remota de mercadorias por meio de imagens, na importação, na exportação e no trânsito aduaneiro de mercadorias. Disponível em: <http://normas.receita.fazenda.gov.br/sijut2consulta/link.action?idAto=117894#:~:text=Port.,AL-F%2FSPO%20n%C2%BA%2013%2F2021&text=Disciplina%20os%20procedimentos%20relacio-nados%20ao,no%20tr%C3%A2nsito%20aduaneiro%20de%20mercadorias.>. Acesso em: 31 mai. 2024.

BRASIL. Receita Federal. *Relatório Anual da Fiscalização – Resultados 2023 e Planejamento 2024.* Disponível em: https://www.gov.br/receitafederal/pt-br/centrais-de-conteudo/publicacoes/relato-rios/fiscalizacao/relatorio-anual-fiscalizacao_2023-2024.pdf/view. Acesso em: 31 mai. 2024.

BRASIL. Receita Federal. Solução de Consulta COSIT Nº 188, de 28 de agosto de 2023. Não cumulatividade. Fabricação de refrigerantes. Insumos adquiridos em operações com não incidência, incidência de alíquota zero ou suspensão. Apropriação de créditos. Impossibilidade. Disponível em: <http://normas.receita.fazenda.gov.br/sijut2consulta/link.action?idAto=133036>. Acesso em: 24 mai. 2024.

BRASIL. Receita Federal. *Solução de Consulta COSIT Nº 207, de 06 de setembro de 2023.* Assunto: Imposto sobre Produtos Industrializados – IPI reparo. Equipamento com defeito de fabricação. Execução gratuita. Garantia em vigor dada pelo fabricante. Partes e peças. Substituição. Fato gerador. Não ocorrência. Créditos. Anulação. Disponível em: <http://normas.receita.fazenda.gov.br/sijut2consulta/link.action?idAto=133355>. Acesso em: 29 mai. 2024.

BRASIL. Receita Federal. *Solução de Consulta COSIT Nº 24, de 14 de junho de 2022*. Assunto: Normas Gerais de Direito Tributário. Compensação. Crédito. Fator de proporcionalidade. Disponível em: <http://normas.receita.fazenda.gov.br/sijut2consulta/link.action?idAto=124956>. Acesso em: 27 mai. 2024.

BRASIL. Receita Federal. *Solução de Consulta COSIT Nº 24, de 23 de janeiro de 2014*. Assunto: Imposto sobre Produtos Industrializados – IPI. Ementa: créditos. Produtos intermediários. Indústria de fiação e tecelagem. Peças de reposição. Manchões. Roletes. Viajantes. Disponível em: <http://normas.receita.fazenda.gov.br/sijut2consulta/link.action?idAto=49536>. Acesso em: 29 mai. 2024.

BRASIL. Receita Federal. *Solução de Consulta COSIT Nº 291, de 16 de novembro de 2023*. Assunto: Imposto sobre Produtos Industrializados – IPI matéria-prima. Produto intermediário. Material de embalagem. Crédito. Estorno. Produtos imunes. Disponível em: <http://normas.receita.fazenda.gov.br/sijut2consulta/link.action?idAto=134844>. Acesso em: 29 mai. 2024.

BRASIL. Receita Federal. *Solução de Consulta COSIT Nº 295, de 17 de novembro de 2023*. Assunto: Imposto sobre a Renda de Pessoa Jurídica – IRPJ. Faturamento antecipado. Momento do reconhecimento da receita. Regime de competência. Disponível em: <http://normas.receita.fazenda.gov.br/sijut2consulta/link.action?idAto=135154>. Acesso em: 31 mai. 2024.

BRASIL. Receita Federal. *Solução de Consulta COSIT Nº 303, de 17 de dezembro de 2019*. Assunto: Contribuição para o Financiamento da Seguridade Social – Cofins. Não cumulatividade. Créditos. Aquisições de bens e serviços de microempreendedor individual (mei). Possibilidade. Disponível em: <http://normas.receita.fazenda.gov.br/sijut2consulta/link.action?idAto=105889&visao=anotado>. Acesso em: 24 mai. 2024.

BRASIL. Receita Federal. *Solução de Consulta COSIT Nº 369, de 14 de agosto de 2017*. Assunto: Imposto sobre Produtos Industrializados – IPI. Ementa: créditos básicos. Não cumulatividade. Prazo prescricional de 5 anos. Disponível em: <http://normas.receita.fazenda.gov.br/sijut2consulta/link.action?idAto=85399&visao=anotado>. Acesso em: 29 mai. 2024.

BRASIL. Receita Federal. *Solução de Consulta COSIT Nº 46, de 03 de fevereiro de 2023*. Assunto: Contribuição para o Financiamento da Seguridade Social – Cofins. Não cumulatividade. Créditos. Insumos. Comércio varejista. Disponível em: <http://normas.receita.fazenda.gov.br/sijut2consulta/link.action?idAto=129425>. Acesso em: 24 mai. 2024.

BRASIL. Receita Federal. *Solução de Consulta COSIT nº 48/2023, de 23 de fevereiro de 2023*. Assunto: Contribuição para o Financiamento da Seguridade Social – Cofins. Não Cumulatividade. Incidência Sobre A Receita Ou Faturamento. Créditos. Insumos. Aquisição De Bens De Pessoas Jurídicas Domiciliadas No Exterior. Vedação. Disponível em: <http://normas.receita.fazenda.gov.br/sijut2consulta/link.action?idAto=129673>. Acesso em: 31 mai. 2024.

BRASIL. Receita Federal. *Solução de Consulta COSIT Nº 507/2017, de 17 de outubro de 2017*. Assunto: contribuição para o PIS/PASEP. Ementa: não cumulatividade. Agroindústria. Venda para entrega futura. Receitas. Momento do reconhecimento. Regime de competência. SC Cosit no 507/2017. Disponível em: <http://normas.receita.fazenda.gov.br/sijut2consulta/link.action?idAto=87639&visao=anotado>. Acesso em: 31 mai. 2024.

BRASIL. Receita Federal. *Solução de Consulta DISIT/SRRF01 Nº 1006, de 03 de outubro de 2022*. Assunto: Contribuição para o Financiamento da Seguridade Social – Cofins SC Disit/SRRF01 no 1006/2022. Disponível em: <http://normas.receita.fazenda.gov.br/sijut2consulta/link.action?idAto=129223>. Acesso em: 24 mai. 2024.

BRASIL. Receita Federal. *Solução de Consulta DISIT/SRRF08 Nº 23, de 14 de janeiro de 2008*. Assunto: Imposto sobre a Renda de Pessoa Jurídica – IRPJ INVESTIMENTO NO EXTERIOR – Dinamarca. Disponível em: <http://normas.receita.fazenda.gov.br/sijut2consulta/link.action?visao=anotado&idAto=76819>. Acesso em: 31 mai. 2024.

BRASIL. Receita Federal. *Solução de Consulta DISIT/SRRF08 Nº 276, de 05 de agosto de 2010*. Assunto: Contribuição para o Pis/Pasep Não-Cumulatividade. Créditos. Frete Na Venda. Ônus Suportado Pelo Vendedor. Disponível em: <http://normas.receita.fazenda.gov.br/sijut2consulta/link.action?idAto=72880>. Acesso em: 24 mai. 2024.

BRASIL. Receita Federal. *Solução de Consulta DISIT/SRRF09 Nº 9, DE 12 DE JANEIRO DE 2012*. Assunto: Contribuição para o PIS/Pasep. Disponível em: <http://normas.receita.fazenda.gov.br/sijut2consulta/link.action?idAto=83156#:~:text=SC%20Disit%2FSRRF09%20n%C2%BA%209%2F2012&text=Revisa%20a%20Solu%C3%A7%C3%A3o%20de%20Consulta,UTILIZADAS%20NA%20FABRICA%C3%87%C3%83O%20DE%20BENS.>. Acesso em: 31 mai. 2024.

BRASIL. Receita Federal. *Solução de Consulta SRRF/9ªRF/Disit nº 81, de 17 de fevereiro de 2011*. Manutenção e peças de reposição de máquinas utilizadas na fabricação de bens. Frete das peças de reposição de máquinas utilizadas na fabricação de bens. Combustíveis e lubrificantes de máquinas do processo produtivo. Modelos e ferramentas consumidos no processo de fabricação. Frete internacional relativo a entrega de produtos vendidos. Aluguel de prédios, máquinas e equipamentos. Combustíveis de caldeiras. Direito a crédito. SC DISIT/SRRF09 no 9/2012. Disponível em: <http://normas.receita.fazenda.gov.br/sijut2consulta/link.action?idAto=83156>. Acesso em: 29 mai. 2024.

BRASIL. Receita Federal. *Solução de Divergência COSIT Nº 2, de 13 de janeiro de 2017*. Assunto: Contribuição para o Financiamento da Seguridade Social – Cofins. Ementa: não cumulatividade. Créditos da atividade de transporte rodoviário de carga. Subcontratação de serviços. Disponível em: <http://normas.receita.fazenda.gov.br/sijut2consulta/link.action?idAto=79709>. Acesso em: 24 mai. 2024.

BRASIL. Receita Federal. *Solução de Divergência COSIT Nº 7, de 23 de janeiro de 2017*. Assunto: Imposto sobre Produtos Industrializados – IPI Ementa: Benefício Fiscal. Natureza Do Crédito. IPI. Exportação. SD Cosit no 7/2017. Disponível em: <http://normas.receita.fazenda.gov.br/sijut2consulta/link.action?idAto=79985>. Acesso em: 29 mai. 2024.

BRASIL. Receita Federal. *Solução de Divergência COSIT Nº 8, de 24 de janeiro de 2017*. ASSUNTO: Contribuição para o Financiamento da Seguridade Social – Cofins. Ementa: não cumulatividade. Créditos. Armazenagem e frete na operação de venda. Transporte internacional de cargas. Disponível em: <http://normas.receita.fazenda.gov.br/sijut2consulta/link.action?idAto=79986>. Acesso em: 24 mai. 2024.

BRASIL. Receita Federal. *Solução de Divergência COSIT Nº 9, de 25 de janeiro de 2017*. Assunto: Imposto Sobre Produtos Industrializados – IPI. Ementa: As aquisições, por estabelecimento industrial, de matéria prima, produto intermediário e material de embalagem com notação "NT" na Tipi, provenientes de estabelecimento atacadista não contribuinte do IPI, não dão direito ao crédito de que trata o art. 227 do Ripi/2010. SD Cosit no 9/2017. Disponível em: <http://normas.receita.fazenda.gov.br/sijut2consulta/link.action?idAto=80008>. Acesso em: 29 mai. 2024.

BRASIL. Supremo Tribunal Federal. *Recurso Extraordinário n° 1.063.187*. Disponível em: <https://portal.stf.jus.br/processos/detalhe.asp?incidente=5230634>. Acesso em: 27 mai. 2024.

BRASIL. Supremo Tribunal Federal. *Recurso extraordinário n° 146.733-9-SP*. https://redir.stf.jus.br/paginadorpub/paginador.jsp?docTP=AC&docID=210152&pgI=6&pgF=10. Acesso em: 31 mai. 2024.

BRASIL. Tribunal Regional Federal da 3ª Região. 3ª Turma. *Agravo de instrumento (202) N° 5001847-87 2024 4 03 0000*. Relator: Gab. 08 – Desembargador Federal: Carlos Delgado.

BRASIL. Tribunal Regional Federal da 3ª Região. 5ª Turma. *Autos no 97.03.012094-6.j.23.11.1998*, DJ 10.08.1999, p. 49. Relatora Desembargadora Federal: Ramza Tartuce.

BRASIL. *Tribunal Regional Federal da 3ª Região*. Disponível em: <https://manutencao.trf3.jus.br/index.html>. Acesso em: 31 mai. 2024.

CARRAZA, Roque Antonio. *Curso de Direito Constitucional Tributário*. 13ª ed., São Paulo: Malheiros, 1999.

DINIZ, Maria Helena. *Lei de introdução ao Código Civil brasileiro interpretada*. 1ª ed. São Paulo: Saraiva, 1994.

FERRAZ JUNIOR, Tercio Sampaio. *ICMS*: Não Cumulatividade e suas exceções Constitucionais. Revista de Direito Tributário 48, p.14.

Guia Prático da EFD-Contribuições. Disponível em: http://sped.rfb.gov.br/estatico/AD/06A0F5C4E4CC8CA16035EB891A3AE31EA79708/Guia_Pratico_EFD_Contribuicoes_Versao_1_35%20-%2018_06_2021.pdf. Acesso em: 31 mai. 2024.

MACHADO, Hugo de Brito. *Curso de Direito Tributário*. 12ª ed.(1997) e 21ª ed. (2002), São Paulo, Malheiros.

MACHADO, Hugo de Brito. *Utilização de créditos de ICMS antes do pagamento*. Revista Dialética de Direito Tributário. V. 55. São Paulo: Dialética, 2000, p 87-88.

Manual da EFD Contribuições. Disponível em: http://sped.rfb.gov.br/pasta/show/1989. Acesso em: 31 mai. 2024.

MARTINS, Ives Gandra da Silva. *Direito ao crédito do ICMS por utilização direta e indireta, de insumos no processo de produção de mercadoria sujeita ao tributo*. O princípio da supremacia da Constituição. Aplicação do Direito no Tempo. O conteúdo dos vocábulos "uso" e "consumo". Revista Brasileira de Direito Tributário, n° 157. 2008.

MELLO, Celso Antonio. *Curso de Direito Administrativo*. São Paulo: Ed. Malheiros, 2001.

MELO, José Eduardo Soares de; LIPPO, Luiz Francisco. *A não cumulatividade tributária*. 3.ed. São Paulo: Dialética, 2008.

SÃO PAULO (Estado). *Decisão Normativa CAT 2, de 07 de novembro de 2000. ICMS*. Dispõe sobre o direito ao crédito do valor do imposto destacado em documento fiscal referente a aquisição de equipamentos de escritório e de materiais necessários à construção de um Bem Imóvel Decisão Normativa CAT 2 de 2000. Disponível em: <https://legislacao.fazenda.sp.gov.br/Paginas/denorm022000.aspx>. Acesso em: 28 mai. 2024.

SÃO PAULO (Estado). Governo do Estado de São Paulo. *Resposta Consulta 22.524/2020.* ICMS – Crédito – Fresas, pastilhas, machos, brocas, alargadores e brunidores utilizados como ferramentas no processo produtivo. RC 22524/2020. Disponível em: <https://legislacao. fazenda.sp.gov.br/Paginas/RC22524_2020.aspx>. Acesso em: 28 mai. 2024.

SÃO PAULO (Estado). Governo do Estado de São Paulo. *Resposta Consulta 23.795/2021.* Ementa: ICMS – Obrigações acessórias – Recusa de recebimento – Mercadorias não entregues ao destinatário – Devolução – Nota Fiscal. RC 23595/2021. Disponível em: <https:// legislacao.fazenda.sp.gov.br/Paginas/RC23595_2021.aspx>. Acesso em: 28 mai. 2024.

SENADO NOTÍCIAS. *Reforma tributária de ponta a ponta.* 2023. Disponível em: <https:// www12.senado.leg.br/noticias/materias/2023/11/08/reforma-tributaria-de-ponta-a-ponta>. Acesso em: 31 mai. 2024.

SIMPLES NACIONAL. Disponível em: <https://www8.receita.fazenda.gov.br/simplesnacional/>. Acesso em: 31 mai. 2024.